미중 경쟁 속의
동아시아와 한반도

초판 발행 2015년 1월 25일

편저 전재성 **펴낸곳** (주)늘품플러스 **펴낸이** 전미정 **기획·교정** 손시한 **디자인·편집** 전혜영 윤종욱
출판등록 2008년 1월 18일 제2-4350호 **주소** 서울 중구 필동 1가 39-1 국제빌딩 607호
전화 070-7090-1177 **팩스** 02-2275-5327 **이메일** go5326@naver.com **홈페이지** www.npplus.co.kr

ISBN 978-89-93324-77-8 03340 정가 14,000원
ⓒ 전재성, 2015

 늘품은 항상 발전한다는 순수한 우리말입니다.

미중 경쟁 속의 동아시아와 한반도

전재성 편저

Contents

서문

—

향후 동아시아 국제정치를 좌우하는 힘으로 미국과 중국의 경합이 가장 중요한 요소 중 하나일 것이라는 데에는 이견의 여지가 없다. 미국은 상대적으로 약화되는 국력을 회복하고 패권으로 재부상하려 하고, 중국은 부상이라는 말이 무색할 정도로 이미 강대국으로서 다양한 외교정책을 추구하고 있다. 동아시아는 미국의 재균형전략과 중국의 주변국전략이 충돌하는 지역으로 동아시아 국가들은 미중 사이에서 외교전략의 딜레마를 공유한다. 한국은 미중 간의 군사적 경쟁이 본격적으로 벌어지는 최전선에 위치한 국가로 미중 경쟁의 열기를 가장 잘 느끼는 국가라 할 수 있다. 한미동맹과 한중전략협력의 조화로운 발전을 전략적 대안으로 제시하지만 향후 이러한 대안은 실제로 기능하기가 쉽지 않을 것이다. 미중이 군사력을 동원한 대결로 치달을 가능성은 매우 낮지만, 주요 경쟁 지점에서 강력한 경쟁을 벌일 것이고 한국은 의제영역에 따라 제로섬 게임의 양상에 말려들 확률이 크기 때문이다. 더욱 자주, 더욱 힘들게 벌어질 미중 간의 경합 속에서 한국이 어떠한 외교전략을 추진해 나갈지는 앞으로 최소한 수십 년 간 한국에 주어진 큰 전략적 과제가 될 것이다.

미중 양국 관계가 시기별로 변화하는 상황에서 한국은 막연한 전략 개념이 아니라 의제별로 구체적이고 세밀한 전략 대안이 필요하다. 미중은 2013년 소위 '신형대국관계'를 설정하고 원원게임의 원칙에 기반한 전략적 협력관계를 이루어나가자고 합의했지만, 막상 동아시아 주변국들에 대한 영향력을 둘러싸고는 제로섬 게임을 펼치는 양상이다. 안보, 군사, 경제, 사회문화 등 많은 영역에서 주변국들은 미중 사이에서 이익을 확보하고 생존을 도모하기 위해 다양한 전략 대안을 모색하고 있다. 동중국해와 남중국해, 그리고 한반도 등 미중이 직접 대결할 수도 있는 취약지점도 향후 중요한 의제로 계속 대두할 것이다. 한국은 미중 사이에서 한미 동맹, 한미일 협력, 한중일 협력, 다자안보협력, 그리고 북한 문제 등 많은 이슈를 다루어 나가야 한다. 이슈별로 많은 고민과 대안 모색이 필요한 시점이다.

본 서는 미중의 변화되는 경쟁 구도 속에서 한국의 외교전략에 절실한 각 이슈를 심도 있게 고찰해본다. 우선 1장에서는 미중이 맞붙는 장인 해양에서의 갈등과 협력 상황을 고찰하고, 한국이 미중 간 해양갈등 상황에 어떻게 대처해 나갈지를 살펴본다. 2장은 미중이 치열하게 벌이고 있는 해양력 경쟁 속에서 한국이 향후 해군전략을 어떻게 설정해야 할지를 논구하였다. 3장은 미국의 동아시아 전략의 진화 방향과 한미 관계의 미래를 오바마 행정부 시기에 초점을 두어 논하고 있다. 4장은 동아시아 안보아키텍처와 함께 변화하고 있는 경제아키텍처의 상황을 동아시아 무역네트워크에 초점을 맞추어 분석하고 한국의 경제전략에 관해 논의한다. 5장은 미중 사이에서 새로운 의미로 대두하고 있는 북한 문제를 김정은 정권의 등장 이후 상황에 초점을 두어 분석한다. 6장은 북핵 문제에 초점을 두고 북한의 핵전략이 어떠한 교리에 근거하여 변화되고 있는지와 이에 대한 향후 대처 방안에 대해 논의한다.

본 서는 서울대 국제문제연구소의 총서 시리즈 중 하나로 기획되었다. 많은 고민과 전문적 지식이 담긴 좋은 논문을 써 주신 필자분들에게 깊이 감사드린다. 또한 총서의 기획과 출판 과정에서 많은 지원과 도움을 아끼지 않으신 윤영관 교수님께도 감사드린다. 연구소의 간사로 항상 애쓰고 있는 김상은, 김은지, 박지은, 문재연 간사에게도 감사의 말을 전한다.

전재성

1

미중 간 패권경쟁의 심화에 따른 새로운 해양역학의 등장과 우리나라의 대응

구민교

1. 서론

탈냉전 이후 세계화 시대에 전 세계 국가들 간의 장벽이 허물어지고 '국경 없는 세계(borderless world)'의 도래에 대한 기대감이 높아지고 있지만 유독 동아시아 지역에서는 군비경쟁이 가속화 되는 등 '신냉전 체제'가 구축되고 있다. 특히 해양을 중심으로 벌어지는 국가 간 갈등은 해결의 기미조차 보이고 있지 않다. 최근 5년 사이에 동아시아 해역에서 발생한 주요 사건들의 예로 독도 영유권에 대한 일본의 역사 교과서 왜곡(2008년 7월), 남중국해상에서 미 해군 관측선 임페커블(Impeccable)호에 대한 중국의 도발(2009년 3월), 북한의 도발에 의한 천안함 폭침사건(2010년 3월)과 연평도 포격사건(2010년 11월), 영토 보전과 항행의 자유(freedom of navigation)와 관련된 '핵심 이익(core interest)'을 둘러싼 중국과 미국 간의 날선 공방전(2010년 7월 이후), 중일 간의 희토류 분쟁(2010년 9월), 중국 순시선에 의한 베트남 석유 가스 탐사선 케이블 절단으로 야기된 중국과 베트남 간의 분쟁(2011년 5월), 남중국해 상에서 중국과 필리핀 간의 함정 대치(2012년 4월), 랴오닝호의 정식 취역에 따른 중국의 항공모함 시대 개막(2012년 9월) 등을 들 수 있다. 2013년 들어 동중국해 상에서 중국 군함의 일본 자위대 함정 및 헬기에 대한 사격 통제용 레이더 조준으로 확산되고 있는 중일 간의 신경전도 더 이상 낯선 풍경이 아니다.

지난 냉전기와 탈냉전기에 걸쳐 동아시아의 해양질서는 미국의 패권에 의해 유지돼 왔다고 해도 과언이 아니다. 그러나 이 지역에서 힘과 이해관계의 새로운 균형은 더 이상 한 국가가 주도권을 행사하는 것을 허락하지 않고 있다. 전환기의 동아시아 해양질서는 역내의 유동적인 지정학 및 지리경제학적 요인들로 인해 더욱 불안정해지고 있다. 그 중심에는 부상하는(rising), 그리고 더욱 독단적인(assertive) 중국이 있다. 중국의 더욱 공격적인 해양정책과 해군력 증강은 동아시아 지역을 그 어느 때보다도 더 불안하게 만들고 있다. 위에서 예로 든 사건들 중에서 중국이 관련된 빈도와 비중이 압도적으로 많은 것에서 알 수 있듯이 특히 중국은 지역 해양질서의 새로운 균형을 찾고 있지만 자신이 설계하지 않은 제도나 규범에 얽매이는 것에 두려워하기 때문에 주변국들에게 새로운 불확실성을 확대재생산하고 있다. 냉전 종식 이후에도 얼마동안은 미국의 막강한 해양 투사력(maritime projection power)이 동아시아 해양질서의 안정성을 제공해 왔지만 이제는 중국의 심각한 도전을 받고 있다는 징후들이 곳곳에서 발견되고 있는 것이다.

문제를 더욱 복잡하게 만드는 것은 미국이 동아시아 해양분쟁에 대한 이전의 미온적 태도에서 탈피하여 최근에 다시 동아시아의 해양문제에 적극적으로 개입할 의사를 보이고 있다는 것이다. 우리나라는 대륙세력과 해양세력 간의 균형을 유지하기 위해 노력해왔으나 그 노력은 대단히 제한적인 수준에 머물고 있다. 최근 들어 어느 정도 제도적인 탄력성과 순응성을 보이고 있지만 동남아시아국가연합(Association of Southeast Asia Nations, 이하 ASEAN)은 남중국해 상의 해양분쟁을 다룸에 있어 여전히 내정불간섭주의(non-interventionism) 등에 따른 구조적인 한계를 보이고 있다. 일본은 미국을 통해 지역패권의 경쟁자인 중국을 견제하면서 자국의 입지를 확립하기 위해 애써왔지만 장기불황과 정치 리더십 부재에 따라 전통적인 해양세력으로서의 지위를 점차 상실해가고 있다.

냉전시대에 미국과 소련은 그들의 지정학적 이해관계에만 관심이 있었고 동아시아 지역의 영토에 대한 열망은 작았다. 그러나 떠오르는 지역 패권국으로서의 중국은 지정학적 열망과 영토적 열망을 모두 갖고 있기 때문에 동아시아 해양질서에 주는 시사점이 근본적으로 다르다. 논란의 여지는 있지만 동아시아 해양분쟁에 대한 중국의 정책은 실지회복주의적 야망에 의해 크게 좌우되어 왔다. 경제적 고려 또한 중국의 마찰적인 해양정책에 영향을 미쳤다. 에너지와 원자재를 수송하는 해로를 확보하는 것이 중국의 우선순위가 되었기 때문이다. 특히 1993년 중국이 원유 순수입국이 되면서 에너지 문제는 남중국해와 동중국해 분쟁의 주요 원인이 되었다(Koo 2009).

중국과 주변국들의 관계 악화는 미국이 동아시아 지역에 재등장하는 기회를 주고 있다. 예를 들어 2010년 가을에 발생한 중일 간의 첨각열도/조어도 분쟁은 미국의 간섭에 대한 중국의 깊은 불만에도 불구하고 일본에게 미국이 일본의 안보이익을 보호하는 최후의 보루라는 점을 재차 인식시켰다. 이를 계기로 2010년 초부터 오키나와 후텐마 기지(Futenma base) 이전을 둘러싸고 불거진 미일 양국의 외교적 갈등이 잠정적으로 봉합되기도 하였다. 이와 비슷한 맥락에서 베트남은 남중국해에서 최대 라이벌인 중국을 견제하기 위해 최근 몇 년 사이에 미국과 많은 부분에서 빠르게 관계를 개선하고 있다. 베트남 정부는 다자협상에 다른 국가들을 끌어들임으로써 분쟁의 국제화를 시도하는 전략을 취하고 있다. 이러한 베트남 정부의 외교적 노력에 부분적으로 부응하여 미국 오바마(Barack Obama) 행정부는 서사군도와 남사군도를 놓고 벌어지고 있는 영유권 분쟁에 대해서는 미국이 중립을 지키겠지만 미국의 항행의 자유가 침해된다면 개입할 것이라고 강조해 왔다(Valencia 2010).

이러한 일련의 사건들은 「유엔해양법협약」(United Nations Convention on the Law of the Sea)[1]이라는 제도적 맥락 속에서 형성된 새로운 역내 해양역학의 원인이자 결과라고 할 수 있다. 동아시아 해양문제는 다양한 국제정치적, 경제적 및 법적인 맥락에서 진화해 왔다. 보다 구체적으로 영유권 문제, 자원개발 문제, 경계획정 문제, 환경보호 문제를 중심으로 다층적인 이슈 구조를 형성하고 있다. 최근의 역내 해양분쟁들의 특징은 그것이 동시 다발적으로 발생한다는 것이고, 그 이면에는 중국의 부상과 미국이 상대적 약화로 대변되는 동아시아의 세력균형의 전이현상이 있다. 하지만 보다 보

....

[1] 1982년에 채택되어 1994년부터 발효에 들어간 동 협약은 그간 논란이 되었던 영해, 접속수역(contiguous zone), 배타적 경제수역, 대륙붕 등에 대한 법적 근거와 한계를 설정함으로써 도서 및 해양분쟁 해결의 준거를 마련하였다는 평가를 받는다. 하지만 동아시아 지역의 경우 동 협약의 등장으로 인해 분쟁이 오히려 격화된 측면이 있다. 특히 도서 영유권 분쟁은 경계획정 문제를 풀고 새로운 역내 해양질서를 구축하는 데 가장 큰 걸림돌이 되어 왔다(김영구 2004; 김태완 2007; 김현수 1999; 정문섭 2008). 분쟁 도서에 대한 '주권(sovereignty)'은 도서 주위의 배타적 경제수역과 대륙붕에 대한 '주권적 권리(sovereign rights)'를 수반하기 때문이다. 특히 서해, 동중국해, 동해로 이루어지는 동북아 수역과 남중국해와 같은 반폐쇄해(semi-enclosed sea)의 경우 더욱 심각한 문제가 될 수 있다(구민교 2011a).

편적이고 규범적인 관점에서 본다면 동아시아의 도서 및 해양분쟁들은 「유엔해양법협약」상의 영해(territorial water), 배타적 경제수역 (exclusive economic zone), 그리고 대륙붕(continental shelf)의 경계획정 문제와 밀접한 관련을 갖고 전개되어 왔으며, 역내 국가들 간의 지속되는 갈등은 곧 국제 해양레짐의 한계를 반영한다.

본 장은 동아시아의 새로운 세력균형, 특히 중국의 부상과 (재개입 의지에도 불구한) 미국의 쇠퇴라는 구조적 변화가 기존의 동아시아 해양질서에 미치는 영향을 살펴본다. 또한 지금까지 전개된 해양 관련 국제규범의 집대성이라고 할 수 있는 규범적 중재자로서의 「유엔해양법협약」의 의의를 동아시아의 새로운 세력균형의 관점에서 새롭게 조명한다. 특히 동 협약의 규범 및 실천적 의의에도 불구하고 주요 조항들의 모호성 때문에 동아시아 국가들 간의 구체적인 분쟁 해결에는 많은 한계가 있음을 지적한다. 최근 동아시아 해역에서의 미국과 중국 간 대립도 동 협약의 해석을 놓고 전개되고 있다는 사실은 주목할 만하다. 이러한 논의를 바탕으로 미중 간 해양경쟁의 국제규범적 의의를 살핀 후 동아시아 해양질서의 미래를 조망하고 정책적 함의를 도출한다.

2. 동아시아 해양분쟁의 개요

북서태평양, 동해, 서해, 동중국해, 남중국해 등으로 구성되는 동아
시아 해양지역은 전 세계적으로 해양분쟁의 가능성이 가장 높은 곳
중의 하나이다(Park 1983a, 1983b, 1983c, 1983d; Kim 2004; Valencia
2008, 2010; Koo 2009; Van Dyke 2009). 이는 전후 동아시아 국제질
서가 강력한 영토성(territoriality)을 중심으로 전개되어 왔다는 사실
과 무관하지 않다(Moon and Chun 2003). 실지회복주의(irredentism),
자원민족주의(resource nationalism), 또는 영토민족주의(territorial
nationalism) 등의 다양한 형태로 전개되어 온 동아시아 민족주의의
저변에는 때로는 공격적이고, 때로는 방어적인 영토성이 놓여있으
며, 최근 들어 도서(島嶼) 및 해양 경계에 관한 분쟁을 중심으로 광
범위하게 확산되고 있는 추세이다(구민교 2011a).

현재 동아시아의 주요 영토분쟁들은 모두 도서분쟁이라는 특징
을 가지며, 따라서 「유엔해양법협약」 상의 영해, 배타적 경제수역, 대
륙붕 등의 문제와 밀접한 관련을 가지며 전개돼 왔다. 이들 해양분
쟁의 주요 특징은 (1) 대부분의 분쟁들은 19세기 말과 20세기 초에

걸친 서구 및 일본 식민지주의의 산물이며 탈식민지 이후 민족주의의 확산으로 더욱 격화되었고, (2) 다른 지역과는 달리 영토분쟁이 공식적으로 마무리된 경우가 드물고, 분쟁의 존재 자체도 당사국 일방에 의해 인정되지 않는 경우가 많고, (3) 분쟁이 완전히 해결되거나 전면전으로 치닫지 않고 주기적으로 반복되는 경향을 보인다는 것이다(Koo 2009).

동북아 지역에서는 독도, 첨각열도/조어도, 그리고 북방영토/남쿠릴 열도의 영유권을 둘러싼 한일, 중일 및 러일 간의 주기적이고 반복적인 외교적 대립이 계속되고 있다. 특히 2010년 이후 불거진 첨각열도/조어도 영유권을 둘러싼 갈등에서 중국에 주도권을 빼앗기자 일본은 집단적 자위권 확보 등 군사력 증강으로 요약되는 우경화 경향을 가속시키고 있다. 일본은 2011년에 첨각열도/조어도가 적국에 점령당한 상황을 상정해 이를 탈환하는 육·해·공 자위대 합동훈련을 실시하기도 했다. 또한 2016년 이후 미군의 무인 정찰기 글로벌 호크를 도입해 분쟁해역 일대에서 중국 해군을 감시하는 데 활용하기로 한 것으로 알려졌다(최현묵·전현석 2012).

한편 2013년 1월 일본이 분쟁해역에 진입하는 중국 항공기에 경고 사격(신호탄 사격)을 하기로 방침을 정한 것에 대해 미국 정부는 자제를 요구하면서도 힐러리 클린턴(Hillary Clinton) 당시 미 국무장관의 입을 빌어 "첨각열도/조어도의 행정 관할권이 일본에 있다"는 발언으로 중국을 자극하기도 하였다. 또한 중국 군함이 첨각열도/조어도 근해에서 2013년 1월 19일과 30일 각각 일본 자위대 헬리콥터와 함정에 한 차례씩 사격 통제 레이더를 조준함에 따라 일본과 중국 간 갈등의 골은 점점 깊어지고 있다. 2013년 2월 7일 일본 아사히(朝日) 신문에 따르면 아베 신조(安倍晋三) 일본 총리는 중의

원 예산위원회에서 "하늘에서는 순간적으로 판단하지 않으면 영공을 침범 당한다"며 교전규칙을 확대하는 쪽으로 수정하겠다는 의지를 밝혔다. 이에 앞서 이시바 시게루(石破茂) 자민당 간사장도 사격용 레이더 조준과 관련, 자위대법 개정을 검토하겠다고 밝혔다. 이에 맞서 중국은 시진핑(習近平) 공산당 총서기가 앞장서 전쟁준비 강화를 촉구하고 있다. 언론 보도에 따르면 시 총서기는 2013년 2월 4일 란저우(蘭州)군구를 방문해 "군사투쟁 준비를 강화하고 군의 정보화 수준을 높여 전쟁하면 반드시 이길 수 있도록 해야 한다"고 강조했다(조선일보 2013년 2월 8일).

2012년 8월 이명박 전 대통령의 전격적인 독도 방문 이후 계속되고 있는 한일 간의 날선 공방전은 2013년 2월 22일 일본 정부가 시마네현의 '다케시마의 날' 행사에 중앙정부 당국자로는 처음으로 차관급 관료를 파견함에 따라 더욱 악화되고 있다. 한편, 천안함 폭침과 연평도 포격 사건으로 촉발된 일련의 외교적 긴장이 보여주었던 것처럼 서해상에 잠재되어 있는 남북 및 미중 간의 갈등은 미묘한 힘과 이해관계의 역내 균형을 언제라도 깨뜨릴 수 있다.

중국의 보다 노골적인 영유권 주장이 동남아시아 국가들뿐만 아니라 미국까지 자극하고 있는 남중국해 역시 서해와 동해 및 동중국해 못지않게 위험스러운 지역이다.[2] 지난 2011년 5월 중국 순시

....
[2] 남사군도와 서사군도를 중심으로 전개되어 온 전후 남중국해 분쟁은 크게 세 시기로 구분된다. 첫 번째 시기는 1960년대 말까지의 시기로서 중국, 베트남, 필리핀의 독자적인 영유권 주장은 있었지만, 선언적 의미에 불과했던 시기이다. 두 번째 시기는 1970-80년대 시기로써 이 지역에 막대한 양의 석유 등 지하자원이 매장되었다는 UN 보고서가 제출되면서 연안국들 간의 일방적 점유 경쟁이 전개된 시기이다. 이 시기에 남사군도 이해당사국 중 브루나이를 제외한 5개국이 군사시설과 군대를 상주시키면서 대립과 혼돈이 심화되었다. 세 번째 시기는 1990년대 이후 현재까지의 시기로서, 국제적으로 탈냉전 시대에 진입하였고 해양분쟁 해결의 국제법적 기준이 된 「유엔해양법협약」이 1994년

선이 남중국해 상에서 베트남의 석유·가스 탐사선 케이블을 절단하면서 야기된 중국과 베트남 간의 분쟁은 무력충돌 직전까지 간 바 있다. 또한 동년 여름에는 이해 당사국들이 동 지역에서 잇따라 군사훈련을 실시하면서 분위기가 더욱 험악해지기도 했다(구민교 2011a). 지난 십여 년 동안 동아시아 국가들의 중국 경제에 대한 의존도가 급속히 늘어남에 따라 한편으로는 중국과 주변국들 사이의 정치·외교적 긴장관계가 완화되어 왔다. 그러나 다른 한편으로는 냉전시대의 전략적 통제와 같은 구속이 없는 상황 속에서 해양대국화를 선언한 중국은 이제 주변국들의 눈을 크게 의식하지 않고 자국 이익의 극대화를 위한 적극적 해양정책을 모색하고 있다. 지금의 추세로 미루어 볼 때 중국이 자신의 힘을 직간접적으로 시위함에 따라 미국을 비롯한 동아시아 주변국들은 점차 현실화되고 있는 중국 위협에 대비해 세력균형을 유지할 수 있는 조치, 즉 군비증강에 더욱 박차를 가할 가능성이 농후하다(Holmes and Yoshihara 2010; Kato 2010; Van Dyke 2009; Valencia 2008, 2010).[3]

....
에 발효됨에 따라 남중국해 문제의 성격과 해결방식이 더욱 복잡해진 시기이다. 이 시기는 한편으로는 이해 당사국 간 갈등요인이 더욱 복잡해지는 양상을 보이기도 하지만, 동시에 다른 한편으로는 ASEAN과 중국 간의 다자간 외교적 해결 노력이 '2002년 남중국해 관련국들의 행동강령(2002 Declaration on the Conduct of Parties in the South China Sea)' 등과 같이 일부 결실을 맺기 시작한 시기이다(이문기 2008: 43).

[3] 중국의 부상에 따른 동아시아 군비경쟁에 관한 보다 자세한 내용은 본 이 책의 박영준 논문(2장) 참조.

3. 해양분쟁에 대한 미중관계의 시기별 변화

3.1 1950~1960년대: 샌프란시스코 체제의 등장

전후 동아시아 해양문제의 뿌리는 1951년 샌프란시스코 강화조약에서 파생된 샌프란시스코체제에서 찾을 수 있다. 샌프란시스코 체제가 등장하면서 세계 냉전체제는 얄타체제와 샌프란시스코 체제의 둘로 나뉘었다. 전범국가에 대한 국제적 억지를 골간으로 하는 미국과 소련 양극의 수직적 분할체제인 얄타체제는 유럽에서와는 달리 한국전쟁에서의 중국과 일본 요인으로 인해 동아시아에서는 자리 잡지 못하고 그 자리를 샌프란시스코 체제가 대신한 것이다. 전후 동아시아 지역에서 소련 팽창의 억제를 주된 목적으로 한 샌프란시스코 체제는 동아시아의 국제질서를 전승국 미국과 패전국 일본 간의 양자 간 동맹체제에 기초해 새롭게 재편했다(Hara 2001).

무엇보다도 1950년대 이후 미국은 독도와 첨각열도/조어도를 비롯한 동아시아의 도서분쟁에 대해 공식적으로는 중립적인 입장을 취해왔지만 사실상 이를 분쟁지역으로 간주해왔다. 역설적으로 미국은 줄곧 전후 동아시아 영토분쟁의 원인제공자이자 간접 이해 당사자의 역할을 해왔다. 한국전쟁의 발발로 서둘러 일본과 강화조약을 체결하기 원했던 미국 정부는 조약의 초안을 만들 때부터 당사국 간의 첨예한 입장차이로 골머리를 앓던 분쟁도서의 영유권 문제를 의도적으로 명시하지 않음으로써 어려운 문제를 비켜가고자 했다. 일본의 패망을 앞둔 1943년 카이로 선언을 통해 전승국들은 일본이 '폭력과 탐욕(violence and greed)'을 통해 획득한 모든 영토를 포기시킨다는 원칙에 합의한 바 있다.

이 원칙에 따라 1947년부터 1949년까지 만들어진 샌프란시스코 강화조약의 다섯 개의 초안은 모두 독도를 한국령으로 명시하였다. 그러나 일본 측의 강력한 로비뿐만 아니라 당시 일본을 점령하고 있던 맥아더 사령부의 전략적 고려 때문에 1949년 말부터 미국 정부는 새로운 초안에서는 독도를 일본령으로 표시하기 시작했다. 즉, 한국의 공산화 가능성이 높게 점쳐지던 당시의 상황 속에서 전략적 가치도 높고 이후에 영유권 분쟁 소지도 적을 것으로 판단된 독도를 일본에 편입시키려고 한 것이다. 그러나 한국 정부의 반발도 만만치 않았기 때문에 결국 최종 협정문에서 독도의 영유권은 명시하지 않는 쪽으로 결론이 나게 되었다.[4]

마찬가지로 동 조약 제2조 b항은 첨각열도/조어도가 중국에 반

....

[4] 샌프란시스코 강화조약 제2조 a항은 "한국의 독립을 인정하는 일본은 제주도, 거문도, 울릉도를 포함한 한국과 관련된 모든 권리와 소유권과 주장을 포기한다"고 명시하였다(Japan recognizing the independence of Korea, renounces all right, title and claim to Korea, including the islands of Quelpart, Port Hamilton and Dagelet). 바로 이 조항이 오늘날까지 한일 간의 분쟁의 씨앗이 되고 있다. 우리 측의 주장은 "제주도, 거문도, 울릉도"라고 명시된 것은 하나의 예시일 뿐이며 일본이 포기해야 할 한국 영토에는 당연히 독도가 포함된다는 것이다. 이에 반해 일본은 독도가 한국의 영토가 아니기 때문에 그 예시에서 당연히 빠졌다고 주장한다.

환되는 것인지 일본이 계속 보유하는 것인지를 명확히 하지 않음으로써 논란의 여지를 남겨두었다. 당시 미국은 공산화된 중국을 해상으로 봉쇄해 대만을 지키는 데 첨각열도/조어도가 필요했으며, 중국은 국공(國共)내전과 한국전쟁을 겪으면서 이에 관심을 기울일 여력이 없었다. 한편, 동 조약 제2조 c항 및 f항은 북방영토/쿠릴열도와 남중국해 상의 남사군도, 서사군도를 일본이 포기하되 이들 섬들이 어느 나라에 귀속되는지를 명확히 밝히지 않음으로써 분쟁의 소지를 남겨두었다. 이처럼 동아시아 영토분쟁의 원죄를 안고 있는 미국은 지금까지 일관되게 중립적 입장으로, 분쟁이 있다면 당사국들이 알아서 해결하라는 태도를 취하고 있다. 어찌 보면 모순적이고 이중적인 미국의 태도이지만, 그렇다고 어느 한 편을 섣불리 들 수 없는 것이 미국의 입장이기도 하다(구민교 2008).

3.2 1970-1990년대: 오키나와 반환 및 중일간의 분쟁 격화

첨각열도/조어도는 1960년대 말에 이르기까지 미국이 시정권을 행사하고 1972년 오키나와 반환 시에 일본에게 반환되어 일본이 실효적 지배를 행사해 왔다. 1960년대가 거의 다 지나도록 특별한 분쟁이 발생하지 않다가 1968년 10월 유엔 아시아·극동경제위원회(United Nations Economic Commission for Asia and the Far East) 산하 아시아연안합동광물탐사사조정위원회(Committee for Coordination of Joint Prospecting for Mineral Resources in Asian Offshore Areas)의 조사에 의해 주변 해역의 대륙붕에 풍부한 석유자원이 부존되어 있을 가능성이 보고된 이후부터 대만, 일본, 중국은 물론 우리나라까지 동중국해 자원개발 경쟁에 돌입함으로써 복잡한 양상으로 전개되기 시작하였다. 그 이전까지만 해도 연안에 국한되었던 중국의 해양 인식이 주변국들의 자원개발 경쟁으로 인해 동중국해의 대륙붕으로 전면 확대되었다. 이러한 이해관계에 따라 중국은 당시 남미 국가들이 주장하던 200해리 관할권을 적극적으로 지지하기도 하였다(Park 1983b).

1972년 오키나와 반환 직전만 하더라도 미국은 첨각열도/조어도에 대한 일본의 행정권한(administrative control)을 지지하는 입장이었다. 그러나 중국과의 관계 개선을 고려하여 미국의 입장은 중립적으로 바뀌었다. 동 분쟁지역에서의 미국의 개입은 "어느 당사자의 입장에 대해서도 편견을 보이지 않으며 모든 분쟁은 당사국들 스스로가 해결해야 할 문제("…in no way prejudice any underlying claims…The U.S. considers that any conflicting claims are a matter for resolution by the parties concerned")라는 것이다(Park 1983b; Hara 2001:376-80). 따라서 이 시기의 조어도/첨각열도 분쟁은 일본, 대만, 그리고 중국을 중심으로만 전개되었다. 이 시기는 전 세계에 퍼져있는 화교들을 중심으로 한 '조어도 보호운동(釣魚島保護運動)'과 일본 극우보수단체인 '세이란카이(晴風改, Blue Storm Group)'가 결성되는 등 전후 중화민족주의와 일본의 극우민족주의가 본격적으로 충돌하기 시작한 시기이기도 하다. 하지만 영유권과 자원 문제 못지않게 월남전에 따른 미중 간의 데탕트 형성 등 동아시아 국제정세의 변동으로 인해 1970년대의 중일 양국은 국교정상화 및 평화우호조약의 필요성이 높았고, 따라서 영토분쟁 문제를 표면화시키고 싶어 하지 않았다. 1978년 중일 국교정상화 때 "조어도/첨각열도 영유권 문제 해결을 후대의 지혜에 맡기자"는 중국 지도자 덩샤오핑의 발언으로 정점으로 해양 영토분쟁은 수면 하에 잠복했다(손기섭 2012 : 276-279 ; Koo 2009 : 106-112).[5]

중국이 해양주권 확대의 중요성에 대한 각성과 본격적인 노력은 1982년 제3차 유엔해양법 회의에서 「유엔해양법협약」이 채택되면서부터이다. 1980년대는 동중국해와 남중국해의 도서에 대한 영유권은 물론이고 주변 해역의 자원개발과 해상교통로에 대한 이용과 통제능력을 강화하고, 더불어 해군 육성을 통한 해양권 장악이 강대국이 되기 위한 필수조건임을 인식하는 전환기였다. 즉 1980년대는 중국이 연안중심 국가에서 대양중심 국가로의 인식과 전략의 전환이 진행된 시기였다. 그러나 중국은 자국의 경제적 부상과 국제사회 영향력 확대는 결코 패권주의적 팽창전략은 아니며, 자기 보호와 국제사회의 공동발전에 기여하겠다는 의지를 일관되게 표명하면서 미일과의 직접적인 충돌은 피하려 하였다. 동아시아 해양분쟁의 전개과정에서 중국이 한편으로는 적극적인 점유경쟁에 가세하는 팽창전략을 취하면서, 다른 한편으로는 군사적 해결보다는 외교적 타협을 강조하는 다소 상충되는 주장을 편 데는 이와 같은 해양전략의 변화가 반영된 것으로 볼 수 있다(이문기 2008 : 48).

그러나 중국은 1992년 「영해와접속수역에관한법」(Law on the Territorial Sea and the Contiguous Zone)을 선포한 이후 영토 주권문제에 관한 한 원칙적으로 비타협적인 태도를 보이기 시작했다. 동법은 영해의 폭을 측정하기 위하여 직선기선 원칙을 도입하였으나, 구

....

[5] 덩샤오핑은 "현 세대가 방법을 모색하지 못하면 다음 세대가, 다음 세대가 방법을 모색하지 못하면 그 다음 세대가 방법을 모색하면 된다"는 소위 '차세대 해결론'을 제시하였다. 그러나 한 세대가 훌쩍 지난 후에도 중일 간의 영유권 문제가 해결될 기미를 보이기는커녕 더욱 악화되고 있다는 사실은 대단히 역설적이다.

체적인 직선기선의 범위 및 내용은 1996년 「중화인민공화국의 영해기선」 선포를 통해서야 드러났다. 이러한 중국의 선언은 주변국들의 강한 반발을 불러왔다. 베트남은 서사군도와 하이난도(海南島)에 대한 중국의 직선기선 정책에 강하게 반발했으며, 서해와 동중국해상의 연안국인 한국은 몇몇 구역에서의 중국 측 직선기선의 정당성을 문제 삼았다. 잠재적으로 자국 어민들에게 부정적인 영향을 줄 수 있다는 우려 때문에 중국 정부는 1998년 6월까지 배타적 경제수역과 대륙붕에 관한 법률의 공포를 연기하기도 했다. 경계획정에 관하여 동법은 "중화인민공화국과 해안을 인접하거나 마주한 국가들 간의 배타적 경제수역과 대륙붕에 대한 상반되는 주장은 국제법의 기초 위에서, 그리고 형평의 원칙에 따라 관련국들의 합의에 따라 해결 된다"고 규정하고 있다(Kim 2004: 184-188). 그러나 중국의 고집스러운 '형평의 원칙(equitable solution)' 주장은 후술하는 바와 같이 한국뿐만 아니라 일본과의 협상을 어렵게 하는, 즉 배타적 경제수역과 대륙붕 경계획정의 문제에 합의를 도출하지 못하게 하는 중요한 요인이 되고 있다(구민교 2011a).

중국의 해양법 정비는 향후 해양 분쟁에서 군사적 개입의 근거를 확립했다는 의미에서 일본을 포함한 동아시아 국가들은 물론 미국과의 대립도 심화시키는 계기로 작용하였다. 1995년 미 국무부는 "미국은 남중국해에서 국제법에 어긋나는 해양 관련 주장이나 해양활동에 대한 제한은 그 어떤 것도 심각한 우려를 갖고 바라볼 것"이라고 경고했다. 같은 해에 워렌 크리스토퍼(Warren Christopher) 미 국무장관은 필리핀을 방문한 자리에서 이 지역에서 항행의 자유를 지키는 것은 미국의 근본적 이익(fundamental interest)이라고 선언했다. 해양주권에 대한 중국의 인식변화는 그동안 동아시아 지역 해양을 사실상 지배해오던 미국과 일본에게는 강한 위협으로 간주되었으며, 이른바 '중국 위협론'을 역내에서 급속도로 확산시켰다. 남중국해의 여러 섬들은 중국에게는 영토적 주권의 대상이지만, 미국에게는 이 지역에서 항행의 자유를 확보하는 요충지들이다. 미국은 동아시아 지역에서 해상패권을 지키기 위해서는 항행의 자유를 확보하고 해상의 요충지들을 미국의 영향권 내에 묶어둘 필요가 있었다(이삼성 2007 : 14-15). 이 때문에 미국은 영유권 분쟁에 대해서는 여전히 중립적 입장을 취하면서도 1990년대 중반 이후 일본은 물론 동남아시아의 여러 국가들과 안보협력을 강화하기 시작한 것이다.

물론 중국 입장에서는 자신의 공세적인 해양정책은 소련 패망 이후 일본과 미국이 과거와 같은 전략적 협력관계를 유지하기 보다는 오히려 중국을 장기적 위협세력으로 간주하면서 미일 동맹관계를 강화하는 것에 대한 반작용의 성격도 있었다. 미국과 일본은 1991년 자위대의 유엔평화유지군 파병법안을 통과시키고 미국과의 안보협력을 강화하는 조치를 취했다. 일본은 나아가서 1996년에는 미국과의 안보협력을 강화하고 지역문제뿐만 아니라 지구적 이슈에 대해서도 적극적으로 대응한다는 내용의 '미일 안전보장 공동선언'을 발표하고, 1997년에는 새로운 '미일 방위협력을 위한 가이드라인'을 발표하여 한반도는 물론이고 대만까지 포함한 일본 주변의 비상사태에 대한 미일 군사안보 협력의 길을 열어 놓았다. 유사시 미일 군사작전의 범위에 대만까지 포함되었다는 점은 중국이 대서방 외교에서 가장 중요한 전제조건으로 간주했던 '하나의 중국 원칙(One China policy)'에 대한 위협이자, 대만 동북쪽에 위치한 첨각열도/조어도에서 긴장이 고조될 때 일본과 미국이 공동보조를 취하겠다는 의미로서 중국으로서는 상당한 위협을 느낄 수밖에 없는 조치였다(서진영 2006: 257-260; 이문기 2008: 37-39). 이런 배경 하에서 1995-96년 중국군이 대만 부근 해역에 미사일을 연달아 발사해 미국의 항모와 핵잠수함이 출동하는 대만 해협 위기가 발생하였고, 1996년에는 중일 양국은 또다시 분쟁도서를 놓고 충돌했다. 당시 중일 관계는 양국 정부가 극단적 대결을 피하려는 노력으로 더이상 악화되지는 않았지만 양국의「유엔해양법협약」비준과 맞물리면서 영유권 분쟁뿐만 아니라 기선 및 경계획정 문제, 자원개발 문제 등이 더해져 더욱 복잡해졌고 양측의 민족감정은 계속 악화되었다(Koo 2009 : 116-127).

3.3 2000년대: 중국의 부상과 미국의 재등장

2000년대 들어서 중국은 도서 및 해양분쟁에서 '주권은 중국에게 있다(主權在我)'는 점을 분명하게 강조하고 있다. 주변국들에게 영토 주권에 대한 양보나 타협은 없다는 메시지를 전달하고 있는 것이다. 특히 2010년 이후 동중국해와 남중국해는 물론 서해에서 중국이 보여준 공격적인 모습은 세계를 놀라게 했다. 1840년 아편전쟁 이후 1949년 중국 공산당이 중국 본토에 중화인민공화국을 수립하기 전까지 서구열강 및 일본에 당했던 수모, 즉 '100년의 굴욕(百年國恥, the hundred years of national humiliation)'에 뿌리를 둔 중화민족주의가 거침없이 분출되고 있는 것이다. 예컨대 조어도/첨각열도 분쟁의 경우 중국의 부상과 일본의 상대적 쇠퇴 국면에서 양국 간 내재된 민족 감정과 세력 경쟁적 측면이 표출된 것으로 볼 수 있다.

특히 중국은 분쟁이 격화된 배후에는 공통적으로 미국의 적극적인 개입이 있었다고 보고 이에 대해 민감하게 반응하고 있다.[6] 최근 들어 중국이 일련의 분쟁에서 강경한 정책을 취하는 배경에는 이처럼 미국의 동아시아 귀환과 중국 포위 전략에 대한 거부감이 도사리고 있는 것이다. 예를 들어 중국 외교부의 강한 반발에도 불구하고 클린턴 미 국무장관은 중일 간 첨각열도/조어도 분쟁이 한창이던 2010년 9월 마에하라 세이지(前原誠司) 일본 외무상을 만난 자리에서 첨각열도가 미국의 방위 의무가 규정된 「미일안보조약」 제5조의 대상이라며 일본 지지 입장을 천명했으며, 며칠 뒤에도 "우리는 일본 국민을 보호하는 의무를 중시하고 있다"며 지지 입장을 재확인했다. 중국은 일본이 최근 일련의 미중 간 갈등을 이용하여 중일 간 분쟁에 미국을 끌어들이려고 하고 있으며, 미국 역시 이 분쟁을 계기로 동아시아에서의 미국의 복귀를 촉진하고 중국의 부상을 견제하려는 의도가 있다고 보고 있다. 특히 남중국해 문제에 대해

....

[6] 2000년대 들어 부시(George W. Bush) 행정부의 동아시아전략은 동아시아 전반에서의 미국의 패권적 통제를 미국의 사활적인 이익으로 명시했다. 특히 2001년 9월에 발표된 부시 행정부의 '4개년 방위정책 검토(Quadrennial Defense Review)'는 "세계의 핵심지역들을 적대적인 세력이 지배하는 것을 막는(precluding hostile domination of critical areas)"것을 주요 전략 목표로 명시했으며 '동아시아 연안국 지역(East Asian littoral areas)'을 새로운 '핵심지역'으로 포함시키고 있다. 이것은 특히 남중국해 전반에 대한 미국의 해상패권 장악이 미국의 동아시아 전략의 사활적 측면임을 공식적으로 선언한 것이다. 이러한 미국의 인식과 전략은 이후 미국의 국방전략 문건에서 재확인되어왔다. 2002년도 미 국방장관의 대통령과 의회에 대한 '2002년 연례 국방보고서(Annual Defense Review 2002)'는 먼저 "아시아에서 안정된 균형을 유지하는 것"을 주요 과제로 적시한 후, "상당한 자원 토대를 가진 군사적 경쟁자가 이 지역에서 등장할 가능성이 있다"고 말하고 있다. 2005년 3월 미 국무부 동아태담당 차관보 대행 에반스 리비어(Evans Revere)가 미국이 필리핀 군부와의 협력을 강화하고 다른 동남아 국가들에 대한 군사원조도 확대할 것이라는 방침을 밝힌 것도 그러한 맥락에서라고 볼 수 있다(이삼성 2007: 15).

서도 중국은 지난 2009년 오바마 행정부가 들어선 이후 기존의 불개입 정책에서 적극 개입으로 정책 전환이 이루어진 것으로 판단하고 있다. 남중국해에서의 미국의 적극적인 개입은 큰 틀에서는 2008년 이후 미국의 쇠퇴에 따른 위기감이 동아시아 지역에서의 중국의 부상을 견제하고 미국의 귀환을 시도하는 과정에서 제기되고 있는 것으로 중국에서 보고 있다. 그런데 중국은 미국의 개입에 민감하고 강하게 반대할수록 오히려 미국이 개입할 수 있는 여지를 제공하게 되는 딜레마에 빠져있다. 즉, 중국이 미국의 개입을 막기 위해 강경하게 대응할수록 분쟁 상대국들인 일본, 베트남, 필리핀은 미국과 밀착하여 세력 균형을 유지하려는 경향을 보여주고 있는 것이다 (이동률 2012:19-21).

따라서 중국은 동시에 유화적인 몸짓도 취하고 있다. 예를 들면, 지난 2011년 7월 22~23일에 인도네시아 발리에서 열린 제18차 아세안지역안보포럼(ASEAN Regional Forum, 이하 ARF) 외교장관회의에서 중국은 예상을 깨고 "남중국해에서 항행 자유의 중요성은 자명하며 모든 국가가 그 수혜국이 되어야 한다"는 전향적 입장을 피력하였다. 또한 중국-ASEAN 외교장관 회담에서는 지난 2002년 양자 간에 합의된 '남중국해 당사국 행동강령'의 실행을 위한 지침(guidelines for the implementation)을 채택하는 등 한발 물러서는 모습을 보였다. 중국의 행동을 주목해오던 미국은 중국과 ASEAN이 남중국해 긴장 해소를 위한 행동강령 지침에 합의한 데 대해 즉각 환영의 뜻을 밝혔다. 이는 한 해 전인 2010년 7월에 베트남 하노이에서 개최되었던 ARF 회의에서 힐러리 클린턴 미국무장관이 "남중국해 분쟁의 평화적 해결이 미국의 국익과 직결된다"고 발언해 미중 간 대립이 촉발되었던 것과 크게 대비되는 것이다.[7] 그러나 「유엔해양법협약」에 따른 해양분쟁의 평화적인 해결 원칙을 천명한 2002년 행동강령은 구속력이 없는 것일 뿐만 아니라 2011년 합의된 행동강령 지침도 선언적 의미 외에는 구체적인 내용이 부족하기 때문에 이를 계기로 남중국해 문제가 원만하게 수습되리라고 보는 것은 무리이다. 오히려 다자간 포럼에서 자국이 집중적인 표적이 되는 경우 중국은 한발 물러서는 모습을 보임으로써 숨을 고른 뒤 다자회담 이후에 진행되는 양자관계에서 다시 강압적인 모습을 보였던 전례에 비추어 ARF와 같은 다자간 회의의 성과에 큰 의미를 두기 어려운 것도 사실이다(구민교 2011b).

....

[7] 그동안 미국은 항행의 자유를 보호하는 것이 중국의 이익에도 부합하는 것이라고 중국 지도자들을 설득하기 위해 애썼지만, 중국은 아직 이러한 시각을 충분히 수용하지 않고 있다. 2011년 ARF 회의에서 양제츠(楊潔篪) 중국 외교부장은 "(남중국해 문제의 평화적 해결을 위한) 지침 마련으로 이 지역에서 권리를 주장하는 국가들 사이의 분쟁을 적절히 다루는 데 우호적인 환경이 조성될 것"이라고 말했다. 하지만 그는 "중국의 주권과 영토보전을 존중해 주는 것이 중요하다"는 점을 분명히 함으로써 남중국해 영유권 분쟁과 관련하여 비당사국인 미국의 불개입을 재차 요구했다(구민교 2011b).

4. 미중 간 해양경쟁의 국제규범적 의의

4.1 규범적 중재자로서의 「유엔해양법협약」[8]

동아시아 해양분쟁은 「유엔해양법협약」과 직간접적으로 관련을 맺고 있다. 주지하다시피 20세기 중반 이후 국제사회는 자유해양론(mare liberum)과 폐쇄해양론(mare clausum) 간의 갈등을 두 가지 방법으로 해결하려 하였다.[9] 첫째, 해양을 연안국(coastal state)의 관

....

[8] 구민교(2011a)를 요약·발췌.

[9] 대체적으로 20세기 이전까지는 자유해양론이 우세하였다. 그러나 20세기 들어 자유해양론은 과학기술의 눈부신 발달로 큰 도전을 받게 되었다. 우선 과학기술의 발달로 국가안보에 위해를 미칠 수 있는 무기체계의 사정거리가 늘어남에 따라 위협을 느낀 연안국들은 영해 개념을 만들어 자국의 육상경계와 인접한 해양을 배타적 관할지역으로 만들었다. 제2차 세계대전 이후 신생독립국이 자원민족주의를 내세우면서 해양을 주권국가가 관할하려는 노력이 우세하게 되었다. 무엇보다도 제2차 세계대전 이후 초강대국으로 등장한 미국이 대륙붕의 해저면과 하층토의 천연자원을 주장하기 위하여 1945년 「트루만 선언(Truman Proclamation)」을 공포하면서 폐쇄해양론 쪽으로 무게중심이 기울게 되었다. 이러한 정세와 해저 화석자원 개발에 대한 관심의 증가 속에서 UNCLOS I로 불리는 제1차 유엔해양법 회의의 결과인 1958년 「제네바협약(Geneva Conventions)」은 영해와 접속수역, 공해, 공해의 생물자원보존과 어업, 그리고 대륙붕에

할구역으로 인정하는 방법이다. 연안국이 해저지형이 해상대지의 연장이라는 논리로 해양과 해저에 대한 관할권을 확대하려고 하자 국제사회는 연안국의 영해, 접속수역, 그리고 배타적 경제수역, 대륙붕의 경계를 정하는 합의를 도출하였다. 둘째, 연안국의 관할에 속하지 않는 공해에서 해양자원의 활용에 일정한 규제를 가하는 방법이다. 해양자원의 자유로운 이용과 접근이 보장된 상태에서 개별 행위자들의 이익추구를 규제하지 못하면 '공유지의 비극(tragedy of the commons)' 현상이 나타날 수밖에 없기 때문이었다(Hardin 1968: 1243-1244).

해양국가와 내륙국가, 해양강대국과 약소국들 간에 복잡하게 얽힌 이해관계는 1990년대 중반에 들어 관련국들이 「유엔해양법협약」을 비준하기 시작하고, 그에 따른 배타적 경제수역을 주장하면서 훨씬 더 복잡해졌다. 12해리 영해 외측의 수괴(water column)에 대한 주권적 권리와 대륙붕에 대한 주권적 권리를 결합한 200해리 배타적 경제수역의 도입은 「유엔해양법협약」의 가장 중요한 혁신 중의 하나였다.[10] 이는 연안에 대한 통제 강화를 원하는 국가들과 최대한 넓은 공해를 확보하려는 국가들 사이의 타협의 결과였다. 또한 「유엔해양법협약」에 따르면 '대륙붕 탐사 및 대륙붕 내의

....
관한 기존의 국제관습법들을 종합하여 이를 보다 체계화 하였다. 자유해양론과 폐쇄해양론에 관한 보다 자세한 사항은 구민교(2011c) 참조.

[10] 동 협약 제57조에 의하면, 연안국들은 기선으로부터 200해리까지 배타적 경제수역을 주장할 수 있다. 이 구역 안에서 연안국은 수괴, 해저, 해저면에 있는 생물이나 무생물 등 천연 자원의 탐사, 개발, 보존, 관리를 위해 주권과 구분되는 주권적 권리를 가진다. 연안국은 또한 배타적 경제수역 내에서 인공섬의 설치 및 관리, 과학조사 및 환경보호 등에 관한 관할권을 갖는다(56조 1항). 그러나 배타적 경제수역 내에서의 항행의 자유와 상공의 비행, 해저 관선이나 전선부설 등을 제한할 수 없다(58조 1항).

자원의 개발을 위한 주권적 권리(제77조 1항)'라는 측면에서 연안국의 대륙붕에 대한 권리는 배타적 경제수역과 본질적으로 같다고 볼 수 있다. 그러나 대륙붕에 대한 권리는 그 상부수역 또는 상공의 법적 지위에 영향을 미치지 아니 하고(제78조 1항), 권리에 대한 주장(claim)을 필요로 하는 배타적 경제수역과는 달리 대륙붕에 대한 권리 그 사실 자체로(ipso facto) 존재하므로 따로 권한을 주장할 필요가 없는 점(제77조 3항)에서 본질적으로 차이가 있다(Park 1983a, 1983b; Kim 2004).

배타적 경제수역 및 대륙붕의 경계획정 문제는 「유엔해양법협약」상 영해 및 기타 해양구역 획정의 기준으로 직선기선의 채택이 확대됨에 따라 더욱 어려워지게 되었다(신창현 1997; 김선표 외 2000; 김태완 2007; 정문섭 2008). 동 협약에 따르면 해양경계는 두 가지 종류의 기선으로 측정될 수 있다. 우선 제5조는 "본 협약에 달리 규정된 경우를 제외하고, 영해의 폭을 측정하기 위한 통상기선(normal baseline)은 연안국에 의하여 공인된 대축척해도에 표시되어 있는 해안의 저조선(low-water line)으로 한다"라고 규정하고 있다. 그러나 "해안선이 깊이 굴곡하고 만입한(deeply indented and cut into) 지역, 근해 지역에 일련의 도서가 산재한" 국가는 "해안의 일반적 형태로부터 현저히 이탈하지 않는(not depart to any appreciable extent from the general direction of the coast)" 적절한 지점을 연결하는 직선기선(straight baselines)을 적용하도록 하고 있다(제7조 1항과 3항). 그러나 그 규정은 여전히 모호한 실정이며, 때문에 기본적 조건이 충족되지 않은 국가들까지도 무리하게 직선기선을 채택하고 있다.[11]

또한 「유엔해양법협약」이 등장하는 과정에서 '등거리(equidistance)' 원칙과 '형평한 해결(equitable solution)' 원칙 간에 많은 논란이 있었다. 「유엔해양법협약」 제15조에 따르면 "역사적 권원이나 그 밖의 특별한 사정(historic title or other special circumstances)"이 없는 한 연안국들 간의 해양경계는 "각국의 영해 기선 상의 가장 가까운 점으로부터 등거리에 있는 모든 점을 연결한 중간선"을 따라야 한다. 그러나 이러한 등거리 원칙은 12해리 영해 규정에만 적용 가능하다. 배타적 경제수역과 대륙붕을 각각 정의한 제74조와 제83조는 중간선에 대한 언급을 전혀 하지 않고 있다. 대신에 '형평한 해결책'을 찾기 위한 국제사법재판소규정 제38조에 언급된 바에 따른 "국제법에 기초한 상호 간의 합의에 의하여 경계획정이 유효하게 된다"라고 규정하고 있을 뿐이다. 이 규정은 해양 경계획정에 관해 중간선 원칙을 천명한 1958년 제네바협약 제6조로부터의 중대한 변화라 할 수 있다. 비록 「유엔해양법협약」은 해양경계획정의 형평해결의 원칙을 구성하는 요소가 구체적으로 무엇인가에 대해서는 침묵하고 있지만 동 원칙은 국제사법재판소의 판례의 축적을 통해 해양 경계획정의 기본원칙으로 확립되어 왔다(구민교 2011a).

최근 들어 주목할 점은 2012년 3월 국제해양법재판소(International Tribunal for the Law of the Sea)가 내린 결정이다. 인도양 동북부의 벵

....

11 예를 들어 우리나라의 1977년 「영해법」은 영해의 폭을 측정하기 위해 통상기선과 직선기선 방식을 동시에 채택하였다. 우리나라의 직선기선에 대하여 미국, 일본, 중국 등 관련 국가들은 한반도와 제주도 사이의 수역을 제외하고는 누구도 그 정당성을 문제 삼지 않았다(Park 1983c: 139-142). 이는 서해와 남해 일부를 제외하고 우리나라의 해안선이 다른 국가들에 비해 상대적으로 복잡하지 않고 본토로부터 멀리 떨어져 문제의 소지가 될 만한 도서들이 그리 많지 않기 때문이다. 그럼에도 불구하고 우리나라의 기선정책은 아직 주변국들로부터 공식적인 인정을 받고 있는 상태는 아니다. 중국과 일본도 무리하게 직선기선을 채택하여 우리나라의 기선정책보다 더 큰 논란의 소지를 안고 있다(구민교 2011: 14).

골 만 해역은 해저유전 개발을 놓고 방글라데시와 미얀마 간의 관할권 분쟁이 격화된 곳이다. 벵골 만 해역 관할권 문제는 해양법재판소가 해양경계획정 문제를 다룬 첫 사례라는 점에서 국제적으로 많은 관심을 불러일으켰다. 동 재판소는 방글라데시와 미얀마 간 벵골 만 해역에서의 경계선을 두 나라의 중간선으로 결정하였다. 동 재판소는 "기존 판례와 같이 양국 연안에서 잠정적 등거리선을 그은 후 오목한 해안지형과 같은 관련 사정을 고려해서 조정하되, 200해리 이내 경계획정에서는 퇴적층 같은 지질학적 요소가 고려되지 않는다"고 결정했다(김재영 2012). 즉 이 판결에서 자연적 연장론(natural prolongation)은 고려되지 않았다는 것은 동아시아 해양경계 획정에도 중요한 함의를 갖는다.[12]

....

[12] 1996년 8월에 우리 정부는 「유엔해양법협약」에 따른 「배타적경제수역법」을 공포하고, "배타적 경제수역의 경계는 국제법을 기초로 관계국들과 합의에 따라 획정한다"고 선언했다. 아울러 동법 제5조 2항은 한국의 배타적 경제수역에 대한 주권적 권리는 관계국과의 별도의 합의가 없는 경우에는 그 지리적 한계로써 중간선을 채택한다고 규정하고 있다(Kim 2004: 171-176). 이러한 중간선 원칙이 '관련국들 간의 협의에 의한 해결' 원칙을 천명하고 있는 「유엔해양법협약」 제74조 3항에 부합하는지에 관해서 논란의 여지가 있을 수 있지만 한국이 '일방적으로' 중간선을 채택한다는 의미가 아니라 우리의 관할권 행사를 중간선까지로 자제하겠다는 의미로 해석하는 것이 보다 일반적이다(구민교 2011a: 15). 한편, 동중국해에서 중국은 대륙붕의 자연적 연장, 즉 오키나와 해구(Okinawa Trough)의 북측에 경계한 대륙붕의 끝자락을 따라 일본과의 해양경계가 정해져야 한다고 주장해왔다. 중국은 동중국해상에서 더 긴 해안선을 가지고 있기 때문에 일본과의 경계획정에서 비례의 원칙(proportionality)을 적용하길 원한다. 이 지역에서 일본의 대부분의 해안은 일본 본토의 해안이 아니라 넓게 분산된 오키나와 열도의 해안선을 따르고 있다. 따라서 일본은 양측 간의 해양경계는 중간선 원칙에 따라 정해져야 한다고 주장한다. 합의가 이루어지지 않은 상태에서 일본은 중국의 반대에도 불구하고 일방적으로 중간선을 선포하여 이 선의 동쪽 지역이 모두 일본의 관할 하에 있다고 주장한다. 한 가지 주목할 점은 2012년 국제해양법재판소의 판례는 해안선의 길이와 인구수를 고려해 경계를 획정해야 한다고 주장을 수용하지 않았다는 사실이다.

4.2 미중 간 해양경쟁과 「유엔해양법협약」

동아시아 해양을 둘러싼 미중 간의 새로운 경쟁은 일국의 배타적 경제수역에서 타국이 어떤 형태의 군사행동을 할 수 있는가에 관한 국제법적 논쟁과 맞닿아 있다. 지난 2001년 미해군의 EP-3 정찰기와 중국의 전투기 간의 충돌, 2009년 미 해군 관측선 임페커블호에 대한 중국의 도발 사례에서 볼 수 있듯이 중국이 주장하는 자국의 배타적 경제수역에서 행해지는 미국의 군사적 행위에 대한 중국 정부의 공세적 행동은 두 강대국을 위험한 대립으로 치닫게 할 수 있다. 위에서 언급한 바와 같이 「유엔해양법협약」 상 배타적 경제수역에 대한 관할권을 갖는 국가는 모든 생물과 비생물 자원에 대한 완전한 통제권을 갖고 있고 다른 국가에 의한 과학적 연구를 제한할 수 있다. 그러나 미국은 타국의 배타적 경제수역에서 자국 함정이 조사활동을 하는 것은 「유엔해양법협약」이 보장하는 항행의 자유 원칙에 따라 정당한 것이라고 주장한다. 당연히 중국은 미국의 주장을 받아들이지 않고 있다. 중국은 이를 '해양 과학 연구'라고 특징짓고, 배타적 경제수역에서 그런 활동을 하기 위해서는 연안국의 동의가 필요하다고 주장한다. 그러니 중국의 입장은 일본과 베트남의 배타적 경제수역 내에서 이루어지는 중국의 일방적인 조사 및 감시 활동과 배치되는 것이다. 따라서 이 문제는 매우 논쟁적이다(Koo 2010).

　미중 간의 이러한 대립은 천안함 폭침 사태 이후 한미 양국의 합동 해상훈련 과정에서도 여실히 드러났다. 천안함 사태 발발 후 미국과 한국이 일본 열도와 한반도 주변 수역에서 핵항모 조지 워싱턴호를 포함한 대규모 해상 합동훈련을 실시할 것을 발표하였다. 양국은 원래 서해에서도 훈련을 실시하기로 계획했으나 중국의 극렬한 항의로 갑작스럽게 취고 되고 말았다. 중국은 이른바 대부분이 중국의 군사 작전지역과 배타적 경제수역에 포함되는 이 지역에서의 해군 훈련에 미국이 참가하는 것에 매우 민감하게 반응하면서 선제적인 해군 훈련을 실시하였다. 사실 중국은 서해에서 한국과 배타적 경제수역 경계에 대해서 공식적으로 합의하지 않았기 때문에 배타적 경제수역에 대한 중국의 일방적인 주장은 정당화 될 수는 없다. 한편, 2010년 11월 연평도에 대한 북한의 갑작스런 포격 후에 미국과 한국은 중국의 큰 방해 없이 서해에서 조지 워싱턴호를 포함한 합동 해군 훈련을 실시한 바 있다. 그러나 중국의 침묵은 앞으로의 행동변화에 대한 의지를 보여주는 것이 아니라는 견해가 지배적이다. 이러한 일련의 미중 간 외교적 마찰은 동아시아의 반폐쇄해에서의 상호수용가능한 군사적 행동의 범위를 두고 이해 당사국들 모두가 만족스러운 합의를 끌어내기 어렵다는 것을 말해준다. 이러한 논란은 한중 간에 배타적 경제수역 협상이 확실히 마무리되기 전까지는 계속 될 전망이다(Koo 2010).

한편, 미국이 주도하고 중국이 반대하는 「대량살상무기 확산방지구상」(Proliferation Security Initiative, 이하 PSI)은 「유엔해양법협약」이 보장하는 공해상에서의 항행의 자유 및 타국 영해 상에서의 무해통항권(the right of innocent passage)과 테러 및 대량살상무기의 역내 확산 방지를 위한 양자·다자간 노력의 접점에 있다. 2003년 미 부시 행정부의 주도로 시작되어 영해 및 공해상에서 대량살상무기를 운반하는 것으로 의심되는 선박을 정선, 검색, 압류할 수 있는 근거가 되는 PSI는 「유엔해양법협약」과 잠재적으로 갈등관계에 놓여 있다. 동 협약에 따르면 "핵추진 선박과 핵물질 또는 본질적으로 위험하거나 해로운 물질을 실은 선박들도(foreign nuclear-powered ships and ships carrying nuclear or other inherently dangerous or noxious substances) 영해에서의 무해통항권을 갖는다"고 규정(제23조)되어 있을 뿐만 아니라 공해상에서의 항행의 자유도 규정되어 있다. 다만 국제법상 공해상에서 승선검색이 가능한 예외는 무국적선박, 해적행위, 노예매매, 국기를 허위로 게양한 경우, 불법 라디오 방송을 하는 선박 등임을 감안할 때 포괄적인 해석의 여지는 존재한다. 그러나 북한과 중국은 PSI를 미국을 중심으로 한 해적행위(act of piracy)로 규정하고 크게 반발해 왔다(장은석 2010).[13]

　　이러한 시점에서 중국 하이난성 인민대표대회가 2012년 11월 '하이난성 영해'에서 외국 선박과 인원의 불법행위를 단속할 수 있도록 하는 내용을 담은 「하이난연안변경치안관리조례」의 수정안을 의결해 2013년부터 시행하기로 한 것은 국제 해양규범에 대한 중국의 이중적인 태도를 보여준다. 동 조례에 따르면 무단 영해 진입 및 정선·정박, 무단 섬 상륙, 중국의 주권 침해 선전 활동 등이 불법 행위에 해당하며, 공안은 불법 선박에 대해 승선 검사, 억류, 퇴거, 항로 변경, 회항 등의 조처를 할 수 있다. 중국 외교부가 "중국은 각국이 국제법에 따라 남중국해에서 항행의 자유를 갖고 있다는 점을 고도로 중요시하고 있다"고 밝히면서 파문 확산 차단에 나섰지만 하이난성이 남중국해에서 타국 선박을 단속할 수 있는 법적 근거를 마련함에 따라 남중국해의 긴장이 고조되고 있다(차대운 2012).

....

[13] 우리나라는 그간 미국의 강한 압박에도 불구하고, PSI 가입이 자칫 남북 간의 물리적 충돌을 야기 시킬 수 있다는 판단에 따라 PSI에 참관 자격으로만 소극적으로 참여해 왔다. 그러나 북한이 2차 핵실험(2009.5.25)을 강행한 마당에 PSI참여를 미룰 이유가 없다는 판단에 따라 2009년 5월 26일 우리 정부는 PSI 원칙을 승인하기로 공식 발표하였다. 북한은 그동안 PSI를 "한반도에 전쟁의 불구름을 몰아오는 도화선"으로 규정하면서 참관단 파견도 핵전쟁을 몰아오는 처사라고 비난해 왔다.

5. 시사점 및 결론

'바다를 지배하는 나라가 세계를 지배한다'고 한다. 해양은 전통적인 의미에서의 안보(traditional security)와 인적 및 물적 자원의 운송과 관련된 해로(sea lines of communication), 자원개발, 환경 등과 같은 비전통적 안보(non-traditional security)가 동시에 만나는 복합적이고 다층적인 공간이다. 과거에도 그랬고 현재에도 그렇듯이 미래에도 세계를 지배하는 나라는 반드시 바다를 지배할 것이다. 미국과 중국은 바로 지금 그 경쟁을 하고 있다.

과거 동아시아의 해양분쟁은 개별적으로 발생하는 경향이 있었다. 그러나 최근 들어서는 이러한 갈등이 동시다발적으로 발생하고 있다. 그 중심에는 해양을 둘러싼 미중 간의 치열한 경쟁이 있다. 그럼에도 불구하고 동아시아 지역에서 효과적인 해양질서의 구축은 모든 당사국들의 완전한 참여 없이는 이룰 수 없다. 해양 경계 문제, 영유권 문제, 자원 문제 등을 다자적으로, 그리고 순차적으로 해결하기 위해서는 우선 역내의 공통의 이해가 공유되어야 한다. 남중국해의 예에서와 같이 구속력은 없지만 상징적인 행동강령의 채택은 현상을 유지하면서 상호이해를 촉진하기 위한 좋은 시작일 수 있다.

해양 관련 국제규범의 집대성인 「유엔해양법협약」은 주요 조항들의 모호성 때문에 영유권 및 경계획정에 관한 분쟁해결에는 여전히 많은 한계를 보이고 있음에도 불구하고 동아시아 신해양질서가 그 제도적 분업의 기반을 두는 가장 중요한 규범 체계이다. 따라서 동아시아 차원의 새로운 해양질서를 구축하기 위해서는 우선 당사국들은 자신들의 새로운 제도적 노력이 어느 정도의 수준으로 기존의 국제해양 레짐과 제도적 분업을 이룰지를 결정해야 한다. 또한 동아시아의 해양 문제는 경계획정, 자원, 영유권, 해로 문제 등이 복잡하게 얽혀있기 때문에 어느 한 국가의 일방적 또는 양자적 노력만으로 해결하기는 사실상 불가능하다는 점을 분명히 인식해야 한다 (구민교 2011a).

역내 여러 해양분쟁의 공통분모인 중국의 협조와 양보가 없다면 다자적 해법을 찾을 수 없다. 하지만 중국은 해양분쟁의 해결을 위하여 양자협상을 고집해 왔다. 중국은 해양문제를 둘러싼 갈등이 표면화되는 것을 막기 위해 가능한 채널을 총동원해 "당사국간 대화를 통한 해결과 미국의 불개입" 입장을 적극 설파하는 외교전을 펼치고 있다. 중국의 이러한 태도는 당장은 우월한 전략으로 보일지 몰라도 양자주의를 극복해야 하는 당위성을 훼손시키지는 않는다. 최근의 해양관련 분쟁은 중국의 "평화적 부상" 원칙에 대한 중요한 시험이 될 것이다. 중국은 자신의 실지회복주의적 야망과 관련한 이웃국가들의 우려를 효과적으로 불식시키지 못한다면 지난 30년 간 획득한 외교적 신뢰를 급격히 잃을 수 있다.

한편, 다자적 해법의 모색이 곧 국제사법재판소나 국제해양법재판소와 같은 제3자에 의한 중재를 의미하지는 않는다. 오히려 이는 클린턴 미 국무장관이 "강압 없이 다양한 영토 분쟁을 해결하기 위한 모든 분쟁 당사국들에 의한 협력적 외교 과정"으로 묘사한 다자적 지역주의를 필요로 한다. 오바마 정부가 동아시아의 해양 문제에 대한 다자회담의 개최를 반복적으로 암시해온 것도 이러한 배경에서이다. 미국은 이제 역내의 역학관계를 일방적으로 결정하는 것이 불가능하다는 것을 인식하고 있다. 미국은 또한 중국의 힘의 확대에 분명한 제한이 있다는 것을 확실히 하면서도 중국정부가 책임있는 이해당사자로서 행동한다면 중국의 영토 문제를 존중할 뿐만 아니라 중국의 부상을 환영할 것임을 밝히기도 했다.

일본은 다자적 해양 체제를 형성하는 데에 주도적인 역할을 하기에는 정치적 의지와 신뢰성이 부족하다는 한계를 보여 왔다. 동경에서 1,700km 가량 떨어진 남태평양의 두개의 작은 바위로 구성된 오키노토리시마에 대한 기이한 주장에 의하여 가장 잘 상징되는 일본의 광범위하지만 모호한 해양 경계 및 영유권 주장은 일본을 하나의 탐욕스러운 부자처럼 보이게 할 뿐이다. 2011년 지진과 원전사태에도 불구하고 추진되었던 역사 및 사회과 교과서 문제나 최근 다케시마의 날 행사를 중심으로 전개되었던 독도 영유권 문제에 대한 도발은 국내정치적으로는 집권 자민당의 인기몰이에 도움이 될 수 있을지는 몰라도 동아시아 공동체의 일원으로서 일본의 장기적인 국익에는 도움이 되지 못한다는 점을 일본 정부는 인식해야 한다.

동아시아의 지속가능한 해양질서를 모색하기 위해서는 영유권 문제와 배타적 경제수역 및 대륙붕의 경계획정 문제, 자원개발의 문제, 그리고 해양 환경보호 문제를 각각 분리해서 접근하되, 각론에서의 협력을 바탕으로 역내 해양문제 전반에 관한 다자간 컨센서스 또는 메타 레짐(meta regime)을 이끌어 내야 한다. 이러한 새로운 역학과 도전 속에서 한국은 미국, 중국, 그리고 일본 사이에서 안정장치로서의 역할을 수행해야 한다. 강소국으로서의 한국이 중국의 급속한 세력 팽창에 맞서 미국에게 지나치게 의존함으로써 중국과 세력균형을 유지하려는 것은 좋은 정책 대안이 되지 않는다. 중국의 궤도(China's orbit)에 빨려 들어가서도 안 된다. 동시에 우리나라는 해양문제에 관해 보다 적극적인 목소리를 낼 필요가 있다. 지나친 군비경쟁에 뛰어들기보다는 규범 담지자로서의 역할과 역량을 강화해야 할 것이다. 영토, 자원개발, 그리고 경계획정의 문제를 포함하는 신해양질서의 구축은 궁극적으로 고도의 정치적인 행위지만, 단순한 자국 이기주의 이상의 것을 포함하는, 모든 관련국들이 납득할만한 법적이고 평등한 근거를 담아야 하는 대단히 규범적인 행위이기 때문이다.

참고문헌

구민교. 2008. "독도, 무엇이 문제인가?" KNSI 현안진단 제125호. http://knsi.org/knsi/ admin/work/works/iss125_kmk080729.pdf (접속일: 2013년 3월 3일).

_____. 2011a. "지속가능한 동북아시아 해양질서의 모색: 우리나라의 해양정책과 그 정 책적 함의를 중심으로." 『국제·지역연구』 20(2), pp. 1-36.

_____. 2011b. "ARF 외교장관회의 이후 새로운 동아시아 해양질서의 모색." EAI 논평 21, http://www.eai.or.kr/type_k/panelView.asp?code=kor_report&catcode=1010000000 &idx=10280&bytag= (접속일: 2013년 3월 3일).

_____. 2011c. "국제해양질서 체제의 진화." 한국해로연구회 저. 『해양의 국제법과 정치』. 서울: 오름.

김선표·홍성걸·신영태·이형기. 2000. 『유엔해양법협약 이후 새로운 공해어업질서의 법적 성격 연구』. 서울: 한국해양수산개발원.

김영구. 2004. 『한국과 바다의 국제법』. 서울: 21세기 북스.

김용환. 2007. 『독도 인근해역 경계획정의 국제법적 쟁점 및 대응방안』. 서울: 한국해양수 산개발원.

김재영. 2012. "국제해양법재판소 '해양경계 기준은 중간선' 첫 판결… '이어도 관할권' 한국 에 유리해져." 동아일보 4월 19일. http://economy.donga.com/3/all/20120419/45633468/4 (접속일: 2013년 3월 3일).

김태완. 2007. "유엔 해양법 협약 레짐과 동아시아 갈등: 원인과 해결방안." 『국제정치연 구』 10(1), pp. 107-122.

김현수. 1999. "동북아에서의 EEZ 경계획정 및 암석 도서의 처리에 관한 연구." 『해양전 략』 104, pp. 69-113.

손기섭. 2012. "중일 해양영토 분쟁의 원인과 특성: 갈등사이클을 중심으로." 『일본문화연 구』 43, pp. 273-294.

신창현. 1997. 『한중일의 해양경계획정 문제: UN해양법협약과 신해양질서의 관점에서』. 서울: 국제문제조사연구소.

이동률. 2012. "중국의 해양 대국화와 해양 영유권 분쟁." 『동아시아 브리프』 7(2), pp. 16-23.

이문기. 2008. "중국의 해양도서 분쟁 대응전략: 조어도와 남사군도 사례를 중심으로." 『아시아연구』 10(3), pp. 29-60.

이삼성. 2007. "21세기 동아시아 지정학: 미국의 동아태지역 해양 패권과 중미관계." 『국 가전략』. 13(1), pp. 5-32.

장은석. 2010. "한국의 확산방지구상(PSI) 정식참여의 의미와 협력방향." 『국제정치논총』 50(1), pp. 191-215.

정문섭. 2008. "동북아시아 지역의 해양분쟁과 그 함의." 『아시아연구』, 11(2), pp. 135-162.

조선일보. 2013. "中, 日군함에 대한 '레이더 조준' 부인." 2월 8일. http://news.chosun.com/ site/data/html_dir/2013/02/08/2013020801250.html (접속일: 2013년 3월 3일).

차대운. 2012. "中 '남중국해 자유항행 문제없어.'" 11월 30일. http://news.hankooki.com/ lpage/world/201211/h2012113017110522510.htm (접속일: 2013년 3월 3일).

최현묵·전현석. 2012. "[토요이슈 - 中·日 충돌과 한국] 中에 밀린 日, 센카쿠 구실로 군 비 증강, 독도 '무력 위협' 가능성." 조선일보 9월 22일. http://news.chosun.com/site/ data/html_dir/2012/09/22/2012092200242.html (접속일: 2013년 3월 3일).

Hardin, Garrett. 1968. "The Tragedy of the Commons," *Science* 162, pp. 1243-1248.

Hara, Kimie. 2001. "50 Years from San Francisco: Re-examining the Peace Treaty and Japan's Territorial Problems," *Pacific Affairs* 74(3), pp. 361-382

Holmes, James R. and Yoshihara, Yoshi. 2010. "When Comparing Navies, Measure Strength, Not Size," *Global Asia* 5(4), pp. 26-31.

Kato, Yoichi. 2010. "China's Naval Expansion in the Western Pacific," *Global Asia* 5(4), pp. 18-21.

Kim, Sun Pyo. 2004. *Maritime Delimitation and Interim Arrangements in Northeast Asia*, The Hague/London/New York: Martinus Nijhoff Publishers.

Koo, Min Gyo. 20090. *Island Disputes and Maritime Regime Building in East Asia: Between a Rock and a Hard Place*, New York: Springer.

_____. 2010. "Between a Rock and a Hard Place: The Future of the East Asian Maritime Order," EAI Issue Briefing, No. MASI 2010-08, December 27. http://www.eai.or.kr/data/bbs/eng_report/2010122814501165.pdf (검색일: 2013년 3월 3일).

Moon, Chung-in and Chaesung Chun. 2003. "Sovereignty: Dominance of the Westphalian Concept and Implications for Regional Security," in Muthiah Alagappa (ed.). *Asian Security Order: Instrumental and Normative Features*, Stanford, CA: Stanford University Press, pp. 106-137.

Park, Choon-ho. 1983a. "Fishing under Troubled Waters: The Northeast Asia Fisheries Controversy," in Choon-ho Park (ed.), *East Asia and the Law of the Sea*, Seoul: Seoul National University Press, pp. 51-100.

_____. 1983b. "The Sino-Japanese-Korean Sea Resources Controversy and the Hypothesis of a 200-mile Economic Zone," in Choon-ho Park (ed.), *East Asia and the Law of the Sea*, Seoul: Seoul National University Press. pp. 101-123.

_____. 1983c. "South Korea and the Law of the Sea," in Choon-ho Park (ed.), *East Asia and the Law of the Sea*, Seoul: Seoul National University Press, pp. 139-160.

_____. 1983d. "Joint Development of Mineral Resources in Disputed Waters: The Case of Japan and South Korea in the East China Sea," in Choon-ho Park (ed.), *East Asia and the Law of the Sea*, Seoul: Seoul National University Press, pp. 125-138.

Valencia, Mark J. 2005. *The Proliferation Security Initiative: Making Waves in Asia*, New York: Routledge.

_____. 2008. "A Maritime Security Regime for Northeast Asia," *Asian Perspective* 32(4), pp. 157-180.

_____. 2010. "The South China Sea: Back to the Future?" *Global Asia* 5(4), pp. 8-17.

Van Dyke, Jon M. 2009. "Disputes over Islands and Maritime Boundaries in East Asia," in Seoung-Yong Hong and Jon M. Van Dyke (eds.), *Maritime Boundary Disputes, Settlement Processes, and the Law of the Sea*, The Hague/London/New York: Martinus Nijhoff Publishers, pp. 39-75.

2

미중 해군력 경쟁의 전망과
한국의 해양전략

—
박영준

1. 문제의 제기

국제정치학에서 국력(national power)은 국제질서상 국가의 상대적 위상을 가르는 중요한 요소로 지적되어 왔다.[1] 국력 가운데에서도 군사력은, 경제력과 더불어 소위 하드파워(hard power)를 구성하는 핵심요소로 간주되어 왔다. 군사력은 여러 가지 기준으로 분류가 가능한데, 통상 육군력, 해군력, 공군력, 그리고 핵무기와 탄도미사일 등으로 구성되는 전략무기 전력으로 구분하는 것이 일반적인 방식이다. 군사력을 이같이 분류할 때, 국제정치학자들은 이 가운데에서 해군력(naval power)이 근대 이후의 국제질서에서 갖는 의미에 대해서도 상당한 주의를 기울여 왔다.

잔 글리테(Jan Glete)는 함선(warship)으로 상징되는 해군력이 근대 국가의 형성과정에서 개별 국가들의 전략전술이나 관료제의 수

....
[1] 국력의 다과(多寡)에 따라 국가들은 강대국, 중견국, 중소국, 그리고 약소국으로 위상이 갈라진다. 김치욱은 국토의 면적, 인구, GDP, 수출 및 수입, 외환보유고, 군사비, 국제기구 가입 정도, 외교관계 등을 폭넓게 국력 기준으로 사용한 바 있다(김치욱 2009 : 48).

준을 보여주는 척도가 될 수 있다고 간주하였다(Glete 1993 : 9).

19세기 말 미국의 해군전략가였던 알프레드 마한(Alfred Mahan)은 상선단이나 해군기지를 포함한 해양력(sea power)의 보유 여하가 역사상 강대국의 조건이었다고 관찰하였고, 이같은 관점을 이어받아, 폴 케네디(Paul Kennedy)는 영국이 해양력(maritime strength)을 바탕으로 어떻게 글로벌 질서상의 제해권(command of the sea)을 장악하게 되었는가를 검토한 바 있다(Kennedy 1976 : 1-9). 조지 모델스키(George Modelski)도 1500년대 이후 국제질서에서 100여년에 걸쳐 세계질서를 주도하던 세계강국(global power)이 포르투갈, 네덜란드, 영국 등으로 이어지면서 교체되어 왔다는 소위 장주기 이론(long cycle theory)을 제시하면서, 이같은 세계 강국들이 갖추었던 가장 기본적인 조건이 전함(warship)으로 상징되는 해군력, 해양력의 보유였다고 지적하였다.[2]

20세기 중반 이후 핵무기 및 여타 전략무기의 등장으로 해군력이 국제정치에서 갖는 영향력은 상대적으로 감소되었다. 그러나 여전히 해군력은 개별 국가가 보유한 국력의 상징으로서, 그리고 나아가 국제질서상 강대국이 갖추어야 할 조건의 하나로서 인식되고 있다. 해군력의 보유에는 경제능력의 뒷받침이 따라야 하며, 해군력의 보유로 말미암아 원거리 파워투사능력(power projection capability)이 갖추어지기 때문이다.

21세기 접어들어 동아시아 해양에는 중국의 급속한 해군력 증강과 이에 대응하는 주변국들의 맞대응, 특히 미국의 해양정책 변

....

[2] 모델스키는 세계강국들이 당대 세계 해군력의 10% 정도를 점유했다고 설명하고 있다(Modelski 1987 : 10).

화가 두드러지게 전개되고 있다. 중국은 급속한 경제성장의 진전에 따라 매년 10% 이상의 국방비를 편성해 오고 있으며, 그 가운데 25% 전후가 해군력의 증강에 투입되고 있는 것으로 보인다. 이에 따라 여타 육군, 공군, 제2포병 전력과 함께 구축함, 잠수함, 항모 등 해군 전력도 급속하게 증강되고 있으며, 이같은 해군력의 증강은 보다 적극적인 해양전략의 변화로 이어지고 있다. 한편 중국의 급속한 군사력 증강은 주변국가들에 대해 안보딜레마의 상황을 던져주고 있다. 일본 및 동남아 국가들이 중국의 해군력 증강 및 해양전략 변화에 대해 다양한 대응을 보이는 가운데, 특히 미국도 최근 중국의 해군력 증강에 직접 대응하는 해군 태세의 재편 및 해양전략의 변화를 추구하는 것이 주목된다. 과연 부상하는 중국의 해군력 증강과 기존 해양강국이던 미국의 맞대응은 동아시아 해양질서 및 국제질서에 어떠한 영향을 던져주게 될 것인가?

이같은 현상을 염두에 두면서 본고는 다음과 같은 질문을 던지고자 한다. 미국과 중국의 해군력 강화 시도는 과연 어떠한 규모와 양태로 전개되고 있는 것인가? 양국의 해군력 강화는 어떠한 국가전략 및 해양전략과 연계되어 추진되고 있는 것인가? 양국의 해군력 및 해양전략 변화가 향후 5년간 어떤 양상으로 전개될 것으로 전망되는가? 이같은 양국의 해군력 및 해양전략 변화가 동아시아 질서에 어떠한 영향을 끼치게 될 것이며, 한국은 어떠한 정책적 대응이 요구되는가?

2. 중국의 해양전략 전개와 해군력 증강 양상

2.1. 중국의 해양전략 및 해군력 건설 양상 변화

중국은 전통적으로 대륙국가였고, 19세기 말 서세동점의 상황 속에서 새방론(塞防論)과 해방론(海防論)의 논쟁에서 나타났듯이 육상방어에 군사력 건설의 중점을 두어 왔다. 이러한 점은 1949년 중국 공산당 정권 수립 직후의 시기에서도 마찬가지였다. 그러나 1970년대 후반부터 개혁개방 정책을 본격화하면서, 중국 내에서 보다 적극적인 해군력 건설과 해양전략 추구를 요구하는 의견들이 대두되었다. 1986년, 당시 류화칭(劉華淸) 해군 제독은 제1도련과 제2도련의 개념을 제시하며, 당분간 중국 해군은 황해, 동중국해, 남중국해를 포함하는 제1도련(島連, island chain)을 작전반경으로 설정하고, 장차 해군력이 발전하게 되면 서태평양 해역을 포함하는 제2도련까지 확대되어야 한다고 언급한 바 있다.[3] 류화칭 제독의 전략개념 제시에 따라 중국은 종전에 표방해온 연안방어 전략에서 탈피하여 제1도련 해역 내에서의 국가이익을 확보하기 위한 근해방어(Near

Sea Defense 또는 Offshore Defense) 해군전략으로 전환하였다(The Secretary of Defense 2011 : 22-23; 防衛省 防衛研究所 編 2012 : 9). 중국 해군의 주력 구축함은 1950년대부터 운용해온 루다(旅大)급과 80년대에 개발된 루후급 등이 있었는데,[4] 근해방어 전략 표명 이후 90년대 중반에 루하이(旅海)급이 개발되었고, 1997년부터는 러시아에서 소브레메니급 구축함 2척이 신규 도입되었다.[5] 프리게이트함으로서는 1960년대 이후 건조된 쳉두(成都)급과 장동(江東)급, 장후(江滬)급 등을 보유하였었는데, 90년대 이후 추가로 장웨이(江衛)급 프리게이트함이 개발되었다. 잠수함 전력으로서는 1950년대 소련에서 도입된 로미오급, 1960년대 개발된 밍(明)급, 1970년대 진수된 핵추진 잠수함(SSN) 한(漢)급을 보유했었는데, 80년대에 샤(夏)급 전략핵 잠수함(SSBN), 90년대에 새롭게 송(宋)급 잠수함을 배치하였고, 러시아로부터 4척의 킬로급 잠수함을 도입하였다.[6]

이같이 근해방어전략을 표명한 이래 중국 해군은 구축함, 프리

....

[3] 류화칭 제독은 이같은 해양전략을 추진하면서, 전력증강과 관련하여 2000년대까지 중국이 항모를 보유해야 한다고 지속적으로 주장하였다(Ross 2009 : 60).

[4] 이하 중국 해군의 보유 함정에 대한 자세한 연혁은 防衛省防衛研究所 編 『中國安全保障レポート』(東京: 防衛研究所, 2011), pp.30-32 참조.

[5] 소브레메니급 구축함은 표준배수량 6,600톤으로, 대함미사일을 장착하여 미국 항모와 이지스함을 파괴할 수 있는 전력을 갖춘 것으로 평가되었다(Shambaugh 2004 : 267).

[6] 한급 잠수함은 중국 독자의 핵추진 잠수함이나, 소음이 많아 미국의 로스엔젤레스급이나 일본의 하루시오 및 오야시오급에 상대가 되지 않는다고 평가되었다. 샤급 잠수함은 배수량 6500톤 규모로 12기의 쥬랑-1(JL-1)을 탑재할 수 있다. 그러나 미국의 오하이오급 전략잠수함이나 일본의 오야시오급 잠수함에는 미치지 못한다고 평가되었다. 이에 비해 송급 잠수함은 크루즈 미사일이 발사 가능한 성능을 가지고 있다고 평가되었다. 킬로급 잠수함도 정숙성이 뛰어나다고 평가되고 있다(Shambaugh 2004 : 271-273).

게이트함, 잠수함 등의 분야에 걸쳐 새로운 전력들을 증강하였지만, 2000년대 초반까지만 해도 중국 해군의 전력은 아직 대양해군 (blue water navy)의 수준에 도달하지 못한 것으로 평가되었다.[7] 그런데 2000년대 중반 이후 중국의 정치가들과 해군 지휘관들에 의해 향후 중국이 해양강국을 지향해야 하고, 해군의 전략도 근해방어전략에서 벗어나 원해방어(Far Sea Defense) 전략을 취해야 한다는 주장들이 제기되기 시작하였다.

2000년대 이후 전인대에서 장쉬싼(張序三) 해군 부사령원은 중국이 국가전략으로서 해양강국을 건설해야 한다는 전략의견을 거듭 제출하였다. 2004년에는 전인대에서 남해함대사령원 우승리(吳勝利) 제독이 해양관련 법률 제정을 통한 해양이익 확보론을 제기하였다(防 衛省 防衛研究所 2012 : 42). 이같은 의견을 기폭제로 중국 조야에서 해양강국론, 시레인 확보론, 항모건설론 등 적극적 해군력 건설에 관한 논의가 활기를 띠기 시작했다.[8]

미 국방성 문서들은 2004년 후진타오 국가주석이 중국 인민해방군의 "역사적 사명"을 공표한 이후 해양전략의 확대 시도가 나타나기 시작했다고 지적하고 있다(The Secretary of Defense 2011 : 39).

후진타오 국가주석은 2007년 제17차 중국공산당 전국대표대회에서의 연설을 통해 "근해(近海)종합작전능력을 향상시킴

....

[7] 중국 군사문제에 관한 정평있는 연구자인 데이비드 샴보는 2004년에 발간한 저서에서 중국 해군이 보유하고 있는 함정 가운데 불과 수척 만이 대양해군의 능력을 갖추었을 뿐, 대부분은 brown water, green water의 수준이라고 평가하였다. David Shambaugh, 앞의 책, p.266 참조.

[8] Ross는 이같은 중국내 해군건설론이 한때 대서양에서 영국 해군력에 도전하였던 독일, 태평양에서 미국 해군력에 도전하였던 일본에서 각각 대두한 바와 같은 "해군내 셔널리즘"의 표현이라고 지적하고 있다(Ross 2009 : 50-51).

과 동시에, 서서히 원해(遠海)방위형으로 전환하여 원해기동작
전능력을 향상시켜, 국가의 영해와 해양권익을 지키고, 해상운
수 및 에너지 자원의 전략 루트 안전을 확보할 것"을 보다 명확하
게 지시하였다.[9] 후진타오 주석의 연설을 전후하여 중국 해군 내
외에서 원해방어의 필요성을 제기하는 논의들이 이어졌다. 2009
년 4월, 우승리 해군사령원은 원해기동능력과 전략적 투사능력
의 건설을 강조하는 발언을 하였다.[10] 2011년에 발간된 중국의
『국방백서 2010』은 해군의 근해방어전략 임무를 재강조하면서도,
동시에 원해에서의 작전능력을 개선할 필요성을 지적하고 있다.[11]
일부 퇴역 제독들은 중국이 원양해군기지를 보유해야 한다고도 주
장하였고, 일부 해군장교들은 중국 해군이 구미의 선진 해군들에
비해 전력과 활동범위가 아직 뒤쳐져 있으니, 이를 보다 증강하고
확대해야 한다고 주장하고 있다.[12] 물론 중국 정부는 아직까지 "원
해방어" 전략으로의 전환을 명시적으로 밝히고 있지는 않지만,[13] 미

....

[9] 防衛省 防衛研究所 編, 『中國安全保障レポート2011』 (防衛省防衛研究所, 2012), p.11
에서 재인용.

[10] 防衛省 防衛研究所 編, 『中國安全保障レポート2011』 (防衛省防衛研究所, 2012), p. 21
에서 재인용.

[11] The Secretary of Defense, *Military and Security Developments Involving the
People's Republic of China 2011: Annual Report to Congress* (2011), p.61에서 재인용.
미 국방성이 작성한 이 보고서는 원해방어에 대한 중국 내의 언급은 2004년부터 빈번
하게 나타나고 있다고 분석했다.

[12] Wang Xiaoxuan, "Navy has to get stronger" *China Daily*, July 27, 2012. 이 칼럼
의 필자 Wang Xiaoxuan는 중국 해군 대교이고, 인민해방군 해군학술연구소(Naval
Research Institute)소장을 역임하고 있는 인물이다.

[13] 앞의 칼럼에서 중국 해군학술연구소 소장인 Wang Xiaoxuan 대교는 중국 해군이
연안방어(coastal defense)에서 근해방어(offshore defense)로 전략을 변화시키고 있다
고 설명한 바 있다(Xiaoxuan 2012).

국측 학자들과 주요 언론에서는 중국 해양전략이 근해방어에서 원해방어 전략으로 전환했다고 보는 시각이 지배적이다.[14] 이러한 관찰은 2000년대 들어와 중국이 추진하고 있는 해군력 건설 현황, 그리고 해군활동의 확대 등을 통해 뒷받침되고 있다.

〈표 1〉 2000년대 중국의 해군전력 보유현황[15]

구분		01	02	03	04	05	06	07	08	09	10
구축함 (DD)	루다I	13	13	13	12	12	12	11	10	10	10
	루다II	2	2	2	2	1	1	1			
	루다III	1	1	1	2	4	4	4	4	4	4
	루후	2	2	2	2	2	2	2	2	2	2
	소베르메니	2	2	2	2	2	3	3	4	4	4
	루하이	1	1	1	1	1	1	1	1	1	1
	루조우						1	1	1	2	2
	루양						2	2	2	2	2
	루양II						2	2	2	2	2
호위함 (FF)	장후I	27	27	27	27	27	27	27	19	12	12
	장후II	1	1	1	1	1	1	1	1	7	7
	장후III	2	2	2	2	2	2	2	2	3	3
	장후IV	1	1	1	1	1	1	1	1	1	1
	장후V								6	6	6
	장기이I						2	2	2	2	2
	장카이II									4	6
	장웨이I	4	4	4	4	4	4	4	4	4	4
	장웨이II	7	8	8	8	8	10	10	10	10	10

....

[14] Nan Li, "China's Evolving Naval Strategy"(2010.11.19. 보스턴 대학 세미나 발표문) 및 Edward Wong, "Chinese Military Seeks to Expand Its Naval Power: A Rapid Buildup is Seen", *The New York Times*, April 24, 2010 등을 참조. Nan Li 박사는 미국 해군대학(Naval War College) 교수이다.

[15] 김종형, 「대안적 분석모형에 의한 탈냉전 이후 동북아 재래식 전력지수 평가: 1991~2010 해공군력을 중심으로」(국방대학교 군사전략전공 석사학위 논문, 2011), p. 93에서 재인용.

구분		01	02	03	04	05	06	07	08	09	10
잠수함 (SS)	한	5	5	5	4	4	4	4	4	4	3
	로미오 (개량형, SSG)	1	1	1	1	1	1	1	1		
	로미오	31	31	21	21	21	15	7	7		
	밍	20	21	22	20	20	20	19	19	19	19
	킬로	4	4	4	4	5	9	12	12	12	12
	송	2	3	3	8	9	10	13	13	13	13
	위안					1	1	1	1	2	4
	상							1	2	2	2
총합		126	129	120	122	126	135	132	130	128	131

* 출처: IISS, *The Military Balance 2001-2010*; Jane's Information Group, *Jane's Fighting Ships* 2001-2010. 참고하여 재구성.

〈표 1〉은 2000년대 이후 중국 해군의 전력 증강 현황을 도시한 것이다. 이를 보면 중국 해군은 2006년 이후 루조우급 및 루양급 구축함을 각각 2척 및 4척 보유하기 시작하였고, 장카이급 호위함도 전력화했음을 알 수 있다.[16] 특히 2000년대 이후 잠수함 전력의 증강이 두드러지게 나타나고 있다. 2004년 진수된 위안(元)급 잠수함 및 상(商)급 핵추진 잠수함은 각각 사정거리 40km의 순항미사일 YJ-82를 탑재하고 있다. 이외에도 중국은 2004년 탄도미사일 탑재가 가능한 전략핵 잠수함(SSBN) 진(晉)급 잠수함을 진수시켰는데, 이 잠수함에는 사정거리 8,000km 이상의 잠수함발사 탄도유도탄(SLBM) 쥐랑 2(JL-2)가 탑재되었다(防衛省防衛硏究所 2011 : 30). 2001년 시점의 잠수함 구성과 비교해 보면 진급 전략핵 잠수함, 상(商)급 전술잠수함, 위안(Yuan)급 잠수함 등이 새롭게 취역된 것을

....

[16] 루양급 구축함에는 사정거리 280km의 대함미사일 YJ-62가, 루조우급에는 사정거리 150km의 SAM-SA-N-20 및 사정거리 160km의 대함미사일 YJ-83이 각각 탑재되어 있다(防衛省防衛硏究所 2011 : 31).

알 수 있다.

〈표 1〉에는 나와있지 않지만, 2011년 6월에도 청(清)급 디젤추진형 잠수함을 실전배치하였다. 이 잠수함에는 사정거리 8,000km의 쥐랑 2 미사일 6기를 탑재할 수 있는 것으로 알려지고 있다.[17] 특히 중국은 1998년 우크라이나에서 구입한 구형 항모를 개조하여, 신형 항모로 탈바꿈시켰고, 함재기의 이착륙 훈련을 병행하면서, 전력화를 서두르고 있다.

2.2. 중국 해군의 활동반경 확대와 "반접근 지역거부(A2AD)" 전략

중국은 이같이 원해방어 전략으로의 변환 속에 해군력 증강에 박차를 가하면서, 특히 해군력을 운용한 군사력의 원거리 투사를 시도하고 있다. 중국 해군 함정들은 제1도련선에 해당하는 오키나와와 미야코 사이의 공해, 혹은 제2도련에 해당하는 남중국해와 필리핀선을 잇는 해역을 넘어 서태평양상에 전개하여 수시로 군사훈련을 행하고 있다. 중국은 북한으로부터 청진항 부두 사용권을 받아내었고, 2011년 8월에는 해군 함정들이 원산항을 친선방문하기도 하였다.[18] 중국은 파키스탄, 미얀마, 스리랑카 등과 협정을 맺어 이들 국가들의 해군기지 건설을 담당하거나, 경제원조를 행하면서, 이

----

[17] 『중앙일보』, 2011년 6월 29일. 미국은 중국의 핵추진 잠수함 획득과 항모 보유 시도를 대양해군으로서의 전투능력을 갖추려는 것으로 인식하고 있다(The Secretary of Defense 2011 : 33).

[18] 『朝日新聞』 2011년 11월 6일 및 『중앙일보』 2011년 8월 5일 참조.

들 국가들에 대한 영향력을 강화하고 있다(Wong 2010).[19] 뿐만 아니라 중국 해군함정은 2009년 이후 소말리아에 파견되어 해적퇴치 활동을 전개하고 있으며, 2010년 8월부터는 병원선을 아시아, 아프리카 해역에 파견하기도 하였다. 최근에는 해군 고위관계자에 의해 인도양 해역의 평화와 안정을 위해서도 중국 해군이 적극적인 관여를 하겠다는 의사가 표명되었다.[20]

해군의 훈련 및 작전반경 확대와 더불어 해군을 포함한 중국 전략가들은 미국에 대한 경쟁의식, 혹은 적대의식을 감추고 있지 않다. 2000년 초반에 발표한 논문에서 데이비드 샹보는 90년대까지 중국 인민해방군 간부들이 미국을 팽창적 패권국으로 인식하면서, 미국의 대외정책, 특히 아시아에서의 정책에 대해 비판적이었다는 사실을 지적한 바 있다(Shambaugh 1999/2000 : 52-79). 이같은 인민해방군 간부들을 포함한 중국 전략가들의 일반적인 대미 경쟁의식 및 적대감은 10여년이 경과한 시점에서도 크게 달라지지 않은 것 같다. 2010년 6월, 싱가폴에서 개최된 샹그리라 안보회의에서 중국 인민해방군 부총참모장 마샤오티안(Ma Xiaotian)은 타이완에 대한 미국의 무기판매 결정을 거론하면서, 미국이 아직 냉전적 사고에 빠져 있고, 국제관계에서 무력에 의한 위협 수단을 사용하고 있다고 비판하였다.[21] 2010년 8월, 중국 국방대학 전략연구소 소장 출신인 양

....

[19] 최근 파키스탄 정부가 과다르 항만시설 공사를 싱가포르 업체에서 중국으로 이관 결정했다는 보도에 관해서는 "China to run Pakistani port" Global Times, February 1, 2013 참조.

[20] 2012년 12월 13일, 중국 동중국해 함대사령원 수 지기안(Su Zhigian) 제독이 스리랑카에서 개최된 국제회의에서 행한 연설에서. "Chinese navy to actively maintain peace and stability of Indian Ocean" Global Times, December 17, 2012에서 재인용.

[21] Michael Wines, "Behind Gusts of a Military Chill: A More Forceful China"

이(Yang Yi)전 해군제독은 인민해방군보에 게재한 칼럼을 통해, 미국이 중국을 포위하고 있고, 중국의 핵심이익에 도전하고 있다고 비판하였다.[22]

중국 군부 및 오피니언 리더들의 미국 인식은 2012년 1월, 미국의 새로운 국방전략서가 공표된 이후 한층 강경해졌다. 2012년 1월, 인민대 국제관계학원 진찬룽 교수는 미국의 새로운 군사전략이 중국을 적으로 명확하게 규정하였다고 비판하였다.[23] 북경대 국제관계학원의 왕지스(Wang Jisi) 원장은 수년 내에 중국이 미국의 경제적 지위를 대체할 수 있을 것이라고 전망하면서, 미국이 중국 연안에서 해군활동을 확대하는 것은 중국 공산당을 약화시키려는 시도라고 비판하였다.[24] 동년 12월, 중국 국방기술대학 연구소 부소장 우구이푸(Wu Guifu)는 미국의 리밸런싱(rebalancing) 정책이 결국은 일본, 한국, 타이완, 남중국해, 필리핀, 싱가폴, 오스트레일리아를 잇는 중국 봉쇄라인을 구축하려는 것이라고 지적하였다(Ya 2013). 중국 해군군사학술연구소 리제(李杰) 연구원은 미국이 베트남과 필리핀

....

New York Times, June 9, 2010 기사에서 재인용. Ma Xiaotian은 동년 12월 초에 개최된 제11회 미중 간 국방협의회의에서도 미국의 대만에 대한 무기판매와 중국 해역에서의 미 해공군의 정보수집활동을 비판한 바 있다(Xinhua, December 10, 2012).

[22] Michael Wines, "China Shows Sterner Mien to U.S. Forces" *New York Times*, October 12, 2010 기사에서 재인용. 이 기사에 의하면 2010년 『중국몽(中國夢)』을 발간하여 21세기 말까지 종합국력 및 1인당 GDP 측면에서 미국을 따로잡자는 목표를 제시한 중국 국방대학 류밍푸(Liu Mingfu) 대교도 타이완에 대한 미국의 무기판매 정책을 비판하고 있는 것으로 소개되었다.

[23] 『중앙일보』 2012년 1월 7일 기사에서 재인용.

[24] 2012년 3월, 왕지스 원장이 브루킹스 연구소의 케네스 리버탈과 공동으로 발표한 논문 "Addressing U.S.-China Strategic Distrust"에 대해서는 Jane Perlez, "Chinese leaders see eclipse of U.S." *International Herald Tribune*, April 3, 2012에서 재인용.

을 부추겨 중국과 분쟁을 일으키려 하고 있다고 지적하면서, 특히 미 해군이 추구하는 Air-Sea Battle 전략이나 미 해병대 출신 햄즈(T. X. Hammes) 대령에 의해 새롭게 제시된 근해통제(Offshore Control) 전략이 중국 해군에 부정적 결과를 가져다 줄 것이라고 경계하였다 (Jie 2013).

미국에 대한 경쟁의식 및 도전의식을 바탕으로 중국 해군은 적대적 해군세력의 접근거부와 원거리 세력투사를 목적으로 하는 해군력 증강 및 작전을 추진하고 있다. 잠수함 및 항모를 필두로 하는 해군력 증강 이외에 중국 인민해방군은 중거리 탄도미사일 개발, 작전반경이 확대되고 스텔스 기능이 강화된 전투기 및 폭격기 능력의 배가, 공중 감시 및 정찰기능 강화가 그것이다.[25] 중국은 이러한 전력을 합동으로 운용하여 자국 영해 및 배타적 경제수역 범위에 접근하는 상대국의 해군력을 저지하려는 전략을 추구하고 있는 것으로 분석되고 있다. 이러한 분석을 바탕으로 미국 일각에서는 중국이 해양거부(sea denial)의 목표를 갖고 미국 항모집단이 아시아 본토에 접근하는 것을 저지(anti-access)하려는 전략을 갖고 있다고 우려하기도 한다(Kaplan 2007).[26]

....

[25] 2009년 군사퍼레이드 당시 공개된 중국 최초의 항공정찰감시기 Kongjing-2000기의 개발과정에 대해서는 "Expert lifts lid on surveillance aircraft" *China Daily*, January 28, 2013 참조.

[26] 중국의 전략을 '반접근 지역거부(anti-access/area denial)'로 개념화한 것은 미국 국방성이다(The Secretary of Defense : 25). 다만 중국 해군을 관찰해온 일본 방위연구소 연구자들은 중국 해군이 수송능력이 약해 대양해군으로 성장하기에는 한계가 있다는 견해를 보였다. 2012년 8월 9일, 일본 방위연구소에서 마스다 마사유키, 스기우라 야스유키 연구원과 가진 인터뷰에서. 물론 중국 해군 관계자들은 중국이 작전반경 확대, 작전능력 향상을 추구하고 있지만, 기본적인 전략은 방어전략이고, 패권을 추구하지 않을 것이라고 설명하고 있다(Xiaoxuan 2012).

3. 미국의 대응전략과 해군력 건설 양상

3.1. 미국의 대중 위협인식 대두

미국은 제1차 세계대전에서의 사실상 전승국의 지위에 부상했음에
도 불구하고, 전후 처리 과정에서 태평양 지역에 대한 해군력 확장
을 시도하지 않고, 일본에게 남태평양 도서에 대한 위임통치를 허용
한 바 있었다. 그런데 이 조치가 일본 제국해군의 팽창을 가져오고,
결국 태평양 전쟁 초기 일본 해군에 의해 진주만 기습을 당하는 경
험을 겪게 된다. 이러한 쓰라린 경험 때문에 미국은 제2차 세계대전
종료 이후 대서양 지역은 물론, 태평양 지역에서의 추가적인 위협요
인 발생을 차단하기 위해 병력의 전진배치 태세를 구축하고, 제3함
대(모항: 샌디에이고)와 제7함대(모항: 요코스카)로 구성된 태평양
함대도 설치하게 되었다(Friedman 2007).

다음의 〈표 2〉는 2001년 이후 10여년 간에 걸친 미국 해군의 전
력 보유현황을 도시한 것이다.

〈표 2〉 미국 해군전력 보유현황, 2001-2010

구분		01	02	03	04	05	06	07	08	09	10
수상함	항모	12	12	12	12	12	11	11	11	11	11
	순양함	27	27	27	27	27	22	22	22	22	22
	구축함	52	55	49	49	49	50	52	52	56	59
	호위함	35	35	30	30	30	30	21	22	21	22
	초계정/연안전투함	21	21	21	21	21	16	16	16	16	28
	기뢰전함	27	27	26	26	26	24	9	9	9	9
	상륙지휘함	2	2	2	2	2	2	2	2	2	2
	상륙함	39	39	38	38	39	12	32	31	31	31
	상륙정	202	200	200	200	192	334	334	282	269	269
잠수함 (SS)	SSBN	18	18	16	16	16	14	14	14	14	14
	SSGN	2	2	2	2	2	4	4	4	4	4
	SSN	51	52	54	54	54	54	53	53	53	53
총합		488	490	477	477	470	573	550	518	508	524

*출처: IISS, *The Military Balance* 2001-2010.

　미 해군의 전력규모는 1990년대 걸프전쟁 이후 축소 경향을 보여왔다. 한 연구에 따르면 냉전기 총 526척에 달했던 함정수는 걸프전쟁을 거치면서 삭감되기 시작해 2000년도에는 318척 수준으로 축소되었다고 한다(樋渡由美 2012 : 56).

　그러나 축소된 해군전력 만으로도 미국의 해군력은 타국을 압도하였다. 2003년에 발표된 연구에서 베리 포젠(Barry Posen)은 미국이 해양, 우주, 항공 등 글로벌 공공재(global commons)의 영역에서 타국을 압도하는 통제능력을 갖고 있으며, 핵공격잠수함, 항모, 알레이 버크급 구축함이 핵심을 이루고 있는 해군력의 분야에서 미국의 우월적 지위에 도전하는 세력은 존재하지 않는다고 단언한 바 있다(Posen 2003 : 20). 그러나 해양에서의 글로벌 통제를 자신하던 미국은 2000년대 중반 이후 점차 중국의 해군력 증강을 경계하고 우려하는 경향을 노정하게 되었다.

　2000년대 전반기 공표된 미국의 주요 국가안보전략 관련 문서들에서는, 9.11 테러사건의 영향에서 미국이 직면하는 주요 위협의 대상을 테러리즘 확산이나 실패국가로 거론하였다. 중국은 건설적인 관계를 유지해야 할 중요 국가로 위치지워졌다. 예컨대 2012년 9월, 조지 W. 부시 대통령이 공표한(Department of Defense 2005) 미국 국가안보전략서는 미국에 대한 안보위협은 실패국가들이라고 규정하면서, 중국과의 관계는 아시아 태평양 지역의 평화와 안정을 실현하려는 미국의 대외전략에서 중요한 부분을 점하고 있다고 표현하였다(The White House 2002). 2005년 3월, 미 국방성이 공개한 미 국가국방전략서(National Defense Strategy)도 미국에 대한 안보위협은 전통적, 비정규적, 파국적(catastrophic), 균열적(disruptive) 도전을 가해오는 상대적 약소국과 비국가주체들이며, 중국 등 핵심국가(key states)들과는 경쟁 뿐 아니라 협력의 가능성이 많이 있다고 평가하였다.

　그러나 2000년대 중반 이후 미국의 전략가들과 정부 부서들을 중심으로 중국에 대한 기회요인보다는 경쟁과 우려요인을 강조하는 분석들이 제기되기 시작했다. 즉 중국에서 후진타오 국가주석 등을 중심으로 해양대국을 표방하면서 원해방어전략으로의 전환을 모색하던 시기에, 미국 전략가들도 이에 대응하는 해양전략의 전환을 촉구한 것이다.[27] 2007년 9월, 로버트 케이플란(Robert D.Kaplan)은 미국이 이라크 전쟁에 사로잡혀 있는 동안 아시아 국

....
[27] 토마스 크리스텐슨은 2009년 이후 중국이 미국 및 국제사회에 대해 공세적이고 도전적인 태도로 임하기 시작했다고 지적하고 있다(Christensen 2011).

가들, 특히 중국의 해군력 증강 및 해상거부 전략의 구체화로 태평양을 호수처럼 지배해온 미국의 우위가 상실되고 있다고 경고하였다(Kaplan 2007).

2010년 미국의 타이완에 대한 무기판매 결정 이후 미중관계가 경색되면서, 미국의 정책결정자와 전략가들은 한층 중국에 대한 적극적 외교 대응 및 군사전략의 강구 필요성을 제기하였다. 클린턴 국무장관은 2010년 7월 23일, 베트남의 동남아국가포럼에서 행한 연설을 통해 미국은 중국과 주변 국가들 간에 벌어지고 있는 남중국해 영토분쟁에 개입할 수 있으며, 이 분쟁을 중재하는 것이 미국의 국가이익이라고 강조하였다(Jacobs 2010). 물론 이 시기 미국에는 대중 견제론보다는 관여정책의 필요성을 지적하는 전략론도 적지 않았다.[28] 그러나 종전에 비해 중국 경계론이 판연하게 나타나기 시작한 것은 부인할 수 없는 사실이다.

3.2. 대중 해군전략의 적극화와 해군력 태세 강화

이같은 대중 경계감의 고조 속에서 미국 해군도 직접 중국위협요인을 염두에 둔 대응전략을 강구하기 시작했다. 2007년에 책정된 것

....

[28] 2010년 5월, 오바마 행정부가 공표한 국가안보전략서는 종전의 국가안보전략서 기조와 마찬가지로 중국과 심화된 파트너십을 계속 심화하겠다는 방침을 천명하고 있다. The White House, *National Security Strategy* (May 2010). 2011년 1월 19일에는 오바마 대통령과 후진타오 국가주석 간에 공동성명이 발표되어, 양국 간 인권대화, 전략경제대화, 법률전문가대화, 그리고 다양한 국방분야 협의를 통해 상호 신뢰를 구축하겠다는 방침이 표명되었다. President Barack Obama and President Hu Jintao, *U.S.-China Joint Statement* (January 19, 2011). (www.whitehouse.gov/the-press-office/2011/01/19/us-china-joint-statement).

으로 알려진 미국 해군작전개념(Naval Operation Concept)은 아시아 태평양 지역에서 해군력을 강화하는 중국에 대응하여 미국은 해병대 및 해양경찰을 망라한 해양전력 전체와 동맹국 해군을 포함하여 1000척 해군태세를 갖추어야 하며, 수동적 방어가 아닌 적극적 전방전개 능력을 강화해야 할 것을 요청하였다.[29]

2009년 9월, 로버트 게이츠 국방장관은 게리 러프헤드 미 해군참모총장과 노튼 슈워츠 미 공군참모총장 등과 회합을 갖고, 중국이 소위 "반접근 지역거부(Anti-Access Area Denial)"의 전략을 구사하고 있다고 인식하고, 이에 대응하여 "공해전투(Air-Sea Battle)" 개념을 발전시킨다는 논의를 하였다. "공해전투(Air-Sea Battle)"란 서로 다른 공간에 배치되는 군사력, 특히 해양 및 항공의 전투력을 유기적, 통합적으로 운용하여, 미국의 행동의 자유를 위협하는 적대요인을 격퇴하고, 주요 지역에 대한 세력 투사를 달성하는 것을 의미한다.[30] 2012년 2월, 그리너트 해군참모총장과 슈워츠 공군참모총장이 공동으로 발표한 논문에 의하면, "공해전투" 개념은 중국이 DF-21D 장거리 대함탄도미사일, DH-10 장거리 순항미사일 등으로 미국의 동아시아 지역에 대한 접근을 방해하려는 반접근 지역거부 전략을 구사하고 있는 사실을 미국의 위협요인으로 간주한다. 이에 대항하여 미국은 파워투사능력을 확보하고, 침략자를 패퇴시키기 위해 해군과 공군이 협력하여, 글로벌 호크, 해상정찰 항공기, F-35 등의 무기체계를 통합하고 네트워크화하여 종심공격을 수행해야

....

[29] 樋渡由美, 『專守防衛克服の戰略』(ミネルらあ書房, 2012), pp. 57-58.

[30] 이 개념은 2010년 2월에 발간된 미 국방성의 4년주기 국방태세 검토보고서(QDR)에서 표명되었다. 김재엽, 「미국의 공해전투(Air-Sea Battle): 주요 내용과 시사점」『전략연구』제14권 제1호 (한국전략문제연구소, 2012년 3월), pp. 190, 197.

한다고 제언한다(Schwartz 2012). 중국의 반접근 지역거부 전략에 대한 대응개념 개발은 국방성의 국방전략 및 백악관의 국가안보전략 차원에까지 격상되어 논의되기 시작했다. 2012년 1월, 오바마 대통령의 진두지휘 하에 국방성이 공표한 신국방전략지침은 중국과 이란같은 국가들이 미국의 파워투사능력을 저지하기 위해 전자 및 사이버 전쟁, 탄도미사일 및 순항미사일, 방공체제와 기뢰 등 비대칭적 능력으로 A2AD 전략을 추진하고 있다고 판단하고, 이에 대응하기 위해 해저 잠수함 전력, 신형 스텔스 전폭기, 미사일 방어체제, 우주기반능력을 결합한 "합동작전접근개념(Joint Operation Access Concept: JOAC)"을 실행할 필요가 있다고 주장하였다(Department of Defense, 2012). JOAC 개념에 따르면 공해전투 개념은 그 하위개념으로 된다는 것이다.

한편 해병대 대령 출신인 햄즈(T. X. Hammes)는 "공해전투"개념에 따를 경우 중국을 패퇴시키기 위해 중국의 공역이나 해역 등으로 직접 침투하여 비핵 전역을 벌이게 될 수 있으며, 이러할 경우 종심이 깊은 중국측에 전략적으로 유리할 수 있다고 지적하였다. 그 대안으로 햄즈는 중국측이 설정한 제1도련의 해역과 공역을 오히려 미국이 장악하고, 잠수함 전력을 운용하여 중국의 제1도련 영역 사용을 거부하는 "근해통제(offshore control)" 전략을 채택할 것을 제안하고 있다(Hammes 2012).

이상에서 살펴본 바와 같이 미국 해군전략가들은 중국 해군이 반접근 지역거부의 전략을 추진하고 있다고 보고, 그에 대응하는 전략으로서 '공해전투(ASB)', '합동작전접근개념(JOAC)', 그리고 '근해통제' 등의 다양한 방안을 강구하고 있는 것으로 보인다. 이같은 새로운 해군전략은 중국 해군력에 대한 억제 뿐 아니라 유사시 전면 교전을 불사하는 내용을 갖는 것으로서, 냉전기 소련의 태평양 방면 해군력 팽창에 대해 미 해군이 추진했던 전략과 유사성을 갖는다고도 볼 수 있다(Narushige 2012).

다만 미국은 경제력과 군사력이 최고조에 달했던 냉전시기와 달리 현재는 경제적인 곤란에 봉착해 있고, 공세적 해양전략을 구현하기 위한 국방비의 조달이 원활하지 않은 상태에 있다. 오히려 향후 10년간 국방비를 4,800억 달러 이상 삭감해야 하는 상황에 놓여 있다. 따라서 미국은 전력증강을 추진하기 보다는 기존 전력의 배치 전환, 그리고 일본, 한국, 오스트레일리아, 필리핀 등의 아시아 동맹국들과의 연합훈련 강화 등을 통해 중국을 압박하는 태세를 취하고 있는 것으로 보인다.

아시아태평양 지역을 관할하는 미국 태평양 함대사령부 예하 전력은 6개 항모전투단, 함정 90여척, 잠수함 41척 등으로 구성된다.[31] 이같은 태평양함대 사령부의 전력 및 주한미군, 주일미군의 전력은, 미국의 국방비 삭감 추세에도 불구하고, 아직 별다른 변화가 없다. 오히려 미국은 대서양 지역의 전력을 아시아태평양 지역으로 전환하면서, 중국의 공세적 해군전략에 대응하려고 한다.

2009년 5월의 시점에서 B-52 전략폭격기 8대, F-15 전투기 18대 등이 배치되었던 괌의 앤더슨 미 공군기지에는 향후 무인정찰기 글로벌 호크 4대, 차세대 공중급유기 12대, 전략폭격기 6대, F-22와 F-35 등 제5세대 전투기 48대 등이 추가로 배치될 계획이다.[32] 2011

....

[31] 2011년 10월 1일, 필자가 미 태평양함대사령부 기획참모부 차장 Mr. William Wesley 씨와 하와이 사령부에서 인터뷰.

[32] 『중앙일보』 2009년 5월 14일자 기사 참조.

년 11월 16일, 오바마 대통령은 오스트레일리아의 길러드 수상과 가진 회담에서, 2012년에 호주 북부의 다윈 기지에 미 해병대 250인을 우선 배치하고, 최종적으로 2,500인 규모의 해병대 병력을 배치하겠다고 밝혔다.[33] 2011년 12월, 미국 해군참모총장 조나단 그리너트는 싱가포르에 최신 연안전투함을 주둔시킬 예정이고, 필리핀과 태국 등에는 대잠 초계기 배치를 늘릴 가능성이 있다고 언급하였다.[34] 나아가 미국은 인도네시아에도 F-16 전투기 판매를 추진할 것으로 알려지고 있다.

또한 미국은 아시아 태평양 지역에 배치된 미 해군 전력을 강화하기 위해 항공모함에서 발진되는 무인항공기 개발에도 박차를 가하고 있다. 항모발진용 무인항공기 개발은 미 해군의 주도로 노드롭 그라망사(Northrop Grumman)가 추진해온 것인데, 2011년 2월, 지상에서 시험비행을 실시하였고, 2014년 항모 함상에서 시험비행에 성공하였다. 미 해군은 이러한 신형 무기가 정보, 감시, 정찰 능력을 대폭 신장시켜, 아시아 태평양 지역의 미래 작전에서 중요한 역할을 하게 될 것이라고 기대하고 있다.[35]

뿐만 아니라 미국은 이 지역 국가들과 다각적인 연합군사훈련 등을 실시하고 있다. 미국은 한국과 연례적으로 키 리졸브 훈련, 을지프리덤가디언(UFG) 훈련 등을 실시해 오고 있고, 일본과도 매년

....

[33] "Obama's Pacific power play: 'We are here to stay'" *International Herald Tribune*, November 18, 2011.

[34] 『중앙일보』 2011년 12월 19일 및 『조선일보』 2011년 12월 19일 기사 참조.

[35] 항모발진용 무인항공기에 대한 미 제7함대 사령관 스코트 버스커크(Scott van Buskirk) 제독의 평가는 다음 기사를 참조. "U.S. developing sea-based drones to counter Chinese military advances" *International Herald Tribune*, May 17, 2011.

공동통합 지휘소훈련(CPX) 및 실병력 투입 연합훈련 등을 실시해 왔다.[36] 태국과는 코브라 골드 연합훈련을 실시해 오고 있고, 필리 핀과도 바리카탕 연합군사훈련을 실시해 왔다.[37] 여기에 더해 미국 은 2009년에는 인도 및 일본을 포함한 말라바 해상훈련을 일본 서 측 해역에서 실시한 바 있고, 2011년 7월에는 일본 및 오스트레일리 아 등과 함께 브루나이 해상에서 연합해군훈련을 실시하기도 하였 다. 이외 동년 7월 15일에는 베트남과 함께 다낭 해상에서 연합해군 훈련을 실시하였다.[38] 이같은 훈련 양상을 보면, 미국은 국방예산 삭감에도 불구하고, 여러 군사전략서를 통해 표명된 것처럼 아시아 태평양 지역에서의 중국의 대두와 북한 핵개발 등의 위협요인에 대 응하여, 군사력의 전진배치 태세를 유지하고, 역내 동맹 국가들과의 군사적 제휴를 강화하고 있다.

....

[36] 2010년 12월 자위대 3만4천명, 주일미군 1만명이 참가하여 실시된 자위대와 주일미군 간의 연합훈련은 1986년 이래 10회째를 맞는 훈련이었다.

[37] 1982부터 실시해온 코브라골드 훈련에는 일본 자위대도 참가해 왔고, 2010년 부터 는 한국 병력도 참가하고 있다.

[38] 『朝日新聞』 2011년 7월 16일 참조.

4. 향후 미중 간 군비경쟁 및 동아시아 군사질서 전망

4.1. 미중 간 군비경쟁 전망

세력전이이론은 기존 패권국과 부상하는 도전국과의 사이에 국력 격차가 좁혀지고, 부상하는 도전국이 기존의 국제질서에 불만족을 느끼면 양자 간에는 전쟁 발발의 가능성이 높아진다고 보았다. 이에 따라 미국과 중국 간의 향후 관계를 전망할 때, 능력과 의도의 두가지 측면, 즉 양자간 국력격차의 수준이 어떻게 전개되고 있고, 또한 양국이 현재 국제질서를 어떻게 보고, 상대방을 어떻게 인식하느냐라는 측면들이 종합적으로 검토되어야 할 것이다.

우선 국력의 측면에서 향후 양국 간의 관계가 어떻게 될 것인가에 대해선 여러 전망이 제시되어 있다. 2020년을 전망한 국내 한 연구는 대략 2020년까지 미국의 국력 총합을 100으로 보았을 때, 중국의 그것은 63.1% 수준에 달할 것이라고 보았다. 이에 따라 미국의 국력이 전세계 총합에서 차지하는 비중은 21.35%가 될 것인데 반해, 중국은 13.48% 수준 정도를 점유하게 될 것으로 예상하였다. 따라서 2020년 시점까지는 중국의 국력이 미국의 지위를 위협할 정도에까지는 도달하지 않을 것으로 전망하였다(이대우 2005).

단 2030년을 기점으로 잡을 경우 상황은 달라진다. 2007년 골드만삭스 리포트는 중국의 GDP가 2027년을 전후하여 미국을 추월할 것이라는 예측을 한 바 있다. 2012년 12월, 미국 국가정보위원회(NIC)는 글로벌 트랜드 2030의 보고서를 발간하면서, 중국 경제가 2030년을 전후하여 미국을 추월할 것이고, 중국, 인도, 브라질 등 신흥강국들이 미국과 더불어 세계의 패권을 나눠 가질 것이라고 전망한 바 있다.[39] 이러한 기존 전망들을 종합하면, 2020년까지는 중국의 국력 수준이 미국에는 미치지 못하나, 2030년까지는 미국의 그것에 필적하는 수준까지 도달할 것으로 예상된다.

그렇다면 군사력의 수준에서는 미중 간의 격차가 어떻게 나타날 것인가? 미국은 아프간-이라크 전쟁으로 팽창된 국방예산 감축을 점진적으로 단행한다는 방침을 발표하여, 향후 10년간 4,870억 달러를 감축하고, 이에 따라 향후 5년간 총 2,590억 달러의 국방예산을 삭감하는 프로세스에 진입하였다(Garamone 2012). 이에 반해 중국은 2020년까지 현재의 경제성장 추세가 유지된다는 전제 하에 향후에도 전년 대비 10% 이상의 국방비 지출을 지속할 것으로 보여진다. 이러한 양국의 추세를 단순하게 반영하면 향후 5년간 양국의 국방예산 지출은 다음과 같은 궤적을 그릴 것으로 전망된다.

....

[39] 『동아일보』 2012년 12월 12일 기사에서 재인용. NIC는 2005년에 발간한 2020 세계 전망 보고서에서는 2020년까지 중국의 국민총생산이 유럽과 일본을 능가하여 미국에 다음가는 규모로 성장할 것이라고 전망한 바 있다. 『朝日新聞』 2005년 1월 16일 기사에서 재인용.

<표 3> 미국과 중국의 국방비 지출 추세 전망, 2013-2018 [40]

(단위: 억달러)

	2013	2014	2015	2016	2017	2018
미국	6134	5624	5110	4600	4090	3580
중국	1500	1650	1815	1996	2195	2474

〈표 3〉에 따르면 국방예산 측면에서는 2018년을 기점으로는 3,500억 달러 대 2,500억 달러 규모의 격차가 존재하지만, 이러한 추세가 지속되면 2020년 전후해서는 미국과 중국 국방비 총액이 거의 근접하게 될 것으로 예상된다. 문제는 미국의 국방비는 대서양과 태평양 방면에 5:5 혹은 4:6 정도의 비율로 나누어서 지출되는 반면에, 중국의 그것은 온전히 아시아태평양 지역에 투사되는 전력 증강에 지출되게 될 것이라는 점이다. 물론 누적 국방예산 측면에서 보면 미국의 군사력 우위가 그 후에도 유지될 것으로 보이지만, 2020년 전후해서 국방비 지출의 측면에서는 미중 간의 역관계가 변화될 전망이다.

국방비 지출 가운데 해군력 건설에 투자될 비용을 예상해 보면 다음과 같다. 중국은 전체 국방비 가운데 25% 정도를 해군 관련 예산으로 지출하고 있다. 그렇다면 2018년 기준으로 편성될 2,474억 달러 국방비 가운데 해군 관련 예산은 618억 달러 정도가 될 것이다. 이러한 예산을 투입하여 중국은 〈표 1〉에서 나타난 바와 같이 항모, 함재기, 잠수함, 감시 및 정찰자산 등을 지속적으로 늘려갈 것으로 전망된다. 반면 미국은 국방예산 가운데 해군 관련 비중

....

[40] 이 표는 2013년 양국 국방비 총액을 각각 6,100억 달러와 1,500억 달러로 놓고, 미국은 매년 500억 달러씩 감축하고, 중국은 전년 대비 10% 정도 증액한다는 전제 하에 작성한 것이다. 여기에서 미국 국방비 가운데에는 해외긴급작전비용도 포함된 액수이다.

이 30% 전후에 달하나, 전체적인 국방비 삭감에 따라 해군 전력 증강에 투입되는 예산은 점차 축소될 것이다. 신규 전력의 증강보다도 기존 전력의 유지 및 보다 효율성이 높은 무인항공기, 연안순시함 및 전투함 개발 등에 예산이 집중 배정될 것으로 보인다.

4.2. 미중 간 대외정책론 논쟁과 동아시아 군사질서 전망

그렇다면 미중 양국은 의도의 측면에서는 어떠한 양상을 보이게 될 것인가? 먼저 중국측을 보면, 중국 내에서는 대외전략으로서 화평발전론에 입각한 대미협력의 입장과, 세력경쟁론에 입각한 중미경쟁의 시각이 논쟁 구도를 이루고 있는 것처럼 보인다. 화평발전론에 입각할 경우 중국은 기본적으로 2020년까지 소강사회(小康社會)를 건설해야 하며, 이에 따라 대외관계의 안정이 필요하다. 그러나 이러한 목표 추구에 장애요인이 되는 요소들에 대해서는 단호한 대외정책도 불사해야 한다는 것이다. 향후 5년간 중국을 이끌고 나갈 시진핑 총서기가 2013년 1월 28일, 공산당 정치국 회의에서 "중국은 화평발전(peaceful development)의 길을 걸을 것이지만, 핵심적 국가이익을 희생하지는 않을 것"이라고 발언한 것은 이러한 내외정책의 기조를 보여준 것이다.[41] 이러한 화평발전론에 입각할 경우, 미국이 중국의 근본적 국가이익에 저해되는 정책을 추구하지만 않는다면, 중국은 대미 협력적, 공존적 자세를 보일 것으로 전망된다.

　　그러나 중국 일각에서는 세력균형의 관점에 서서, 미국과 중국

....

[41] "Core national interests will not be traded: Xi Jinping" *Global Times*, January 30, 2013.

간의 국력격차가 좁혀지고 있기 때문에 대국간의 경쟁과 충돌은 불가피하게 될 것이라는 정책전망도 제시되고 있다. 이러한 입장을 대표하는 엔쉐통(閻學通) 칭화대학 교수는 이전까지는 미국 일극체제였다면 앞으로는 미중 양극체제가 될 것이며, 이러한 양극 체제하에서 미중관계가 본질적으로는 제로섬 게임이 될 것이라고 전망한다.[42] 그리고 이전과는 전혀 달리 향후 10년간 중국의 대외정책은 정치, 군사, 문화, 경제 면에서 대미 경쟁이 기조가 될 것이라고 전망한다.

이같은 양자의 대외전략론 가운데 중국은 당분간 세력경쟁론보다는 화평발전론에 입각한 대미정책을 추구할 것으로 보여진다. 그러나 중국내의 정치적 변화나, 국력전이 양상의 전개에 따라 세력경쟁론에 입각한 대외정책이 표면화될 가능성을 배제할 수는 없을 것이다.

한편 제2기 오바마 행정부의 출범을 계기로 미국 내에서도 대외정책론 및 대중 정책론에 관한 논쟁이 재연되고 있다. MIT 대학의 베리 포젠(Barry Posen) 등은 악화되는 미국의 경제상황, 그리고 과다한 대외 개입 정책에 따른 국력 상실의 가능성 등을 종합적으로 고려하여, 미국이 글로벌 패권 전략을 포기하고, 절제(restraint)의 전략을 취해야 한다고 제언하고 있다(Posen 2013). 그에 따르면 전방기지에 전개된 미국의 병력도 축소하고, 대신 지금까지 국방비의 최소한을 지출해온 일본과 독일 등의 동맹국들에게 방위 분담을 확

....
[42] 엔쉐통의 입장은 Yan Xuetong, "How China can defeat America" *International Herald Tribune*, November 21, 2011, "중국 강경파의 세계관"이라는 제목이 달린 아사히신문 인터뷰 기사도 참조. 『朝日新聞』 2012년 12월 12일.

대시켜야 한다고 주장한다.

이에 대해 스테픈 브룩스, 존 아이켄베리, 윌리엄 울퍼스 등은 미국이 기존에 취해오던 심화된 관여(deep engagement) 정책이 여전히 타당하다고 주장한다(Brooks 2013). 미국이 국내의 경제적 곤란 등을 우려하여 국제문제에서 철수할 경우 오히려 국제사회는 더욱 혼란이 가중될 것이며, 지역 패권국의 등장을 초래하게 되어, 이것이 오히려 미국의 안보위기로 돌아올 것이라고 전망한다.

대외정책 전반의 기조에 대한 논쟁과 병행하여 향후 대중 정책을 어떻게 전개해야 할 것인가에 대한 논쟁도 벌어지고 있다. 이미 오바마 행정부는 2012년 1월, 신국방전략지침을 통해 중국의 A2AD 전략에 대처하기 위한 JOAC 개념의 운용을 표명하였고, 아시아 태평양 지역 전체적인 리밸런싱(rebalancing) 전략을 통해 동맹국들과의 연계 강화 및 기지 재편 등을 추진하겠다는 입장을 밝혔다. 이에 따라 앞서 살펴보았듯이 미 해군과 공군에서는 '공해전투 개념(ASB)', '합동작전 접근개념(JOAC)', 그리고 '근해통제(offshore control)' 개념 등이 제안되고 있다.

그런데 이에 대한 반론도 적극적으로 제기되고 있다. 오바마 행정부의 스마트 외교에 깊은 영향을 준 하버드 대학의 조셉 나이(Joseph Nye) 교수는 오바마 대통령이 제시한 리밸런싱, 혹은 아시아 태평양 중시(pivot to Asia) 정책은 어리석은 선택이라고 혹평하면서, 이를 냉전기 소련에 대해 취했던 봉쇄(containment) 정책과 유사한 것이라고 평가한다. 냉전기의 봉쇄 정책은 체제와 이념이 다른 소련을 상대로 한 것이어서 나름의 의미가 있었다고 한다면, 지금의 중국은 미국과의 최대 교역국이고, 인적, 문화적 교류도 지극히 활발한 상대가 된 현실을 직시해야 한다고 주장한다. 따라서 그는 리밸런싱 정책을 폐기하고, "통합하되 헤징하는(integrate but hedge)" 하는 정책으로 선회해야 한다고 주장한다.[43] 카터 대통령 시기 안보보좌관을 역임했던 즈비그뉴 브레진스키도 미국은 중국과의 분쟁 가능성을 극력 회피하면서, 대중 양자적, 다자적 관여(engagement) 정책을 기본적으로 취해 가야 한다고 제언하고 있다.[44]

따라서 미국도 향후 국내 경제여건 및 아시아 태평양 지역에 대한 정책 여하에 따라서, 중국에 대한 봉쇄적 리밸런싱 정책을 취하느냐 아니면 보다 통합적인 관여 정책을 취하느냐의 여부가 아직 미지수의 가능성으로 남아있다고 볼 수 있다. 이상에서와 같이 미국과 중국 간의 국력 관계, 그리고 미국과 중국 간의 국제질서 및 상호 인식 등을 종합적으로 고려할 경우, 향후 5년간 예상되는 미중 간 군사질서의 시나리오는 다음과 같은 네가지 형태로 나누어 볼 수 있을 것이다.

첫째, 미국 우위 속의 협조체제 가능성이다. 이것은 미국이 국력 면에서 우위를 유지하면서, 대중 통합정책을 실시하고, 중국도 화평발전의 노선을 지속하는 것이다. 둘째, 미국 우위 속의 양극 체제 가능성이다. 이것은 국력 면에서 미국이 계속 우위를 점하나, 중국이 이에 대해 자국의 핵심이익과 충돌하는 사안들에 대해 미국과 세력경쟁을 벌이는 구도이다. 특히 동중국해와 서태평양 해역에서 미중 간 해군 군사력 충돌의 가능성도 배제할 수 없다. 셋째, 미중 대

....

[43] Nye 같은 하버드대학의 니콜라스 번스 교수도 새로운 오바마 행정부 하의 케리 국무장관이 중국을 통합하는 정책에 중점을 두어야 한다고 제언하고 있다(Burns 2013).

[44] 브레진스키는 그러한 관점에서 미국은 중국이 배제된 TPP(Trans Pacific Partnership)를 추진해선 안되며, 중국도 미국이 배제된 RCEP(Regional Comprehensive Economic Pact)을 추진해선 안된다고 주장하고 있다(Brzezinski 2013).

칭관계 하의 양극체제 가능성이다. 이는 미중 간 국력격차가 좁혀지는 상태 하에서 상호간 쟁점 사안들에 대해 협력보다는 경쟁을 벌이는 구도이다. 넷째, 미중 대칭관계 하의 협조체제 가능성이다. 이는 미중 간 국력격차가 좁혀진 상태에서 미국과 중국이 상호 협력적인 정책을 실시하는 구도이다.

한국의 국가이익을 고려할 때, 가장 바람직한 구도는 동맹국인 미국이 국력의 우위를 보이는 가운데, 미중 간 상호협조하는 시나리오가 될 것이다.[45] 이같은 상황 하에서 대북 정책에 대한 공조도 용이하게 진행할 수 있고, 지역질서의 안정도 기할 수 있을 것이다. 한국의 국가이익에 가장 불리한 구도는 동맹국인 미국의 국력이 중국에 추격을 허용하면서, 양국 간에 세력경쟁 구도가 전개되는 시나리오이다. 이 경우 대북 정책에 대한 양국으로부터의 협력을 조달받기가 곤란해 질 수 있고, 미중 간 군사력 경쟁 속에 우리의 안보적 취약성이나 안보딜레마도 커질 것이다.

....
[45] 일본의 소장 학자들로 구성된 연구팀도 미중 간 세력구도의 양상을 전망하면서, 일본의 국익에 합치되는 구도는 미국의 우위가 지속되면서, 미중 양국이 협력하는 구도라고 분석한 바 있다. 東京財団 アジアの安全保障プロジックト, 『日本の対中安全保障戦略: パワーシフト時代の「統合」「バランス」「抑止」の追求』(2011. 6).

5. 한국의 해양전략 방향

국토의 삼면이 바다로 둘러싸여 있고, 나머지 한면이 사실상 폐쇄된 한국은 준(準) 해양국가의 성격을 갖고 있다. 한반도를 둘러싼 해양의 안보, 그리고 한반도를 경유하는 해양수송로의 안정적인 유지는 한국의 군사안보와 경제안보에 필수적인 조건이 된다. 그런데 향후 5년간의 정세를 전망할 때, 한국 해양안보에는 몇가지 잠재적인 위협요인이 제기될 것으로 전망된다.

우선 한국에 대해 부단하게 군사적 도발 태세를 감추고 있지 않은 북한으로부터의 국지적, 혹은 전면적 도발, 특히 해양으로부터의 도발 가능성이다. 북한의 서해 및 동해함대는 수상함 뿐 아니라 다량의 잠수정을 보유하고 있으며, 이러한 전력들은 언제라도 북한 정권이 추진할 수 있는 국지적, 혹은 전면적 도발의 군사수단이 될 수 있다.

또한 앞에서 언급한 미국과 중국 간의 잠재적 분쟁 가능성, 혹은 이 글에서는 본격적으로 다루고 있지 않은 중국과 일본 간의 해양 영토를 둘러싼 분쟁 가능성이 우리의 해양안보를 위협할 수 있다. 현재 중국과 일본 간에 벌어지고 있는 센카쿠(댜오위댜오) 해상에서의 분쟁은 우리의 동남방 해양수송로 안전을 직접 위협하고 있다. 또한 중국과 일본이 자국의 영해와 배타적 경제수역, 그리고 대륙붕에 대한 권리를 주장하고 확대할 경우, 우리의 이익범위에 해당하는 배타적 경제수역과 대륙붕에 관한 권리가 침해될 가능성도 존재한다.

나아가 중국과 일본 간 해양분쟁이 격화될 경우, 미국은 미일동맹에 따라 일본측을 지원할 가능성을 배제할 수 없는데, 이 경우 미중 간 잠재적 해양분쟁의 가능성도 존재한다. 미국, 중국, 일본은 북한 문제를 풀어가는데 긴밀하게 협력을 도모해야 할 중요한 우방국들인데, 이들 국가간에 해양 영유권을 둘러싼 군사적 분쟁이 노정되는 것은 궁극적으로 북핵 및 북한 문제 해결에 부정적 영향을 미칠것이다. 따라서 우리는 한반도 및 동북아에서 발생할 수 있는 잠재적 해양분쟁 요인들을 주시하면서, 군사적, 혹은 외교적 수단에 입각해, 이를 억제하고, 분쟁 발생시 대응할 수 있는 능력과 태세를 구축하지 않으면 안된다.

우선 북한발 해양군사도발의 가능성에 대비하여, 국방부와 합참, 그리고 해군은 한미동맹 하의 미군 자산을 적절하게 사용하면서, 북한의 동향을 주시하고, 분쟁 도발을 억제하고, 도발 발생시에는 이를 격퇴할 수 있는 태세를 구축해야 한다. 또한 중국과 일본 간의 영유권 분쟁의 여파로 한국의 배타적 경제수역과 대륙붕 해역에 대한 주권이 침해될 가능성에 대비해, 이를 억제하고 우리의 주권을 현시(顯示)할 수 있는 해군력과 종합적 해양능력의 구축을 중장기적으로 추진해야 한다. 이같은 북한발 해양도발, 그리고 잠재적인 해양안보 위협 등에 효과적으로 대응하기 위해 기존의 3개 지역함대와 1개 기동함대 전력만으로 충분한 대응이 가능한지 검토하고, 필요하다면 중장기적으로 예산을 반영하여 2~3개 기동함대를 추가적으로 건설하고, 제주도와 울릉도 등 원거리 도서에 필요 기지들을 건설하는 노력들을 병행해야 한다.

중국과 일본간, 나아가 미국과 중국간 해양분쟁의 가능성을 배제하기 위한 적극적 중재자 외교의 수행도 필요하다. 한국은 하드 파워와 소프트 파워의 측면에서 중견국의 위상을 갖고 있으며, 이 같은 능력을 활용하여 동아시아 지역질서 내에서 잠재적 분쟁의 중재자 역할을 수행할 수 있다. 이미 미국과 중국 간에는 양자 경제 및 안보전략대화가 가동되고 있다. 중국과 일본 간에도 2008년 5월의 양국 간 정상회담에서 동중국해를 우호협력의 바다로 만들기 위한 합의가 이루어졌고, 2012년 5월에는 양국 간 최초의 해양대화가 개최된 바 있다. 한국은 이같은 기존의 합의를 환기시키며, 미중 간, 혹은 중일간 양자간 전략대화 및 해양대화 채널을 보다 내실을 갖춘 것으로 발전시키고, 필요하다면 다자간 해양안보포럼으로 발전시킬 것을 제안해야 한다. 한국은 2009년도에 한중일 협력사무국을 발족하는데 주도적인 역할을 한 바 있는데, 이같은 외교적 성과와 여건을 활용하여, 동아시아 다자간 해양협력을 제도화할 수 있도록 적극적 역할을 수행해야 한다. 예컨대 2000년도에 한국, 미국, 중국, 일본, 러시아, 캐나다가 주도하여 북태평양 해양경비대 포럼이 창설된 바 있고, 2014년도에는 미국이 주도하는 환태평양 합동군사훈련(RIMPAC: Rim of the Pacific)에 최초로 중국이 참가하였다. 이러한 성과의 연장선상에서 아시아태평양 지역 다자간 해군협력포럼의 창

설을 제안할 수 있을 것이다.[46]

이같은 한반도 및 동북아 해양질서의 안정을 회복하려는 노력은, 정부의 일개 부처가 아닌 종합적인 차원에서의 국가해양전략 및 정책조정을 요구한다. 이를 위해 박근혜 정부에서 신설된 국가안보실을 주축으로 국방부와 해군, 외교부, 그리고 5년 만에 재설치된 해양수산부 간에 종합적인 해양전략 책정과 시나리오별 위기관리 매뉴얼 등의 작성을 추진하는 노력이 필요할 것이다.

....

[46] 유사한 아이디어는 Captain R.Robinson Harris, "Geography or Time Don't Blind Sound Ideas" *Proceeding Magazine*, vol.138/12 (U.S. Naval Institute, December 2012) 참조.

참고문헌

구민교. "2010년대 한국 해양정책의 과제와 전망." EAI 국가안보패널보고서: 2010년대 한국외교 10대 과제 (EAI, 2012년 3월).

김재엽. "미국의 공해전투(Air-Sea Battle): 주요 내용과 시사점." 『전략연구』 제14권 제1호 (한국전략문제연구소, 2012년 3월).

김종형. "대안적 분석모형에 의한 탈냉전 이후 동북아 재래식 전력지수 평가: 1991-2010 해공군력을 중심으로." (국방대학교 군사전략전공 석사학위 논문, 2011).

김치욱. "국제정치 분석단위로서 중견국가: 그 개념화와 시사점." 『국제정치논총』 49집 1호 (2009년).

이대우. "2020년 안보환경 전망: 세력전이이론에서 본 패권경쟁." 이상현 편 『한국의 국가전략 2020: 외교안보』 (세종연구소, 2005).

Brooks, Stephen G., G. John Ikenberry, and William G. Wohlforth, "Lean Forward: In defense of American Engagement" *Foreign Affairs*, January/February 2013.

Brzezinski, Zbigniew, "Giants, but not hegemons" *International Herald Tribune*, February 14, 2013.

Burns, N. Nicholas, "Kerry and China" *International Herald Tribune*, February 1, 2013.

Christensen, Thomas J., "Why the world needs an assertive China" *International Herald Tribune*, February 21, 2011.

Department of Defense, *The National Defense Strategy of the United States of America* (March 2005).

_____, *Sustaining U. S. Global Leadership: Priorities for 21st Defense* (January 2012).

Friedman, Hal M., *Governing the American Lake: The U.S. Defense and Administration of the Pacific, 1945-1947* (East Lansing: Michigan State University Press, 2007).

Schwartz, General Norton A., USAF & Admiral Jonathan W.Greenert, USN, "Air-Sea Battle" *The American Interest* (February 20, 2012).

Glete, Jan, *Navies and Nations: Watrships, Navies, and State Building in Europe and America 1500-1860* vol. 2 (Stockholm, 1993).

Hammes, Colonel T. X., "Offshore Control is the Answer" *Proceeding Magazine*, vol.138/12 (U.S. Naval Institute, December 2012).

Harris, Captain R. Robinson, "Geography or Time Don't Blind Sound Ideas" *Proceeding Magazine*, vol. 138/12 (U.S. Naval Institute, December 2012).

Jacobs, Andrew, "Stay Out of Island Dispute, Chinese Warn the U. S." *The New York Times*, (July 27, 2010).

Johnson,Ian, "China and Japan Bristle Over Disputed Chain of Island" *The New York Times*, September 9, 2010.

Kaplan, Robert D., "Obama Takes Asia by Sea" *The New York Times*, November 12, 2010.

_____, "Lost in the Pacific: Asia Rising" *International Herald Tribune*, September 22-26, 2007.

Kennedy, Paul M., *The Rise and Fall of British Naval Mastery* (The Trinity Press, London:

1976).

Li, Jie, "Reality forces Washington to take new military approach in East Asia" *Global Times*, January 3, 2013.

Li, Nan, "China's Evolving Naval Strategy" (2010.11.19. 보스턴 대학 세미나 발표문).

Nye Jr. Joseph S., "Don't try to 'contain' China" *International Herald Tribune*, January 28, 2013.

Modelski, George, *Long Cycles in World Politics* (Macmillan Press, 1987).

Narushige, Michishita, "The Future of Sino-Japanese Competition at Sea" (2012.3.23).

Obama, President Barack and President Hu Jintao, *U.S.-China Joint Statement* (January 19, 2011).

Perlez, Jane, "Chinese leaders see eclipse of U. S." *International Herald Tribune*, April 3, 2012.

Posen, Barry R., "Command of the Commons: The Military Foundation of U.S.Hegemony", *International Security*, vol. 8, no. 1 (Summer 2003).

_____, "Pull Back: The Case for a Less Activist Foreign Policy" *Foreign Affairs*, January/February 2013.

Ross, Robert S., "China's Naval Nationalism: Sources, Prospects, and the U.S. Response" *International Security*, vol. 34, no. 2 (Fall 2009).

The Secretary of Defense, *Military and Security Developments Involving the People's Republic of China 2011: Annual Report to Congress* (2011).

Shambaugh, David, "China's Military Views the World", *International Security* Vol. 24, No. 3(Winter 1999/2000).

_____, *Modernizing China's Military: Progress, Problems, and Prospects* (Berkeley: University of California Press, 2004).

Wang, Xiaoxuan, "Navy has to get stronger" *China Daily*, July 27, 2012.

Wen, Ya, "US threatens China's maritime rights, say experts" *Global Times*, January 1, 2013.

The White House, *The National Security Strategy of the United States of America* (September 2002).

_____, *National Security Strategy* (May 2010).

Wines, Michael, "China Stages Naval Exercises Where Tensions With Its Neighbors Have Grown" *New York Times*, November 4, 2010.

_____, "Behind Gusts of a Military Chill: A More Forceful China" *New York Times*, June 9, 2010.

_____, "China Shows Sterner Mien to U.S. Forces" *New York Times*, October 12, 2010.

Wong, Edward, "China's Disputes in Asia Buttress Influence of U.S: Beijing's Neighbors See Need for Military Ally and Intermediary" *The New York Times*, September 23, 2010.

_____, "Chinese Military Seeks to Expand Its Naval Power: A Rapid Buildup is Seen", *The New York Times* April 24, 2010.

Yan, Xuetong, "How China can defeat America" *International Herald Tribune*, November

21, 2011.

樋渡由美, 『専守防衛克服の戦略』(ミネルらあ書房, 2012).
防衛省 防衛研究所 編, 『中國安全保障レポート』(東京: 防衛研究所, 2011).
防衛省 防衛研究所 編, 『中國安全保障レポート2011』(防衛省防衛研究所, 2012).
東京財団 アジアの安全保障プロジックト, 『日本の対中安全保障戦略: パワーシフト時代の
　　「統合」「バランス」「抑止」の追求』(2011.6).
日本経済団体連合会, 「海洋立国への成長基盤の構築に向けた提言」(2010.4.20).

Mr. William Wesley 인터뷰 (미국 태평양함대 사령부, 2011년 10월 1일).
마스다 마사유키, 스기우라 야스유키 인터뷰(일본 방위연구소, 2012년 8월 9일).
기타 『중앙일보』, 『조선일보』, 『朝日新聞』, *Global Times, China Daily, International Herald Tribune, New York Times* 등 신문.

3

미국의 아시아, 대중전략 변화와
한국의 대미전략

—
손병권

1. 서론: 제1기 오바마 행정부 등장 이후 미국의 아시아 및 중국전략 개관

1980년대 말과 90년대 초에 냉전이 종식되면서 미국의 세계전략이 군사적 개입을 줄여나가는 선택적 개입전략(selective engagement)으로 바뀌어야 한다는 주장이 제기된 바 있었다(Art 1998). 선택적 개입전략은 부시(George H. W. Bush) 행정부 말기에 냉전이 종식되고 이후 클린턴(Bill Clinton) 행정부가 출범하면서 등장한 주장으로, 미국이 지속적으로 국제적인 리더십의 역할을 수행하되 명백한 주적(主敵)이 없어진 상황에서 불필요한 군사적 개입은 최소화해야 한다는 논리로 제기되었다. 선택적 개입전략은 냉전이 종식되었으므로 미국이 군사적 개입을 줄이고 국방비를 삭감하여 여기에서 나오는 "평화 지분(peace dividend)"을 통해서 민주주의 재건, 국제원조, 기후변화 대처 등 비전통적인 안보분야에 더욱 투자해야 한다는 것을 내용으로 하고 있었다.

물론 이러한 선택적 개입전략이 미국의 군사적 개입을 무조건적으로 줄여나가자는 주장은 아니었다. 그보다는 "사활적인 이익

(vital interest)"이 걸린 이슈나 지역에서만 미국이 선별적으로 군사적 개입을 시도해야 한다는 주장이었다. 그리고 과연 어떤 이슈에 있어서 그리고 어떤 지역에서 미국이 군사적으로 개입하는 것이 사활적인 이익을 지키는 것인지에 관해서는 명백히 합의된 의견이 존재하는 것은 아니었다. 대체로 미국 본토방위, 다자 및 양자적 군사동맹 유지 및 동맹국 보호, 에너지 자원 확보, 해양 자유항행권 확보 등이 미국이 군사적 수단을 사용해서라도 보호해야 하는 사활적인 이익으로 자주 언급되어 왔다.

그러나 냉전 종식 이후 단극체제가 도래한 이후 클린턴 행정부에 의해서 이러한 선택적 개입전략은 적극적으로 실행되지 않았다. 미국이 선택적 개입전략을 본격적으로 구사하지 않았던 이유는 냉전 종식 이후에도 미국의 국제적 역할이 여전히 요구되었기 때문이기도 하지만, 무엇보다도 미국 패권이 견고하게 유지되는 단극체제 상황에서 미국의 군사적 개입이 선택적이어야 하는가의 문제는 크게 논의의 대상이 되지 않았기 때문이었다.

부시 행정부(George W. Bush) 출범 후 벌어진 2001년의 9·11사태는 이러한 선택적 개입전략의 적실성이 논의될 여지를 아예 없애 버리는 계기가 되었다. 오히려 "선제적 공격(preemptive attack)"을 허용하는 네오콘(neo-con) 주도의 "일방주의"가 미국 외교정책의 주류노선이 되기에 이르렀다. 부시 행정부 당시에 회자된 "테러와의 전쟁(war on terror)"이나 "레짐 변화(regime change)" 등의 개념은 미국이 글로벌한 차원에서 테러조직을 분쇄하고, 더 나아가 보다 근원적인 테러의 섬멸을 위해서 중동국가에 민주주의를 확산해야 하며 미국의 전방위적 군사적, 외교적 개입이 필요하다는 주장을 담고 있었다.

이와 같이 냉전 종식 직후 주인을 찾지 못하고 떠돌던 선택적 개입전략은 2009년 출발한 오바마 행정부에 이르러서는 미국의 글로벌 전략의 기조로 자리잡게 되었다. 다만 오바마 행정부가 추구한 선택적 개입전략은 미국이 임의로 "선택한" 전략이라기보다는 미국 국내의 악화된 정치경제적 사정과 변화한 국제적 세력배분으로 인해서 "피(被)선택적"으로 주어진 것이라고 보는 편이 옳다. 그만큼 탈냉전 직후의 시기와 비교해 볼 때 국내 경제적 위기를 맞은 미국의 전략적 선택의 폭은 줄어들게 되었고, 국제정치의 세력판도는 미국에게 유리하지는 않은 방향으로 재편되어 가고 있는 실정이다.

2007~2008년 미국발 재정위기와 이로 인한 극심한 경제불황의 상황 속에서 새로 출범한 오바마 행정부는 2009년 미국 경제회복 및 재투자법(the American Recovery and Reinvestment Act of 2009 : ARRA)을 통해서 대규모의 예산을 투자하여 미국 경기회복에 박차를 가하였다. 이러한 국내 경기회복 노력과 함께 막대한 비용을 지출하게 만든 중동에서의 두 개의 전쟁을 서둘러 종식시키려는 노력이 집중적으로 경주되었고, 마침내 2014년까지 미군은 아프간에서 최종적으로 철수하기로 하였다. 국내 경제의 악화와 두 개의 전쟁이 주는 재정적 부담 속에서, 미국은 미국의 안보와 관련된 사활적인 이익이 걸려 있지 않은 이슈와 지역에 대해서 군사적 개입을 최대한 자제하는 현실적 방안을 선택하게 되었다.

이러한 국내외적 여건 속에서 2009년 등장한 오바마 행정부는 글로벌한 차원의 선택적 개입전략을 토대로 아시아 정책을 운영해 왔다고 보인다. 미국의 사활적인 이익과 관련이 없다고 판단된 중동에서의 두 개의 전쟁을 조속히 마무리하고, 그 대신 21세기 미국의 전략적, 경제적 이익이 걸려 있는 아시아 지역에 향후 미국의 외교적 노력을 보다 집중한다는 미국의 아시아 중시 정책노선은 글로벌한 선택적 개입전략이 아시아 지역에 응용된 사례라고 할 수 있다. 이러한 배경 아래에서는 2013년 새로 출범한 제2기 오바마 행정부의 아시아 및 중국정책에 대한 전망과 이에 대한 한국의 대응이 논의될 것이다.

이러한 목적에 따라서 진행되는 이 글의 내용을 미리 개관하면 다음과 같다. 우선 이 장의 제1절에서는 2009년 이후 등장한 오바마 독트린을 개괄적으로 살펴보고, 오바마 제1기 행정부의 아시아 및 중국정책은 선택적 개입이라는 미국의 글로벌한 전략 속에서 오바마 독트린이 아시아 지역에 투사되어 전개된 것임을 설명할 것이다. 이어서 제2절은 오바마 제1기 행정부의 아시아 및 중국정책을 아시아 중시정책 혹은 아시아 개입정책이라는 넓은 틀을 통해서 설명할 것이며, 이어서 2011년 11월경에 클린턴(Hillary Clinton) 국무부 장관의 연설을 통해서 아시아 회귀정책이 등장한 배경과 그 내용을 설명할 것이다. 또한 제2절에서는 2009년 오바마 행정부 출범 이후 미국이 아시아 지역에 적극적으로 개입하면서 중국과 빚어낸 갈등과 이러한 갈등의 봉합 과정에 나타난 다양한 정책내용과 변화상이 설명될 것이다.

제2장에서는 2013년 출범한 제2기 오바마 행정부의 아시아 및 중국정책을 전망하면서 먼저 제1기 행정부 당시의 아시아 중시정책에 변화가 있을 것인지를 검토하고자 한다. 오바마 제2기 행정부의 미국의 아시아 중시정책은 제1기 행정부와 마찬가지로 중국의 평화적 부상을 환영함과 동시에, 중국이 국제사회의 법과 제도를 지키는 책임있는 이해당사국이 되어야 한다는 점을 여전히 강조하고 있다는 점이 부각될 것이다. 이어서 케리(John Kerry) 신임 국무부 장

관의 취임 이후에도 클린턴 장관이 강조한 아시아 회귀정책의 "회귀"적인 논조가 그대로 유지될 것인지에 대한 논의가 진행될 것이다. 마지막으로 오바마 제2기 행정부 하에서 추진될 아시아 및 중국정책의 주요한 내용에 대한 전망이 서술될 것이다.

　마지막으로 이 글의 제3장에서는 오바마 제2기 행정부의 출범 이후 등장한 미국의 아시아 및 중국정책에 대해서 한국이 어떠한 방식으로 대응해야 할 것인지를 논의하고자 한다. 한국은 전통적인 안보동맹인 한미동맹의 한 파트너로서 미국의 아시아 안보 및 글로벌 전략에서 호흡을 맞추어야 할 국가임과 동시에, 아시아의 신흥강대국이자 글로벌한 수준에서 미국과 경합하는 중국과 가장 지리적으로 가까운 국가이다. 이러한 상황에서 아시아의 어느 국가보다도 한국은 미국의 아시아 및 중국정책을 면밀히 분석하고 이에 적절히 대응해야 하는 절박한 과제를 안고 있다. 그래서 제3장에서는 미국의 아시아 및 중국정책에 대한 한국의 대응과제를 중견국 외교와 이슈 연계전략 등 크게 두 개의 주제 하에서 개괄적으로 논의할 것이다.

1.1. 오바마 독트린의 내용과 의미

2009년 미국의 제44대 대통령으로 당선된 오바마 대통령의 가장 큰 정책과제는 국내적으로 경기부양을 통해서 실업률을 감소시키고 국제적으로는 중동에서의 두 개의 전쟁을 원만히 종식시킴과 동시에, 부시 행정부 임기 8년 간 전세계적으로 퇴조된 미국의 국제적 이미지를 일신하고 미국의 위상을 제고하는 일이었다. 이를 위해서 오바마 대통령은 부시 행정부의 일방주의 외교노선으로 인해서 손상된 미국의 대외관계를 개선하기 위해서 노력하기 시작하였다. 임기 초 유럽방문, 대러시아 관계의 "리셋(reset)", 터어키와 이집트 방문, 적대국가인 이란에 대한 관계개선 메시지 전달 등이 이러한 외교적 노력의 사례가 될 수 있다.

이와 같은 오바마 행정부 제1기의 초기에 취해진 일련의 외교적 노력은 부시 행정부 당시 훼손된 미국의 국제적 이미지를 제고하기 위한 것일 뿐만 아니라, 미국이 향후 국제적 리더십을 발휘하기 위한 전제조건으로서 서유럽, 중동, 아시아 지역에서 주요국가들의 협력을 얻기 위한 준비된 조치였다. 2007~2008년 미국발 금융위기 이후 미국의 패권쇠퇴에 관한 논의가 계속되고 있고, 중국을 비롯한 G20 국가 등 "나머지 국가의 부상(the rise of the rest)"이 현실화되고 있는 가운데, 2009년 새로 임기를 시작한 오바마 대통령은 G20 등의 국가들과 함께 다자적 제도를 통해서 협력할 수밖에 없으며, 미국이 선도적인 리더십을 발휘함으로써 이들 국가의 협력을 이끌어 내야 한다고 믿고 있었다.

이러한 문제의식 속에서 오바마 대통령은 2009년 9월 23일 유엔총회 연설에서 자신이 향후 대처할 글로벌한 도전의 내용을 열거하고 이에 대한 미국의 선도적 리더십 발휘 의사를 천명하면서 전세계적인 협력을 촉구하였는데, 이러한 연설문을 통해서 우리는 "오바마 독트린(Obama Doctrine)"이라고 불릴 수 있는 어젠다 설정과 이러한 문제를 대처하는 방식 등에 대해서 엿볼 수 있다. 미국의 아시아 정책과 관련하여 우리가 이러한 오바마 독트린에 특히 주목해야 할 이유는, 이 연설에서 제기된 주요한 어젠다가 모두 아시아의 강대국인 중국의 협력이 없이는 적절히 실현될 수 없는 내용들이었기 때문이다.

오바마 대통령은 유엔연설에서 핵없는 세상, 평화의 추구, 기후 변화 대처, 글로벌 경제의 활성화를 전세계가 공동으로 대응해야 할 과제로 보고, 이러한 문제의 해결에 있어서 미국이 선도적 리더십을 보일 것임을 언명하면서, 동시에 이러한 글로벌한 성격의 도전은 미국의 노력만으로는 해결될 수 없는 것으로서 전세계 모든 국가의 협력이 필요한 사안임을 강조하였다(Obama 2009a). 따라서 오바마 독트린은 글로벌한 도전에 대한 미국의 선도적 리더십 발휘를 전제하면서, 다자적 제도를 통해서 세계 각국이 개별적으로 부담해야 할 응분의 책임을 다함으로써 국제적 협력을 구축해 나가자고 촉구하는 것이라고 정의해 볼 수 있다. 그리고 이러한 오바마 독트린은 위에서 언급한 미국의 선택적 개입전략과도 부합하는 정책기조라고 할 수 있다. 국내경제적 위기가 가져오는 여러 가지 제약 상황과 "나머지 국가의 부상"이라는 국제정치적 세력 배분 현상에 직면해서 미국의 군사적 개입은 미국의 사활적인 이익이 걸린 이슈나 지역에 국한될 수밖에 없고, 따라서 글로벌한 문제의 해결은 다자적 틀 내에서 G20 등의 국가들의 자발적인 협조를 얻어서 추진해야 한다는 현실을 반영하는 것이 오바마 독트린이라고도 할 수 있다.

오바마 독트린은 이후 미국의 아시아 및 중국정책에도 그대로 투영되었다. 실제로 중국은 오바마 대통령이 유엔 총회 연설에서 언급한 글로벌 차원의 주요 과제의 대처와 관련하여 매우 중요한 역할을 수행할 수 있는 나라이다. 이란이나 북한의 핵개발 저지나 핵비확산 체제의 강화 등 "핵없는 세상"이라는 오바마 대통령이 구상이 구현되려면 유엔 안보리의 상임이사국 가운데 하나인 중국의 협력이 절실한 것이었다. 또한 글로벌 경제부흥은 세계 경제성장의 견인차 역할을 하는 중국의 안정적인 경제성장이 없이는 어려운 것이 현실이었다. 시리아 문제의 해결 등 중동평화 문제의 실현 역시 유엔 안보리 상임이사국인 러시아뿐만 아니라 중국의 협력이 필요한 내용이었다. 마지막으로 기후변화 대처는 최대 온실가스 배출국가가 된 중국의 적극적이고 자발적인 협조가 없이는 불가능한 것이었다. 이러한 전제를 토대로 아래에서는 오바마 독트린의 아시아적 발현이라고 할 수 있는 오바마 행정부 제1기 임기 당시의 미국의 아시아 및 중국 정책을 개관해 보고자 한다.

1.2. 미국의 아시아 및 중국정책의 기조와 전개 및 아시아로의 회귀

전반적으로 오바마 행정부 제1기의 미국의 아시아 및 중국정책은 중국의 번영과 발전을 환영하고 이를 적극적으로 지원한다는 기조에서 진행되었다고 할 수 있다. 오바마 대통령의 각종 성명서나 기자회견문, 미중 정상회담의 공동성명서, 그리고 미중 전략 및 경제대화(the U.S.-China Strategic and Economic Dialogue) 당시 미국 국무부의 다양한 발표문이나 국무부장관의 기자회견문 등을 보면 이러한 논조가 지속적으로 드러나고 있다. 비록 현안문세에 따라서 양국 간에 긴장이 조성되기도 하고 갈등적인 요소가 드러나는 것도 부정할 수 없지만, 미국은 일관적으로 중국의 국제적 지위를 인정하고 중국의 발전을 환영하며, 중국이 번영해야 미국의 아시아 개입이 순조롭게 촉진될 수 있다는 점을 지속적으로 확인하였다.

그러나 이와 동시에 미국은 강대국의 지위에 부합하는 역할을 수행하고, 이에 따른 국제적 부담을 떠맡아야 하며, 또한 국제적으로 합의된 규범과 제도를 준수해야 한다는 점을 중국에 대해서 지속적으로 상기시켰다. 즉 미국은 중국의 부상을 인정하는 토대 위에서 새롭게 변화하는 세력배분을 받아들이면서도, 중국의 영향력 확대가 결코 기존의 국제적 규범과 제도를 무시하는 방향으로 전개되어서는 안 된다는 점을 중국에 대해서 분명히 하고 있었다. 중국이 책임 있는 이해당사자가 되어야 한다는 요구와, 중국이 법의 지배(rule of law)에 따라 행동해야 한다는 미국의 주장은 오바마 행정부 제1기에 중국 인근의 해양도서 분쟁, 기후변화 대처, 시리아, 이란, 북한 등에 대한 제재 등의 문제에서 미국이 중국과 갈등을 경험하는 배경이 되었다고 할 수 있다. 아래에서는 중국의 부상을 인정하고 환영함과 동시에, 중국에 대해서 공정한 책임을 부담하고 법의 지배를 준수하라고 요구해 온 오바마 행정부 제1기의 미국이 추진한 아시아 및 중국정책을 개괄적으로 살펴보고자 한다.

1) 대중 협력요구의 좌절과, 협력과 갈등의 시작

2009년 오바마 민주당 행정부의 출범 이후 세계경제의 부흥이나 핵비확산 등 중요한 글로벌 이슈에 있어서 중국의 협조가 절실했던 미국은 중국에 대해 매우 우호적인 태도로 아시아 정책을 펼쳐 나가기 시작했다. 자신을 미국 최초의 아시아-태평양계 대통령이라고 소개하면서 중국에 대한 봉쇄정책론의 폐기를 언급한 오바마 대통령은, 번영하는 중국을 환영한다는 메시지를 던지는 등 중국의 협력을 이끌어 내기 위해서 상당히 노력하는 모습을 보였다(Obama 2009b).

이와 같이 중국에 대해서 상당히 우호적인 제스쳐로 시작한 오바마 행정부의 대중정책은 2009년 11월 오바마 대통령의 베이징 방문 이후 상당한 좌절을 겪게 되었다. 양국 간 무역역조 시정 및 이를 위한 위안화의 평가절상, 북한 및 이란 핵문제 대처, 기후변화 문제 등에 있어서 기대한 만큼 전향적인 태도를 보여주지 않은 중국에 대해서 미국은 깊은 좌절감을 느낄 수밖에 없었다. 후진타오 주석은 기후변화 문제에 있어서 "공동의 그러나 차별화된 책임론"을 꾸준히 제기하였고, 영토문제와 관련해서는 양국의 "핵심이익과 주요관심사"를 언급하면서 대만이나 티베트 문제에 대한 미국의 간섭을 사전에 배제하고자 하였다(The White House 2009).

이와 같이 별다른 성과가 없이 끝난 2009년 11월 베이징 미중정상 회담과 중국의 협력을 끌어낼 수 없었던 동년 12월의 코펜하겐 기후변화 회의 이후인 2010년 초부터 양국 관계는 구글의 중국철수, 미국 미사일과 헬기의 대만수출, 오바마 대통령과 달라이 라마의 대담 등으로 상당히 갈등적인 국면에 들어서게 되었다. 미국은 2009년 나름대로 중국에 대해서 우호적인 조치를 취하면서 중국이 기대에 부응하는 협력의 성의를 보여줄 것을 기대했는데, 이러한 기대가 혼자만의 환상이었다는 점을 자각하면서 중국에 대해서 공세적인 조치를 취해 나간 것으로 보인다.

물론 이러한 미중 간의 갈등적인 국면의 전개가 중국에 대한 미국의 봉쇄조치로 변화하거나 중국의 발전을 막아야 한다는 미국의 전략수정을 이끌어 낸 것은 결코 아니었다. 이러한 갈등 국면 속에서도 미국은 경색된 국면을 해소하기 위해서 다방면으로 노력한 것도 사실이다. 예컨대 클린턴 국무부 장관은 미국이 중국과 갈등의 양상을 보이기 시작한 2010년 1월 미국이 아시아 지역에서 적극적인 개입정책을 추구할 것이라고 천명하면서, 미국은 이 지역에서 방문국가(visiting power)가 아니며, 거주국가(resident power)라는 점을 강조한 바 있다(Clinton 2010a). 또한 2010년 5월 24일에서 25일에 걸쳐서 개최된 제2차 미중 전략 및 경제대화 폐회식 이후 발표된 공동 언론발표문(Joint Press Availability)을 통해서도 클린턴 장관은, 양국이 2010년 초기 불확실성(uncertainty)에서 벗어나 "긍정적인 궤도로 빠르게 복귀"하고 있다고 발표하였다(Clinton 2010b).

그러나 2010년 초반의 갈등과 이를 회복하기 위한 미국의 노력은 중국과 인근국가와의 해양도서 분쟁, 2010년 3월 천안함 피폭과 11월의 북한의 연평도 포격 등으로 경색국면을 피해갈 수 없게 되었다. 우선 미국은 남중국해 및 동중국해 해상에서의 도서분쟁을 다자적 협의를 통해서 해결하자고 주장하면서 중국이 이들 도서와 인근 해양에 대해서 배타적 영토적 주권을 행사할 수 없다는 점을 반복적으로 강조하여 중국의 반발을 불러 일으켰다(Clinton 2010c). 또한 센카구섬/댜오위다오를 둘러싼 중일분쟁에 있어서도 미국은 2010년 10월에 개최된 미일 외상회담에서 센카구섬/댜오위다오가 미일 안보조약의 대상임을 확인하여 중국의 신경을 곤두서게 만들었다. 뿐만 아니라 2010년 3월의 천안함 피폭과 11월의 연평도 포격 이후 미국은 서해 해상에서 자신의 항공모함을 참가시킨 가운데 한미 합동해상훈련을 실시하기도 하였다.

이러한 갈등의 와중에서 2011년 1월 후진타오 주석의 미국 워싱턴 국빈방문으로 성사된 제2차 미중 정상회담 역시 표면상 별 커다란 성과를 내지 못하고 종결되었다. 합의된 내용을 공동으로 서술하기 보다는 양국이 개별적인 의견을 그대로 기술하는 독특한 양식으로 작성된 공동성명문은 양국 정상이 특기할 만한 합의점을 찾지 못한 채 각자의 의견을 개진하는 것에 만족해야 했음을 시사해 주는 것이었다(The White House 2011a). 이 공동성명문에서 중국은 대만문제가 중국의 주권 및 영토보전과 관련된 문제이며, 미국은 대만과 관련된 미국의 기존 공약을 존중하고 이 문제에 대한 중국의 입장을 지지해 줄 것을 요구했다. 이에 대해서 미국은 하나의 중국 원칙과 세 개의 전통적인 공동성명을 존중한다는 입장을 거듭 밝혔다.[1] 또한 중국은 인권문제와 관련하여 양국 간 "심각한 차이"(significant differences)가 있음을 인정하였고, 미국은 인권과 민주주의가 미국 외교의 중요한 요소임을 거듭 천명했다. 또한 양국 정상은 천안함 및 연평도 포격과 관련하여 한반도 정세에 우려를 표시하였으나, 중국은 결코 북한을 비난하지 않았으며, 2005년 9·15선언에 근거해서 한반도 비핵화 및 6차회담이 신속히 재개되어야 함을 강조하였다. 이와 같이 서로 합의할 수 없는 이견을 가감 없이 드러내는 형식으로 만들어진 공동성명문임에도 불구하고, 양국은 안보영역 밖에서는 상대방의 불만을 해소하기 위해서 나름대로 노력하였다.

먼저 미국은 중국이 우려하는 사항인 연방적자의 감소와 재정 건전성 확보를 위해서 노력하겠다는 점을 밝혔고, 중국은 미국의 요구사항인 위안화 환율개혁을 위해서 지속적으로 노력할 것임과, 중국경제에서 내수가 차지하는 비중을 높이고 중국경제에 있어서 시장이 근본적인 역할을 수행해야 한다는 점을 강조하였다. 또한 중국은 미국이 중국에 대해서 상시적으로 주장했던 내용을 반영하여 미국의 중국내 투자환경 개선을 위한 조치도 담았다. 예컨대 중

....

[1] 대만 문제를 직설적으로 언급한 중국의 입장은 2010년 초 대만에 대한 미국의 무기 수출에 대해서 불편한 심경을 드러낸 것으로 보인다. 대만문제와 관련하여 오바마 대통령은 공동성명문 발표 이후 가진 기자회견 석상에서 매우 이례적으로 대만관계법(the China Relations Act)을 언급함으로써 유사시 대만에 대한 미국의 공약을 확인하는 것으로 응답하였다(Obama 2011a).

국은 지적 재산권의 보호와 관련하여 노력을 경주하겠다고 언급했고, 중국의 정부조달사업에 있어서 미국기업에 대한 차별을 없애는 문제 등에 관해서 언급하였다.

이와 같이 2011년 1월의 워싱턴 미중 정상회담은 양국의 이견을 그대로 노출하는 형식으로 진행되어 2010년 이후 갈등국면을 맞았던 양국관계에 어떤 획기적인 전환을 가져온 것으로 평가되기는 어렵다. 그러나 안보영역이나 인권문제 등에 있어서 양국 간 이견이 그대로 노출된 가운데에서도, 경제영역에서 양국은 상대방의 입장을 수용하는 조치를 취하겠다는 성의있는 태도를 보여 양국관계가 더 이상 악화되지는 않은 것이라는 전망을 낳기도 하였다. 즉 2010년의 지속적인 양국 간 대립과 향후 다양한 이슈에서 있을 수 있는 잠재적 양국 간 갈등에도 불구하고, 2011년 1월의 미중 정상회담은 양국이 기존의 갈등을 더 이상은 악화시키지 않으려고 노력한 중요한 시도로 받아들여질 수 있다. 실제로 미국에 국한해서 볼 때, 2011년 1월 정상회담을 계기로 기존 강대국인 미국과 신흥 강대국 중국 간에 새로운 관계의 정립을 통해서 미국의 아시아 개입정책이 순조롭게 진행될 수 있도록 노력하는 모습이 더욱 가시화된다.

2) 아시아 회귀정책의 등장 및 중국과의 새로운 협력의 모색

미국의 아시아 중시정책 혹은 아시아 개입정책은 이미 2009년 오바마 행정부 출범 이후 시작되었다고 할 수 있다. 이미 설명한 바 있듯이 오바마 대통령은 2009년 11월 일본 토쿄에서 자신이 "미국 최초의 아시아-태평양 대통령"임을 선언하였고, 아시아-태평양 지역이 향후 미국 외교정책에서 전략적, 경제적으로 매우 긴요한 지역이 될 것임을 선언한 바 있었다. 이러한 취지에서 미국은 중국에 대한 적

극적인 협조를 강조했고, 번영하는 중국을 환영한다는 메시지를 지속적으로 전달했으며, 미중 경제대화를 전략 및 경제대화로 격상하기도 하였다.

이러한 오바마 대통령의 아시아 중시정책은 미중관계가 복잡하게 꼬이기 시작한 2010년 초에 다시 한번 강조되었다. 2010년 1월 12일 클린턴 국무부 장관은 "아시아 지역 다자구조: 원칙과 우선사항(Regional Architecture in Asia: Principles and Priorities)"이라는 연설을 통해서 미국은 아시아의 거주국가(resident power)이며 향후 다자적 제도를 통해서 아시아에 적극적으로 개입할 것임을 천명하였다(Clinton 2010a). 이러한 클린턴 장관의 발언은 오바마 대통령의 "아시아-태평양계 대통령" 발언에 이어서 미국이 아시아에 적극적으로 개입하려는 의사를 다시 한번 표명하는 것이었고, 이번에는 한 걸음 더 나아가 다자적인 제도를 통해서 지역문제의 일원으로서 필요한 역할을 수행할 것임을 선언한 것이었다.

이후 미국은 인근국가들과 영토분쟁을 겪고 있는 중국에 대해서 해양도서 문제의 해결을 위해 나름의 중재노력을 경주하면서 아시아 지역 안보포럼(ASEAN Regional Forum: ARF) 등의 아시아 지역 다자기구에 적극적으로 참여하는 모습을 보였다. 이러한 아시아 개입정책의 연장선상에서 클린턴 국무부 장관은 7월의 아시아 지역 안보포럼 참석에 이어서 2010년 10월 28일부터 2주간의 일정으로 베트남, 중국, 캄보디아, 말레이시아, 파푸나 뉴기니, 뉴질랜드, 호주 등을 순방하기에 앞서 하와이 호놀룰루에서 "미국의 목표가 아시아-태평양 지역에서 미국의 리더십을 강화하고 유지하는 것"임과 "이를 위해서 모든 외교적 역량을 기울일 것임"을 천명하였다(Clinton 2010d). 또한 클린턴 장관은 아시아 순방 도중 베트남 하노

이에서 개최된 ASEAN+3 회담에서, 그리고 이 일정 중 있었던 하이난 섬에서의 중국과의 접촉을 통해서 중국과 일본 사이에 진행 중인 영토분쟁에 대해서 미국이 중재할 의사가 있음을 밝히기도 했다.

이와 같이 2009년 11월 오바마 대통령의 "미국 최초의 아시아-태평양계 대통령" 발언과 2010년 1월 클린턴 장관의 "아시아 다자적 지역구도(Asia regional architecture)" 발언 이후, 미국은 아시아 지역에 더 적극적으로 참여하기 시작했으며, 이의 연장선상에서 중국 인근 해양도서 영토분쟁의 다자적 해결을 촉구하기도 하였고, 중국과 일본 간의 센카쿠섬/댜오위다오 분쟁에 대해서도 중재자 역할을 자청하게 되었다. 이러한 미국의 아시아 중시정책은 기본적으로 아시아가 지니는 전략적, 경제적 가치를 높이 평가해서 출현한 것이며, 부상하는 중국과의 향후 관계를 적절히 관리해야 한다는 필요성에서 등장한 것이라고 판단된다. 그리고 미국 오바마 행정부의 이러한 아시아 중시정책은 최종적으로 중동에서 미국이 수행해 왔던 두 개의 전쟁이 마무리되어 가는 과정에서 클린턴 국무부 장관의 "아시아 회귀(Asia pivoting)" 연설로 더욱 강화되기에 이르렀다.

클린턴 장관은 2011년 11월 외교정책 전문저널인 『외교정책』(Foreign Policy)에의 기고문과 11월 17일 하와이 호놀룰루 동서문화센터(the East-West Center)에서 행한 연설에서 미국이 중동에서의 두 전쟁을 마무리함과 동시에 아시아의 전략적, 경제적 가치를 고려하여 향후 이 지역에 외교력을 집중할 것임을 선언하였다. 이 연설에서 클린턴 장관은 미국이 향후 아시아의 전통적인 양자적 방위동맹 국가와의 공조뿐만 아니라 양자적 파트너 국가와의 협력, 그리고 다자적 제도에의 적극적인 개입과 새로운 다자적 제도의 구축을 통해서 아시아-태평양 지역에 "거주국가(staying power)"로 남을 것임을 강조하였다. 그리고 미국이 겪고 있는 경제적 어려움에도 불구하고 미국은 지속적으로 글로벌 리더십의 역할을 수행할 것이며, 국내적인 혁신을 통해서 더욱 강한 리더십 국가로 등장할 것이라고 주장하였다(Clinton 2011a).

클린턴 장관의 아시아 회귀 연설은 2009년 오바마 행정부 등장 이후 지속적으로 강조된 미국 외교정책의 기조인 아시아 중시정책 혹은 개입정책의 연장선상에서 등장한 것으로 보인다. 그리고 이러한 연설은 또한 미국이 깊이 개입된 중동에서 두 개의 전쟁이 마무리되어 가는 시점에 미국이 향후 보다 생산적으로 자신의 자원을 투자할 대상을 아시아로 다시 부각시키는 과정에서 나타난 것으로 보인다. 그러나 그 논조에 있어서 "아시아로의 회귀(pivoting toward Asia)" 혹은 이보다는 좀 완화된 표현으로서 "아시아로의 재균형 (rebalancing toward Asia)"은 "회귀"나 "재균형"이라는 개념이 지니는 "방향전환"의 의미와 그 방향전환의 지향점을 "아시아"로 명확히 설정했다는 점에서 기존의 미국의 아시아 "중시", "관여", "개입" 등의 정책과는 상당히 다른 함의를 지니는 것으로 해석된다. 정책적 "방향전환"을 의미하는 "회귀"라는 표현을 쓰면서 아시아를 강조한 것은 단순히 "중시", "관여", "개입" 등 단순히 어떤 관계의 시작, 지속, 유지, 심화를 넘어서서 미국이 향후 다른 지역과 차별화된 지역으로서 아시아 지역에 본격적으로 외교적, 군사적, 경제적 자원을 투자할 것임을 시사하는 것이었다. 요컨대 아시아 회귀정책은 미국이 반복적으로 주장한 것처럼 "아시아 거주국가로의 미국"에 상응하는 군사적, 경제적 존재감을 이 지역에서 높이고 이를 위해서 외교력을 집중할 것임을 의미하는 것이라고 할 수 있다.

이와 같은 클린턴 국무부 장관의 "아시아 회귀" 발언 이후 오바마 대통령은 반복적으로 아시아-태평양 지역이 미국의 경제성장과 안보전략에 중요하다는 점을 강조하면서 미국이 아시아-태평양 국가의 일원으로서 이 지역에 양자적 관계 및 다자적인 틀을 통해서 거주국가로 존재할 것임을 실천을 통해서 입증하고자 노력하였다. 하나의 예로 2011년 클린턴 장관의 아시아 회귀 발언을 전후한 11월 13일 하와이에서 개최된 APEC 정상회담 개막식 연설에서 오바마 대통령은 아시아-태평양 지역이 미국의 경제성장에 매우 중요하다는 점을 강조하였다(Obama 2011b). 이어서 11월 16일 호주의 길라드 수상과의 정상회담 이후 가진 합동기자회견에서 오바마 대통령은 양국이 민주주의라는 공통의 가치를 지니고 있음을 강조하면서 호주와의 60년간의 동맹이 이 지역의 안정에 기여하였음을 부각시키고 향후 호주와의 군사협력을 강화해 나갈 것임을 밝히기도 하였다(Obama 2011c). 이후 오바마 대통령은 인도네시아 발리에서 개최된 동아시아 정상회담(the East Asia Summit: EAS)에 참석하기도 하면서 미국이 아시아-태평양 국가의 일원임을 지속적으로 행동을 통해서 입증하고자 하였다.

그러나 아시아 중시정책 혹은 개입정책을 넘어서는 아시아 회귀정책은 2010년 이후 중국과 인근국가 간의 해양 도서분쟁으로 인해서 갈등의 골이 깊어진 미중관계에 또 다른 갈등의 소지를 불러일으킬 수도 있는 문제였다. 2011년 1월의 워싱턴 미중 정상회담을 통해서 겨우 봉합의 기미를 보이는 양국관계가 이러한 미국의 아시아 회귀정책에 의해서 자칫 더욱 악화될 수도 있는 것이었다. 중국의 관점에서는 미국의 아시아로의 회귀정책이 미국이 중국을 포위하는 새로운 봉쇄정책의 일환이 아닌가라는 의구심이 있을 수 있다는 점을 모르지 않는 미국은 반복적으로 이러한 미국의 아시아 회귀가 중국을 겨냥한 것이 아님을 설득하고자 하였다.

　이러한 설득 노력의 하나로서 오바마 대통령은 2012년 2월 14일 시진핑 (당시) 중국 부주석의 미국 방문시 행한 연설에서 미국이 아시아-태평양 국가임을 다시 한번 강조함과 동시에, 미국이 이러한 지위를 명실상부하게 확보하기 위해서는 중국과 견고한 관계를 유지하는 것이 절대적이라고 언명하였다. 또한 오바마 대통령은 평화롭게 부상하는 중국을 환영하여, 강하고 번영하는 중국이 아시아 지역과 세계의 안정과 번영에 기여한다고 강조함과 동시에, 강대국의 지위에는 책임이 따른다는 점을 환기시키고 국제정치와 경제에 있어서 규칙의 중요성을 언급하여 중국이 자신의 지위에 부응하는 책임을 이행하고 국제적 법과 제도를 준수해 줄 것을 간접적으로 촉구하였다(Obama 2012).

　또한 클린턴 국무부 장관은 시진핑 부주석의 방문 이후인 2012년 3월 미국 워싱턴의 평화연구소(the Peace Institute) 연설에서 중국과 미국 간에 새로운 관계의 설정이 필요하다는 점을 강조하면서 양국 간 관계가 평화롭게 상호번영을 약속하는 방향으로 발전될 수 있는 나름의 해법을 제시하였다. 클린턴 장관은 이 연설에서 신흥 강대국인 중국과 기존 상대국인 미국 간의 관계가 갈등의 관계로 비화되어야 할 필연적인 이유가 없고, 양국이 국제적인 세도와 규범에 따라서 행동할 경우 협력적이고 평화적인 관계가 유지될 것이라고 말했다. 그리고 이러한 제도와 규범을 강조하는 연장선상에서 미국의 노력도 필요한 것이지만, 중국 역시 "선택적인 이해당사자(selective stakeholder)"가 아니라 "전폭적인 이해당사자(full stakeholder)"로서 국제사회에 기여해 줄 것을 요청하였다. 이어서 클린턴 장관은 아시아-태평양 국가로서 미국이 전통적인 양자동맹,

새로운 양자적 파트너십, 그리고 다자제도를 통해서 개입을 추구하는 과정에 중국과 미국과의 협력관계가 필수적이라고 언급하여, 아시아 회귀정책은 중국의 협력을 필요로 하고 있음을 다시 한번 강조하고 이러한 회귀정책에 대한 중국의 불안을 덜어 주고자 노력하였다(Clinton 2012a).

그렇다면 이와 같이 회귀정책이라는 개념이 등장할 정도로 상당히 강한 논조로 전개된 미국의 향후 아시아 및 중국정책은 어떠한 방식으로 전개될 것인가? 그리고 이러한 정책은 아시아 회귀정책의 표현에 걸맞게 지속적으로 강한 논조로 전개될 수 있을 것인가? 또한 미국의 아시아 및 중국정책은 향후 어떠한 이슈를 중심으로 전개될 것이며, 그 내용은 대략 어떠한 것들인가? 아래에서는 오바마 제1기 행정부의 아시아 및 중국정책을 바탕으로 오바마 제2기 행정부의 정책을 전망해 보고자 한다.

2. 제2기 오바마 행정부 등장 이후 미국의 아시아 및 중국전략 전망

2.1. 아시아 지역에서 미국의 사활적 이익

전체적으로 조망해 볼 때 2012년 대통령 선거에서 재선에 성공한 오바마 대통령은 제1장의 서두에서 설명한 선택적 개입전략을 지속할 것으로 보인다. 현저한 개선의 조짐을 보이지 않는 미국경제의 문제와 국내정치적 어려움, 그리고 대외적으로 미국의 군사적 비용을 줄여야 하는 부담 등은 이러한 선택적 개입전략이 오바마 제2기 행정부에서도 여전히 유용한 정책일 수밖에 없음을 시사하고 있다. 이러한 선택적 개입전략은 미국의 사활적인 이해가 걸린 지역과 이슈에 국한해서 미국이 군사적 개입을 도모하고 그렇지 않은 영역에서 군사적 개입을 자제하는 것을 그 핵심으로 하며, 미국의 아시아 및 중국정책에서도 역시 가장 적절하고 유효한 전략일 것으로 보인다.[2]

....

[2] 2013년 2월 12일 제2기 임기 시작 이후 의회에서 행한 국정연설에서도 오바마 대통령은 미국이 테러세력에 대항하기 위해서 반드시 군사력을 사용하거나 타국을 점령할 필

그렇다면 오바마 제2기 행정부의 아시아 및 중국정책을 전망하기에 앞서서 보다 구체적으로 오바마 제2기 행정부의 미국이 아시아 및 중국과 관련하여 사활적인 이해로 여길 영역, 즉 군사적 개입을 고려할 수 있는 영역은 무엇인지를 먼저 살펴 볼 필요가 있다.

제1기 오바마 행정부 당시 미국의 아시아 및 중국정책에 있어서 미중 간의 갈등이 지속적으로 불거졌던 부분은 인권이나 민주주의, 무역과 금융, 기후변화나 에너지 문제 등 비안보영역이라기 보다는, 중국과 인접국가와의 영토분쟁 및 북한 핵문제를 포함한 한반도 안정과 관련된 안보문제라고 생각된다. 이러한 안보문제는 아시아 지역으로의 회귀와 관련하여 미국의 전략적인 이해관계가 걸려 있는 문제이기 때문에, 중국이 국제규범이나 제도에 따르지 않고 자의적으로 행동할 경우 미국의 군사적 개입을 초래할 수 있는 영역이라고 판단된다.

중국이 현재 영토분쟁 중인 동중국해 혹은 남중국해 대의 해양도서 문제를 —미국이 원하는 다자적 제도를 통해서 혹은 중국이 선호하는 양자적 관계를 통해서이든— "평화적으로" 해결하지 않고 군사력을 동원하여 해결하려 하거나, 혹은 중국 인근의 해양에 대한 배타적 영토주권을 선언하면서 해로를 봉쇄하는 극단적 조치를 취할 경우, 이는 미국의 자유 항행권이라는 사활적 이익을 심각하게 저해하는 것으로서 미국의 군사적 개입을 초래할 수 있다. 이와 함께 중국이 센카쿠섬/댜오위다오에 대한 영유권을 주장하면서 일본

....
요는 없다는 점을 지적하고 있다. 즉 테러세력의 준동이 미국의 사활적인 이익과 관련이 없을 경우 이에 대한 대처는 군사력의 사용보다는 이들 국가가 독자적인 방위능력을 지니도록 도와주는 것이 낫다고 보고 있다(Obama 2013b).

과 군사적으로 충돌할 경우, 미국은 이 도서지역이 미일동맹의 적용 범위임을 근거로 일본을 지원하기 위해서 군사적으로 개입할 수 있다. 뿐만 아니라 북한의 핵개발이 실제로 미국본토를 위협할 수 있는 수준으로 발전할 경우, 본토방위라는 미국의 사활적인 이익을 보호하기 위해서 미국은 또한 북한에 대해서 군사적인 조치를 취할 수 있을 것으로 보인다. 비록 북한의 핵무기나 핵기술이 미국의 본토공격을 가능하게 하는 수준까지 이르지는 못할지라도 북한이 미국의 본토를 위협할 수 있는 테러세력에게 핵무기나 핵기술을 이전하는 경우에도 미국은 군사적 개입을 고려할 수 있을 것으로 보인다. 또한 북한이 한국의 생존을 위협하는 군사적 도발을 감행할 경우 등에도 미국은 어떠한 형태로든 이러한 문제를 예방하거나 이에 대처하기 위해서 군사적 개입을 심각하게 고려할 가능성이 높다.

물론 지금까지 열거한 미국 군사개입의 가능사례는 매우 극단적인 상황을 설정하는 것으로 현재로서는 그 가능성이 매우 낮고, 실제 그러한 상황이 펼쳐진다 해도 군사적 수단 이외의 경제제재나 외교적 수단 등 기타 비군사적인 제재수단을 동원한 이후에 최후의 수단으로 시도될 것으로 보인다. 그러나 이러한 낮은 가능성에도 불구하고 이러한 상황이 실제 현실화될 경우 미국은 자신의 사활적 이익을 방어하기 위해서 군사적 수단을 동원하여 이러한 분쟁에 개입할 가능성이 크다고 판단된다.

2.2. 미국의 아시아 및 중국 정책에 대한 매개변수

미국의 아시아 및 중국정책을 분석하기 위해서는 위에서 분석한대로 이 지역에서 미국이 군사적으로 개입할 가능성이 있는 사활적인 이익을 확인함과 아울러, 이 지역에 대한 미국의 정책을 제한하거나 미국의 정책에 대해서 특정한 제약조건을 부여할 수 있는 매개변수를 살펴보아야 한다. 이러한 매개변수에는 미국 국내경제 회복의 제약과 중동지역의 지속되는 위기 등이 존재할 수 있다. 이 두 가지 변수 가운데 전자는 미국의 아시아 및 중국정책뿐만 아니라 미국의 전반적인 외교, 안보정책을 제한할 수 있는 요소이며, 후자는 미국의 아시아 중시정책의 추진과 관련하여 보다 직접적으로 영향을 미칠 수 있는 요소라고 보인다.

소위 "재정절벽(fiscal cliff)"으로 불렸던 미국의 연방 재정적자 해결문제 —연방정부가 의회 양당의 합의를 통해서 적자감축에 합의하지 못하면 국방예산을 포함하여 연방예산을 일률적으로 삭감하는 문제— 는 여전히 오바마 행정부와 공화당이 하원을 차지하고 있는 의회 간의 해결되지 않는 쟁점으로 남아 있다. 재정절벽의 문제는 2012년 대통령 선거가 끝나고 2013년에 들어와서야 비로소 연소득 45만불 이상 소득가구에 대해서만 증세를 하고 그 이하 소득가구에 대해서는 부시 대통령 당시에 제정된 세금감면을 그대로 유지하는 것으로 오바마 민주당 행정부와 공화당 간의 타협이 이루어지면서 한시적으로 해결될 수 있었다. 이러한 타협의 결과 조세개혁과 지출삭감에 대한 합의가 있을 때까지 재정적자 감축을 위한 협상시한도 2013년 5월 17일까지 두 달 정도 연기되었다. 이와 아울러 연방부채 상한선의 증가 역시 공화당이 몇 달을 기간으로 합의해 주어 당장 재정상의 파국과 같은 심각한 문제가 나타날 것으로 보이지는 않는다. 그러나 이러한 재정절벽 협상이 오바마 행정부와 의회 공화당 간에 두 달 정도의 기간으로 한시적으로 이루어진 것이기 때문에, 양측은 의회를 통해서 다시 연방부채 및 재정적자 삭감을 위한 조세개혁과 지출삭감 방안에 관한 합의를 도출해 내어야 한다.

어떤 형태이든 연방지출을 줄이고 세수를 늘리는 형태로 재정문제 해결을 위한 해법이 도출될 것으로 보이는데, 그 결과가 무엇이든지 미국의 국내 재정문제는 미국의 아시아 및 중국정책을 포함한 대외정책 일반을 제한하는 요소로 남을 가능성이 크다. 우선 재정적자 문제에 대한 양당 간의 합의가 앞으로도 지속적으로 어려운 과제로 남아서 미국이 반복적으로 이 문제를 둘러싼 정파적 갈등에 휩싸일 경우, 미국의 경제적 대외신용도뿐만 아니라 아시아의 전통적인 양자동맹 국가 및 기타 ASEAN이나 호주 등 다자적 혹은 양자적 잠재적 파트너 국가에 대해서도 불안한 신호를 보낼 가능성이 있다. 이에 더하여 부채상한선을 둘러싼 정파 간 갈등이 반복될 경우 미국의 글로벌 안보 리더십에 대한 상당한 손상이 초래될 것이 우려된다.

한편 이와 같은 재정문제가 오바마 행정부와 의회 공화당 간의 타협을 통해서 해결될 경우에도 어떤 형태로는 미국의 재정지출은 줄어들 전망인데, 이 경우 국방비 역시 삭감이 예상되기 때문에 미국의 외교정책 역시 재정문제로 인해서 상당히 제한을 받을 것으로 보인다. 미국은 감축된 지출 속에서도 중장기적 경제회복을 목표로 최대한 많은 여분의 재원을 교육 및 인프라 구축, 그리고 청정에너지 경제로의 이전을 위해서 지출한 것으로 보인다. 또한 수혜자 혜택 프로그램(entitlements)에 대한 지출이 줄어든다 해도 여전히 국민적인 인기가 있는 노인의료보험(Medicare)이나 사회보장(Social Security) 등의 대폭 삭감은 단기적으로 어려울 것으로 보인다. 이러한 상황에서 예상되는 국방비 지출의 삭감은 미국이 안정적이고 예측가능한 방식으로 외교 및 안보정책을 수행하는 것을 어렵게 만들고, 경우에 따라서는 방위비 분담 등의 문제를 놓고 한국 등 아시아의 전통적 양자동맹 국가와의 충돌을 야기할 수도 있다.

미국의 아시아 및 중국정책에 영향을 끼칠 수 있는 두 번째 매개변수는 중동에서 미국의 역할축소의 정도와 관련된 문제이다. 위에서 언급한 대로 미국은 국내경제 회복과 이와 관련된 재정적자 문제의 해결을 위해서 과거처럼 적극적으로 중동문제에 개입할 수 없는 상황에 처해 있다. 이미 언급했듯이 2011년 11월 미국의 아시아 회귀정책의 출현은 아시아 지역의 전략적, 경제적 중요성 때문인 것은 분명하지만, 이와 함께 막대한 재정지출을 요하는 중동에서의 두 개의 전쟁을 매듭짓는 과정에서 나온 것도 사실이다. 그만큼 미국은 부시 행정부 당시처럼 이 지역에 군사적으로 개입하는 것을 최대한 자제하고, 이러한 조치를 통해서 절감될 수 있는 예산을 국내경제의 회복에 전용하려는 의도를 지니고 있다. 그러나 이러한 중동지역에 대한 미국의 구상이 미국이 의도한대로 현실화될 수 있을 것인지는 아직은 의문이다.[3]

....

[3] 이러한 의문은 미국이 과거와 같이 상당한 재원을 들여가면서 이 지역에 군사적 개입을 하는 상황이 또다시 전개될 것이라는 점을 주장하는 것은 아니다. 세계최대의 석유매장지역이고 핵무기 개발을 시도하는 이란의 위협이 존재하며, 사실상의 동맹국인 사우디아라비아나 이스라엘 등이 존재하는 중동의 전략적 중요성은 언제든지 미국의 군사적 개입을 불러올 수 있다. 그러나 이 지역에서 미국의 사활적인 이익이 구체적이고 실질적으로 위협받지 않는 이상 ―예컨대 이란의 핵개발로 인해서 중동의 위기가 극단적

물론 아시아 중시정책은 물론 아시아로의 회귀라는 미국 외교 정책의 전환이 중동을 방기하는 것이 아니며, 중동은 여전히 미국이 외교, 안보의 측면에서 가장 주목하는 전략적 지역이라는 점에 대해서는 재론의 여지가 없다. 문제는 미국이 그 전략적, 경제적 중요성으로 인해 회귀를 시도할 만큼 긴요한 지역인 아시아에 대해서, 자신이 의도한 만큼 충분한 전략적 주의력을 집중할 수 없을 정도로 중동지역이 미국의 지속적인 관심과 외교적 개입을 촉구할 수 있다는 점이다. 따라서 중동에서의 사태진전은 아시아 회귀는 물론 오바마 행정부 이후 꾸준히 추진되어 온 아시아 중시 정책에도 일정 부분 영향을 미칠 수 있을 것으로 보인다.

　　이미 알려져 있듯이 2010년 말 이후 중동 민주화(Arab Spring)가 확산되면서 중동과 북아프리카 지역은 또다시 미국과 유럽의 관심을 불러일으키고 있다. 이러한 중동 민주화의 과정에서 비록 권위주의국가였으나 전통적인 미국의 우방국가였던 이집트의 무바라크(Hosni Mubarak) 대통령이나 예멘의 살레(Alil Abdullah Salleh) 대통령이 물러나면서 오히려 이 지역에 대한 미국의 안정적 관리 능력은 약화된 측면이 있다. 더 나아가 이러한 민주화 과정에서 중동지역의 정세가 향후 어떠한 방향으로 진정될 지 역시 지속적으로 미국과 세계의 관심의 대상이 되고 있다. 뿐만 아니라 시리아 내전, 팔레스타인과 이스라엘 간의 지속적인 대립, 이란 핵개발 위협, 파키스탄의 비우호적 태도, 그리고 알케이다 등 테러 세력으로 북아프리카

....
으로 고조되거나 이스라엘의 존재가 위협받는 경우가 아니라면— 미국이 현재의 상황에서 다시금 이 지역에서 군사적으로 개입할 가능성은 그다지 크지 않다. 문제는 아시아로의 "회귀"에 걸맞게 중동에서 미국이 외교정책의 주의력을 아시아로 온전히 돌릴 수 있을 것인가 하는 점이다.

및 서아프리카 등지로의 세력 확대 등 일련의 상황은 미국이 지속적으로 이 지역에 관심을 보이고 개입해야 할 것을 요청하고 있다. 이러한 상황에서 미국이 중동에서 두 개의 전쟁을 종식시켰다고 해서 아프간 철군이 완료되는 2014년 이후 부담 없는 중동정책과 보다 집중된 아시아 및 중국정책을 실시할 수 있을지는 여전히 의문이다. 이에 대한 답변은 중동지역의 상황전개에 따라서 달라질 수 있을 것으로 보인다.

2.3. 미국의 아시아 "회귀"정책의 지속과 전망

위에서 이미 밝혔듯이 미국은 오바마 행정부 등장 이후 꾸준히 아시아 개입정책을 실시하였고, 2011년 11월 이후 "아시아로의 회귀"라는 용어를 지속적으로 사용하고 있다.[4] 오바마 제2기 행정부 하에서도 아시아를 중요시하는 정책은 지속될 것으로 보인다. 이는 무엇보다도 아시아 지역이 지니는 경제적, 전략적 중요성 때문이라고 판단된다.

　문제는 이러한 아시아 중시정책이 2011년 11월 이후 나타난 클린턴 국무부 장관의 아시아 "회귀"정책을 그대로 받아 들여 추진될 것인가의 문제이다. 그리고 그러한 아시아 회귀정책이 지속된다면 이러한 정책이 어느 정도의 속도와 강도를 지니고 추진될 것인가 하

....

[4]　아래에서 설명될 것이지만 클린턴 국무부 장관의 후임으로 등장한 케리 국무부 장관은 미국의 아시아 및 중국정책을 "회귀"정책으로 부르는 것에 대해서 거부감을 보이고 있어 일련의 조정이 예상된다. 오바마 제2기 행정부 출범 이후 아시아 "회귀"라는 표현은 상당히 빈도수가 줄어든 것이 사실이다.

는 점이라고 생각된다. 이러한 속도 및 강도를 결정해 주는 요소는 -우발적이고 상황적인 변수를 제외하고 본다면- 역시 중동문제의 진전 상황과 중국변수일 것이다. 그리고 이러한 변수에 따라서 미국의 아시아 회귀정책은 문자 그대로 아시아 지역을 미국외교의 핵심적 축으로 하는 회귀로 지속될 수도 있고, 혹은 회귀보다는 약화된 형태로 아시아 중시정책 정도로 조정될 수도 있다고 보인다.

먼저 미국의 아시아 회귀 정책의 속도와 강도에 있어서는 두 가지 정도의 시나리오가 가능할 것이다. 한 가지 시나리오는 미국이 예정대로 2014년 아프간 전쟁을 매듭짓고 중동에서 연(軟)탈출 (soft-exiting)하여 상당한 정도 아시아에서의 미국이 현재와 미래이익을 집중적으로 추구할 것이라는 시나리오이고, 다른 하나의 시나리오는 미국이 아시아 회귀 정책을 지속하되 중동문제의 점증하는 중요성으로 인해서 그 정도가 강도가 완화될 것이라는 전망이다. 후자의 경우라면 아시아로의 회귀보다는 단순히 아시아 중시정책 혹은 개입정책 정도로 그 개념이 수정되어야 할 필요도 있을 것으로 보인다.

이 두 가지 시나리오는 모두 과연 중동지역에서 미국이 연탈출할 수 있을 것인가, 아니면 비록 전쟁을 종식시키고 장기적인 군사주둔은 더 이상 허용하지 않더라도 지속적으로 중동사태에 개입하고 외교력을 집중할 수밖에 없는 상황이 지속될 것인가의 문제라고 할 수 있다. 현재 중동에서 진행되는 상황을 보면 알케이다 등 국제적인 테러조직은 지속적으로 북아프리카 지역으로 확산되는 형세이고, 중동 민주화 운동은 여전히 이 지역의 정세를 불안정하게 만들고 있다. 이와 아울러 이란의 지속적인 핵 위협은 미국 오바마 행정부가 추구해온 "핵없는 세상"의 실현에 정면 도전하는 것이고, 이스라엘의 이란 핵시설 폭격을 위험성과 이로 인한 아랍지역 분쟁의 확대 가능성을 내포하고 있다. 또한 이스라엘 정착촌 문제를 둘러싼 이스라엘과 팔레스타인의 분쟁 역시 언제 갈등이 재연될지 모르는 상황이다.

이러한 현실을 반영하듯이 최근 청문회 석상에서 오바마 제2기 행정부의 외교수장으로 등장한 케리 국무부 장관 지명자는 미국의 아시아 회귀정책이 미국이 중동에서 손을 떼는 것을 의미하지 않는 것임을 분명히 했다. 물론 미국외교를 분석하는 사람들 가운데 미국의 아시아 회귀정책을 중동에서 미국이 손을 떼는 정책으로 이해하는 사람은 거의 없다고 보인다. 그러나 케리 국무부 장관 지명자가 이러한 발언을 한 것은 그만큼 중동지역에서 미국이 연탈출하는 것이 쉽지 않을 것임을 시사하는 것이다. 이와 관련하여 케리 국무부 장관 지명자는 또한 자신의 우선적인 임무는 무엇보다도 중동에서의 두 전쟁을 원만하게 마무리하고, 아랍-이스라엘 갈등, 시리아 문제, 중동 민주화 등을 차질 없이 관리해 나가는 것이라고 언명하고 있다.

이러한 중동사태의 진전과 함께 미국의 아시아 회귀정책에 영향을 미칠 수 있는 또 다른 변수는 중국의 반응이라고 할 수 있다. 근본적으로 아시아 회귀정책은 아시아 지역의 전략적, 경제적 가치를 높이 평가하면서 미국이 향후 아시아 거주국가로서 아시아 지역에 외교력을 집중하겠다는 의지의 표현이라고 할 수 있다. 그리고 미국의 아시아 회귀정책은 오바마 대통령이나 클린턴 장관이 지속적으로 강조했듯이 중국을 봉쇄하기 위한 것이 아니며, 오히려 중국의 번영 및 협력을 필요조건으로 하는 정책이라고 할 수 있다. 그리고 이미 제1장에서 설명한 바대로 이러한 중국의 번영과 협력을 이끌어 내기 위해서 미국은 기존강대국과 신흥강대국 간의 관계가 반드시 갈등적인 관계일 필요가 없다는 점을 지속적으로 강조했으며, 중국이 국제사회의 규범과 제도에 따를 경우 미국은 얼마든지 중국의 번영을 위해서 협력할 의지와 의사가 있음을 표명하였다.

그러나 미국의 아시아로의 외교적 집중노력에 대해서 중국이 이를 자신에 대한 봉쇄로 인식할 경우 미국은 이러한 아시아 회귀정책의 속도나 강도를 늦출 수밖에 없을 것으로 보인다. 이와 관련하여 케리 국무부 장관 지명자는 아시아로의 "회귀"라는 표현이 너무 강한 것이며, 이러한 표현은 자칫 미국이 아시아 전역에서 중국을 포위(circle)하는 인상을 줄 수 있다고 언급하고 있다. 이와 관련하여 케리 국무부 장관 지명자는 미국이 아시아에 지나치게 군사력을 집중하는 것은 이러한 중국 봉쇄의 인상을 주는 것임으로 바람직하지 않다고 보고 있다(Economy 2013).

이와 같이 중동요인과 중국변수를 동시에 고려해 볼 때 미국의 아시아 회귀정책이 "회귀"라는 표현에 걸맞게 지속될 수 있는 가장 적절한 조건과 가장 적절하지 않은 조건을 나누어 생각해 볼 수 있을 것이다. 전자는 미국이 중동에서 연탈출하고 미국이 국내의 재정적 압박에도 불구하고 적절한 군사비 지출을 통해서 아시아와 아시아 안보 동맹국가에 대한 안보공약 유지해 나가는 경우이다. 이 경우 미국이 군사적 존재감이 중국의 반발을 불러오지 않을 수 있다면 미국의 아시아 회귀정책은 기존 동맹국과의 관계를 돈독히 하고 중국의 협조를 유도하면서 성공적으로 이행될 수 있을 것으로 보인다. 그러나 미국의 군사적 존재감이 지나치게 강화되거나 기존 미일동맹 등 기존 미국중심의 양자 동맹관계가 지나치게 공세적인 양상을 띨 경우 중국의 반발이 있을 수 있어 아시아 회귀정책이 미중 간

는 보이지 않는다. 이는 한국의 이명박 행정부 출범 이후 남북관계가 지속적으로 경색된 현실과 맞물려 있기도 하고, 북한 핵문제 해결을 위한 6자회담이 작동되지 않는 것과도 관련이 있기도 하다. 그리고 북한 핵문제를 한국이 주도해서 해결책을 마련하거나, 북한에 대해서 가장 영향력이 큰 중국이 적극적인 역할을 수행해 주기를 원하기 때문이기도 하다.

그러나 근본적으로 미국이 전략적 인내 정책으로 일관해 온 데에는 이란 핵개발만큼 북한의 핵개발을 위협적인 것으로, 혹은 지역 내에서 안보적인 파장이 큰 것으로 생각하지 않았기 때문인 것으로 판단된다. 이러한 판단에 따라서 미국은 미국 자신보다는 한반도 비핵화의 당사자인 한국과 6자회담의 주최국인 중국이 영향력을 발휘해 주기를 희망해 왔다. 그리고 무엇보다도 북한의 태도가 전혀 변화가 없는 상황에서 미국은 북한과의 대화를 통해서 핵문제를 해결한다는 것은 사실상 불가능하다고 판단했을 수도 있다. 그리고 북한의 제3차 핵실험 이후에도 미국은 북한에 대해서 본격적인 단독 혹은 다자적인 군사적 조치를 고려하기 보다는, 유엔 안보리에서 중국의 협력을 통해서 더욱 강화된 제재조치를 북한에 대해서 강제하고자 했다.[6]

최근 국방부 장관으로 지명된 헤이글(Chuck Hagel) 전 네브라스카 상원의원은 청문회 석상에서 북한을 핵보유국(nuclear power)으로 언급하여 논란을 불러일으킨 바 있다. 이러한 발언은 비록 청문회 석상의 발언이기는 하지만 북한을 핵보유국으로 인정하지 않는

....

[6] 그러나 이러한 유엔 안보리 중심의 대처 역시 금융제재를 다시 포함시키고는 있지만 중국의 반대로 인해서 북한에 대한 무력사용 조치는 배제했다(중앙일보 2013. 3. 6).

다는 미국의 공식적인 입장과는 배치되고 있다. 그러나 헤이글 장관 지명자의 발언은 북한을 사실상의 핵보유국으로 보는 많은 학자나 연구기관의 인식과 일치하고 있다. 이미 북한이 핵을 보유한 국가라는 미국의 인식은 한편으로는 북한이 군사적으로 매우 위협적인 존재가 되었음을 인정하는 것이기도 하지만, 북한의 비핵화가 사실상 불가능하다는 점을 간접적으로 시인하는 것일 수도 있다. 따라서 미국의 향후 북한 핵문제에 대한 접근 방식 역시 북한이 이미 핵보유국이 되었기 때문에 현실적으로 비가역적이고 완전한 핵무기 폐기는 어렵다는 전제하에 추진될 가능성이 높다.

이러한 전제하에서 향후 미국이 북한의 핵문제와 관련하여 북한 핵의 항구적인 폐기를 목표로 한다면, 오바마 행정부가 취할 수 있는 선택은 매우 제한되어 있을 것으로 보인다. 대강 두 가지 정도의 선택이 가능할 것 같은데 하나는 군사적 수단을 사용하는 것이며, 다른 하나는 소위 외교적인 빅딜이라고 판단된다. 우선 군사적 수단의 경우 미국이 이를 구체적으로 고려하는 것은 북한의 핵개발의 속도 및 운반수단의 진전, 국제 테러조직 등에 대한 북한 핵물질의 해외 유출, 미국의 동맹국인 한국의 안보상의 심각한 위협이나 북한 핵무기의 미국 본토 공격 가능성 여부 등에 의해 결정될 것으로 보인다. 그러나 한국의 생존이 위협받거나 미국의 본토공격이 가시화되는 등 극단적인 안보상의 위협의 경우를 제외하고, 중국이 북한의 최대 지원국으로 존재하는 이상 북한 핵개발 문제의 근원적인 해결을 위한 미국이 군사적으로 개입하는 현실화되기 어렵다고 보인다. 2013년 3월 초반 북한의 3차 핵실험 이후 북한에 대한 제재에 있어서 중국이 유엔 회원국의 대북 금융제재 등 보다 강화된 강제적 제재에는 동의하면서도 군사적 제재에 대해서는 반대의 입장을 강하게 표명한 것은 미국의 대북 군사력 사용과 관련하여 시사하는 바가 크다.

핵폐기를 전제로 한 북핵문제의 해결을 위해서 북한과 미국 간의 빅딜의 가능성도 거론될 수 있다. 즉 미국이 정전협정을 평화협정으로 대체하고 북한과 수교를 전제로 한 외교교섭을 진행하면서 북한이 말하는 소위 "대북 적대시 정책"을 포기할 경우 북한이 핵폐기의 경로로 들어서는 과정도 생각해 볼 수 있다. 그러나 이러한 시나리오는 궁극적으로 북한과 미국 간에 불신이 팽배한 가운데 상호 상대방의 선행적인 조치를 요구할 경우 과정과 절차를 둘러싸고 이견이 커질 수 있어 실패할 가능성이 높다. 뿐만 아니라 북한은 미국의 "대북 적대시 정책" 포기의 궁극적인 증거로서 미국의 주한미군 철수를 요구하면서 핵폐기를 미룰 수 있어 어려움이 있다. 그리고 무엇보다도 3차 핵실험을 일방적으로 북한이 실행한 상황에서 상당한 신뢰를 요구하는 양국 간 빅딜이 일어날 가능성은 단기적으로 매우 적다.

한편 미국의 북한 핵문제 해결을 위한 목표가 실제로 북한으로 하여금 핵을 포기하도록 하는 것이 아니라, 북한 핵포기를 지속적으로 압박하는 것 혹은 북한의 핵기술이나 핵물질이 북한 국경 밖으로 이전되는 것을 방지하는 것이라면, 미국은 기존의 핵확산 방지구상(the Proliferation Strategic Initiative: PSI) 등을 더욱 강화시키고 미사일 방어체계(the Missile Defense System: MD)의 광범위한 구축을 통해서 북한 핵개발의 부정적 효과를 최대한 줄여나가도록 할 것이다. 이 과정에서 미국은 한국은 물론 일본 등 한반도 주변 국가들이 이 구상에 더욱 적극적으로 참여하도록 요청할 것으로 보인다. 이 경우 북한이 만약 핵물질이나 기술의 해외 이전을 실행하고 있다는 구체적인 증거가 생긴다면 미국은 북한에 대한 압박과 제재는 더욱 강화될 것으로 보인다. 그리고 이와 같은 핵비확산이 북한 핵문제를 다루는 미국정책의 기본 노선인 경우, 미국은 한국 등 북핵 위협의 직접 당사자인 한국이 다양한 방식을 통해서 북한 핵문제의 해결을 위해서 노력해 줄 것을 요청할 것이다. 이와 관련하여 미국은 지속적으로 6자회담 개최국인 중국의 협력을 통해서 북한을 압박하도록 요청할 것이며, 이와 함께 중국과의 관계가 원만한 박근혜 행정부에 대해서 중국에 대해서 보다 적극적인 역할수행을 요청하라고 주문할 것으로 보인다.

전략적 인내라는 현상유지 정책, 외교적 빅딜, 군사적 제재, 중국이나 한국의 협조를 통한 지속적인 압박 등 미국이 북한 핵문제를 다루는 데에는 다양한 수단이 존재하고 있다. 미국이 구체적으로 어떠한 수단을 사용할 것인지는 중국의 용인과 협조여부, 북한의 태도, 한국의 입장, 그리고 북한 핵위협에 대한 평가에 의해서 결정될 것으로 보인다. 그러나 중국이 존재하는 한 한국과 미국에 대한 매우 심각한 안보상의 위협이 제기되는 경우를 제외하고 북한 핵문제의 해결을 위한 군사적 수단의 사용이 어렵다고 한다면, 미국이 대북정책은 한국에 대한 주도적인 북핵해결 노력 촉구나 중국의 협조를 통한 대북 압박, 그리고 국제적 공조를 통한 유엔의 대북 등으로 유지될 가능성이 크다.

북한의 핵문제와 아울러 미국이 아시아 지역에서 당면하고 있는 가장 큰 안보적 이슈 가운데 하나는 중국이 인근 국가들과 불협화음을 보이고 있는 해양 도서문제와 이와 관련된 미국의 항행의 자유권 등 전략적 이익을 수호하는 것이다. 오바마 행정부 제2기 역시 중국의 해양 도서 및 인근 해역에 대한 영토주권 선언에 대해서 미국은 적절한 견제의 역할을 수행하여 중국과 인근 국가들 간의 영토문제를 평화적으로 해결하고, 이를 통해서 이 지역에서 미국의 상선과 미국 해군이 자유로운 해상통로를 확보하는 것을 주요한 정책적 목표로 삼을 것으로 보인다. 이를 위해서 미국은 아시아의 기존 다자제도에 아시아 국가의 일원으로 적극적으로 참여하고 보다 확대된 역할을 수행할 것이며, 이러한 과정에서 잠재적인 양자적 파트너십을 동시에 구축해 나갈 것으로 보인다.

2009년 민주당 행정부의 출범 이후 미국이 지속적으로 강조해 왔고, 또한 2013년 1월 오바마 대통령의 취임연설에서도 다시 한번 강조된 바와 마찬가지로 오바마 대통령은 군사력 뿐만 아니라 "법의 지배(rule of law)를 통해서 다른 국가와의 차이점을 풀어가겠다고 언명해 왔다(Obama 2013). 이와 관련하여 미국은 아시아 지역과 글로벌한 차원에서 새로운 강대국으로 성장한 중국의 부상이 "법의 지배(rule of law)"와 충돌하지 않아야 된다는 점을 분명히 하고 있다. 즉 중국의 부상과 여기에서 파생되는 인근 국가와의 영토분쟁 문제를 해결하는 과정은 국제적으로 용인된 법과 제도의 틀 안에서 평화적으로 해결되어야 한다는 것이 미국의 일관된 입장이며, 중국의 공세적 외교가 이를 위반하는 경우 미국 역시 이에 상응하는 공세적 조치를 취할 것으로 보인다. 더 나아가 미국의 자신의 사활적 이익의 하나로 간주하는 항행의 자유가 중국에 의해서 현저하게 훼손될 경우 미국은 선택적 개입의 대상이 되는 이러한 이익을 수호하기 위해서 무력의 시위를 고려하게 될 것으로 보인다.

한편 일본과 중국 간에 갈등을 가져온 센카쿠섬/댜오위다오 분쟁의 평화적 해결을 위해서도 미국은 지속적인 관심과 적절한 역할을 수행할 것으로 보이며, 동시에 양국에 대해서는 모두 이 문제를 대화를 통해서 평화적으로 해결할 것을 꾸준히 촉구할 전망이다. 미국은 중국이 센카쿠섬/댜오위다오 문제를 무력을 통해서 해결하려 할 경우 이 지역이 미일안보조약의 대상임을 근거로 해서 외교적, 군사적으로 중국에 대한 압력과 시위를 병행해 나갈 것으로 보이며, 동시에 일본에 대해서는 아베 자민당 정권의 출범과 함께 우려되는 지나친 일본의 지나치게 공세적 외교와 그 결과 나타날 부작용을 염두에 두면서 일정한 수준 압력을 행사할 것으로 보인다.

　　미국의 아시아 회귀정책 혹은 아시아 중시정책은 미일 동맹 등 미국이 아시아의 전통적 우방과 이왕에 체결한 양자동맹을 그 중요한 요소 가운데 하나로 삼고 있는 것은 분명하다. 그러나 미국은 이러한 미일 양자동맹이 미국의 아시아 회귀의 연착륙을 방해하는 요소가 되어 일본을 사이에 두고 중국과 미국이 갈등의 국면으로 접어드는 것을 원하고 있지 않기 때문에, 일본이 중국뿐만 아니라 한국 등 인근 국가들과 영토문제를 둘러싸고 빈번하게 충돌하는 것을 방지하고자 할 것이다. 따라서 미국은 일본이 적절한 수준으로 군사력과 방위비를 증대시켜 아시아 지역뿐만 아니라 글로벌한 수준에서 미국의 파트너로서 긍정적인 역할을 수행하는 것을 원하면서도, 이것이 일본의 과도한 공세적 외교와 주변국과의 마찰을 초래하는 것으로 귀결될 경우 이를 견제할 것으로 보인다.

2) 경제 이슈의 도전과 전망

2011년 11월 클린턴 장관에 의해서 언급된 미국의 아시아 회귀정책은 미국의 안보상의 전략적 이해와 함께 경제적 이해를 고려하여 선언된 것으로 보인다. 미국 경제회복이라는 절대절명의 과제를 안고 출발한 오바마 행정부는 임기 초반부터 미국 수출의 증대와 무역의 확대를 통해서 국내적으로 일자리 창출을 통해 경기를 부양하려고 노력해 왔다. 이러한 노력은 임기를 통해서 꾸준히 추진되었고, 중동에서의 두 개의 전쟁이 종식되면서 아시아 회귀정책이 본격화됨에 따라서 미국은 아시아 시장에 대한 적극적인 수출증대에 노력하게 되었다. 이러한 정책의 일환에서 미국은 중국에 대해서 꾸준히 환율 절상을 요구하였고, 한국 등 아시아 국가와 다양한 자유무역협정을 체결하거나 이를 위해 노력하였다.

아시아 시장을 겨냥한 미국의 통상정책은 오바마 대통령이 주창한 환태평양 경제동반자 협정(the Trans-Pacific Partnership: TPP)의 구체적 실현과 구성원 확대를 통해서 오바마 행정부 제2기에도 지속적으로 추진될 전망이다. 현재 준비 단계에 있고 이를 위해서 다양한 회의가 개최되고 있는 환태평양 경제동반자 협정은 호주, 브루나이, 칠레, 캐나다, 말레이시아, 멕시코, 뉴질랜드, 페루, 싱가포르, 미국, 베트남이 포함되는 다자간 자유무역협정체로서 현재는 제안단계에 있으나, 미국은 이러한 환태평양 자유무역체제가 더욱 확대되고 탄력을 받을 수 있도록 한국과 일본, 그리고 더 나아가 중국의 참여를 적극적으로 촉구하고 있다. 2013년 2월 아베 수상의 미국 방문에서 논의된 주요 사항 가운데 하나도 일본의 환태평양 경제동반자 협정에 대한 협력문제였으며, 이 사항과 관련하여 미국은 일본의 긍정적인 답변을 받아내고 대신 일본의 국내 경기부양을 위한 양적 완화조치를 용인해 주었다고 전해진다.

이처럼 오바마 대통령은 아시아-태평양 지역이 21세기 미국의 경제적 번영을 위한 중요한 수출시장의 하나로 보고 환태평양 경제동반자 협정을 적극적으로 추진하고 있다. 그리고 2013년 국정연설에서 밝힌 것처럼 환태평양 경제동반자 협정을 추진함과 함께 미국과

EU 간에 미국-EU 간 대서양 무역 및 투자 동방자협정도 체결한다는 것이 오바마 대통령의 장기적 전략이다(Obama 2013b). 이와 같이 미국이 전력투구하고 있는 포괄적인 아시아-태평양 자유무역체제에 대해서 미국은 중국의 참여를 통해서 강대국으로 부상한 중국이 통상의 측면에서 국제적으로 합의된 제도와 규범에 따라서 행동해 나가도록 유도하고자 하고 있다.

클린턴 장관이 2011년 11월 언급한 미국의 아시아 회귀정책이 미국의 군사적인 존재감을 증대시켜 중국에 대한 봉쇄로 보일 수 있다는 케리 신임 국무부 장관의 지적에서 알 수 있는 것처럼, 미국의 아시아 회귀정책은 자칫 잘못하면 군사적인 차원에서 중국의 반발을 불러 올 수 있다. 따라서 군사적인 측면이 아니라 통상과 경제의 측면에서 자유무역의 확대를 통해서 중국의 참여를 요구하는 방식이 상대적으로 중국에 대해서는 덜 위협적이라고 할 수 있다. 따라서 오바마 제2기 행정부 하에서 미국의 아시아 회귀정책은 안보적인 측면에서 아시아 중시정책이나 관여정책으로 논조가 완화되어 조정될 수 있다고 보이며, 오히려 미국은 환태평양 경제동반자 협정 등을 통해서 본격적으로 아시아-태평양 지역에 개입해 들어가는 양상을 보일 수 있다. 그리고 이러한 정책이 미국의 국내적 경제상황에도 부합하여 상대적으로 국내적인 추진력을 얻어내기 쉬울 것으로 보인다.

3) 전통적 양자동맹의 강화와 다자제도에의 적극적 개입

미국의 아시아 정책이 2011년 11월에 언급된 아시아 회귀정책으로 지속되는 혹은 이보다는 논조가 약화된 아시아 중시정책으로 다소 조정되는지의 여부에 관계없이 미국의 아시아 정책은 결코 전통적인 양자동맹을 무시한 다자체제의 구축만으로는 효과적인 정책 결과를 가져올 수 없다. 전임 클린턴 국무부 장관 당시 지속적으로 지적한 것처럼 미국의 새로운 아시아 지역 다자구조는 새로운 다자적 제도의 구축과 기존 다자제도에의 적극적인 개입뿐만 아니라, 전통적인 양자 방위동맹과 양자 파트너십의 구축 등을 토대로 움직일 것이기 때문이다.

이렇게 볼 때 미국의 전통적인 동아시아 동맹국인 한국과 일본의 역할은 여전히 강조되고 중요시될 것으로 보인다. 특히 미국의 국내 경제상황이 여의치 않고 2013년 3월 1일 이후 현재(3월 6일) 자동 예산삭감(sequestration)이 작동중인 상황에서 미국의 국방비 예산이 축소된 제한적인 환경 속에서 미국은 전통적인 동맹국가인 한국과 일본이 보다 적극적인 아시아 방위분담에 나서주기를 바랄 것으로 보인다. 다만 아베 보수정권의 등장으로 인해 매우 공세적인 일본의 외교정책이 예상되기 때문에, 미국은 일본의 공세적 태도를 미국의 아시아 중시정책이라는 틀 속에서의 전략적 목표와 부합되도록 조정하는 역할을 수행할 것으로 보인다.

우선 미국은 2013년에 시작되는 한국과의 방위비 분담 재협상 과정을 통해서 한국정부에 대해 추가적인 방위비 부담을 요구할 것으로 보인다. 예상과는 달리 —혹은 예상했던 대로— 예산 자동삭감이 진행되는 상황은 역설적으로 미국이 한국에 양면게임(two-level game)(Putnam 1988)의 논리에 의거해서 한국 측의 부담액을 증가해 줄 것을 요구할 것으로 보인다. 자동적 예산삭감이 없는 상황에서도 예상되었던 바였으나 실제로 자동적 예산삭감이 실행 중인 상황에서 미국은 한국 정부에 대해서 더 강력하게 추가적인 방위비 분담분 증액을 요구할 것이다. 이와 아울러 미국은 한국이 경제성장을 토대로 구축한 경제적 위상에 부응하는 국제적 역할을 수행하여 미국이 추진하는 다양한 어젠다—대외원조, 민주주의 건설, 유엔 평화유지군 파견 등—에 보다 적극적으로 기여할 것을 요구할 것이다. 이러한 주문은 한미동맹이 단순한 양자 간 군사동맹의 차원에서 벗어나 글로벌한 차원의 전략적 파트너 관계로 격상된 현실을 반영하여 더욱 빈번하게 등장할 것으로 보인다.

2013년 북한의 제3차 핵실험이 실행된 이후 미국은 또한 한국이 미국이 주도하는 미사일 방어체계(Missile Defense: MD)에 참여해 줄 것을 권유할 것으로 보인다. 오바마 대통령의 주요한 글로벌 정책 어젠다 중의 하나가 "핵없는 세상"이라는 점을 고려할 때, 그리고 실제적으로 북한의 핵을 전면적으로 폐지할 수 있는 구체적인 방안이 없다는 점을 고려할 때, 미국은 북한 핵의 위협을 포함한 다양한 형태의 핵무기 공격의 위력을 무력화할 수 있는 미사일 방어체제를 보다 적극적으로 구상할 것이며, 이의 실효성을 높이기 위해서 한국의 참여를 적극적으로 권유할 것을 보인다.

한편 미국은 일본에 대해서도 한국과 마찬가지로 아시아 지역에서의 안보를 위해서 보다 적극적인 역할을 수행하도록 요구할 것으로 보인다. 과거 하토야마, 노다 수상 등 민주당 정권 시절 후텐마 미군 공군기지 이전문제를 둘러싸고 양국 간에 긴장관계가 있어서 일본은 미국의 기대에 부응하는 역할을 수행하지 못했다. 그러나 자민당이 일본 보수화의 물결을 타고 다시 집권하면서 탄생한 아베 정권은 "일본이 돌아왔다"는 기치하에 미국과의 관계 개선을 위해서 적극적으로 노력하고 있어서, 미국은 아시아 안보에 있어서 일본이 미국의 정책 어젠다의 추진 방향과 일치하는 방식으로 보다 확대된 역할을 수행해 주도록 요구할 것으로 보인다.

그러나 미국의 입장에서 볼 때 아베 자민당 정권의 출현은 안보 상의 역할분담에 대한 기회가 됨과 동시에, 적절하게 관리가 되지 못할 경우 미국의 아시아 정책추진에 장애요인이 될 수도 있다. 미국은 과거 민주당 정권 당시 껄끄러웠던 미일관계를 정리하고 보다 전향적인 대일관계를 도모하면서 아베 자민당 정권의 적극적인 아시아 방위역할을 주문할 수 있다. 그러나 일본이 이러한 미국의 주문에 따른 지원을 배경으로 지나치게 공세적인 외교정책을 펼치면서 중국이나 한국 등과 센카쿠섬/댜오위다오와 독도 문제를 둘러싸고 갈등을 빚을 경우 미국은 상당히 난처한 지경에 빠질 수 있다. 이는 미국이 중국의 부상을 일정 수준 견제하기 위해서 혹은 북한의 핵문제에 대해서 대응책을 모색하는 과정에서 한미일 3개국 간의 긴밀한 공조체제를 유지하고자 할 경우나, 혹은 북한 핵문제와 관련하여 북한에 대한 영향력을 행사할 수 있는 중국의 협력을 요청할 필요가 있을 때, 매우 큰 장애요인이 될 가능성이 크다. 따라서 미국은 아시아 지역에서 일정 수준 일본의 군사적 기여를 요청함과 동시에, 이러한 기여가 미국의 아시아 전략에 어긋나지 않도록 적절한 통제도 동시에 병행할 것으로 보인다.

　　오바마 제2기 행정부의 아시아 정책은 위에서 언급한 양자동맹의 적절한 활용뿐만 아니라 기존의 아시아 다자제도에 대한 적극적인 개입과 미국이 추구하는 아시아 정책에 부합하는 새로운 다자제도의 설립을 통해서 지속적으로 추진될 것으로 보인다. 미국은 2011년 11월 "아시아로의 회귀" 선언 이전인 2010년 1월 클린턴 국무부장관의 발언을 통해서 미국이 아시아의 방문국가가 아니라 거주국가임을 밝힌 바 있다. 이의 연장선상에서 미국은 아시아의 다자제도에 적극적으로 개입하여 이 지역의 이해 당사자로서 필요한 역할을 수행할 것이라고 밝힌 바도 있다. 그리고 2011년 11월 아시아 회귀정책을 선언하면서 클린턴 국무부 장관은 미국의 아시아로의 적극적인 개입이 전통적인 양자 방위동맹과 새로운 다자적 제도의 구축을 통해서 이루어질 것임을 강조한 바 있다.

　다자제도에의 참여를 강조하는 미국의 아시아 정책은 2011년 미국의 APEC 개최와 연이은 동아시아 정상회담 참석 등 아시아-태평양 지역과 관련된 다자기구에 적극적으로 개입하는 방식으로 추진되었으며, 오바마 제2기 행정부 하에서도 적극적으로 추진될 전망이다. 특히 오바마 제2기 행정부에 이르러서는 기존의 지역현안 문제를 다루는 다자기구에 대한 적극적인 참여, 그리고 이를 통한 아시아에서 미국의 존재감의 확립과 함께, 경제영역에서 환태평양 경제동반자 협정의 실질적인 출범을 통해서 미국의 다자제도 구축에 대한 노력이 더욱 거세게 추진될 것으로 보인다. 한국 등 일부 국가와의 양자적 자유무역협정만으로 미국의 실업률 해소 및 경제난국 타개가 어렵다고 보고 있는 오바마 대통령은 국정연설에서도 밝히고 있는 것처럼 아시아-태평양 지역 일대를 총괄적으로 아우르는 자유무역협정을 통해서 아시아-태평양 역내의 통상확대를 촉진하고, 이를 통해서 미국 상품의 판매로를 확보하고자 할 것으로 보인다. 중동에서의 연탈출이 어려워지고 미국의 아시아 회귀정책이 다양한 안보상의 이유로 인해 전임 클린턴 장관이 강조한 수준에서 이루어지지 못하는 경우에도, 아시아-태평양 지역에서 자유무역지대의 구축을 통한 미국의 적극적인 다자적 개입은 더욱 강하게 추진될 것으로 보인다.

3. 결론: 한국의 대미전략 제안

위에서 설명한 바와 마찬가지로 미국은 오바마 행정부 이후 부상하는 중국을 의식하면서 아시아 지역의 전략적, 경제적 가치를 높이 평가하고 아시아를 다른 어느 지역보다 중요하게 생각하는 외교정책을 실시하였다. 이러한 미국이 아시아 중시정책은 오바마 행정부가 출범한 2009년 이후 꾸준히 추진되어 왔으며 2011년과 2012년에 각각 미국은 "아시아로의 회귀"와 "미중 간의 새로운 강대국 관계"에 관한 관점을 제시하기에 이르렀다. 이러한 아시아 중심의 오바마 제1기 행정부 외교정책은 새로운 다자제도의 구축, 기존 양자동맹의 적극적 활용 및 관리, 새로운 양자적 혹은 다자적 파트너십의 구축을 통해서 추진되었다.

제2기 오바마 행정부가 출범한 2013년 이후 미국의 아시아 중시 정책이 과연 클린턴 장관이 역설한 아시아 "회귀"에 어울리는 기조로 진행될 것인지는 의문이다. 제2장에서 언급했듯이 신임 국무부 장관인 케리는 중국에 대한 포위와 중동 방기의 인상을 주는 "회귀"라는 표현에 거부감을 보인 바 있다. 따라서 미국의 아시아 "회귀"정책은 미국의 국내 경제회복 여부 및 재정문제를 둘러싼 민주당과 공화당 간의 타협 여부, 중동사태의 진전, 중국의 반응 등 다양한 변수의 독립적인 영향력과 상호작용의 영향을 받으면서 수정되고 변화될 수 있을 것으로 보인다. 그러나 그 표현이 "회귀"이건 그렇지 않든지 간에 미국이 부상하는 중국을 포함한 아시아 지역의 전략적이고 경제적인 가치를 간과하는 일은 결코 없을 것이며, 따라서 아시아 지역에 대한 관여와 개입은 지속될 것으로 보인다.

이러한 미국의 아시아 중시 정책은 안보적인 측면에서 기존의 양자 방위동맹 관계를 미국이 자신의 아시아 정책에 맞는 방향으로 적절히 관리해 나갈 것을 요구하고 있다. 이에 더하여 미국은 기존의 다자제도에 아시아 거주국가로서 더욱 적극적으로 개입하고 미국의 전략적인 필요에 따라서 새로운 다자기구를 주창하면서 아시아-태평양 정책에 대한 외교를 추구할 것으로 보인다. 그리고 미국의 이러한 다자제도의 활용은 결코 전통적인 양자동맹을 방기하는 것은 아니며, 이를 미국의 전체적인 아시아 정책에 부합하는 방향으로 업그레이드하는 방식이 될 것으로 보인다.

그렇다면 이와 같은 미국의 아시아 정책과 관련하여 한국은 향후 어떠한 방식으로 대응해야 할 것인가? 전통적인 한미동맹은 향후 어떻게 재조정되어야 하며, 이러한 조정과정에서 고려되어야 할 가장 중요한 변수들은 무엇일까? 아래에서는 위에서 설명된 미국의 아시아 정책에 대한 전망을 배경으로 한국의 적절한 대응방안에 대해 살펴보고자 한다. 이러한 대응에는 한미동맹의 문제, 북한 핵문제, 미국이 주도하는 환태평양 자유무역 동반자 협정 등 다양한 이슈들이 포함될 수 있는데, 필자는 이러한 이슈를 "다자제도를 구축을 통한 한국의 중견국 외교"와 "대미 이슈 연계전략"이라는 두 개의 틀을 통해서 설명해 보고자 한다.

3.1. 다자제도 구축을 통한 한국의 중견국 외교

1948년 정부 수립 이후 한국은 민주주의와 경제발전을 동시에 이룩한 몇 안 되는 나라 가운데 하나로 국제사회에서 평가되고 있다. 1987년 민주화 이후 지금까지 6차례의 대통령 선거를 성공적으로 실행했으며 이러한 과정에서 시민의식은 성숙하였고 정치권은 부족하지만 꾸준히 자기쇄신의 노력을 경주하고 있다. 이제 한국은 민주주의 공고화를 넘어서서 민주주의의 심화를 위한 도정으로 나아가는 단계에 접어들게 되었다. 남북분단이 가져오는 안보, 경제적 부담에도 불구하고 한국은 높은 교육수준의 인적자원과 역경을 헤쳐 나가는 특유의 우수한 국민성을 바탕으로 비약적 경제성장을 통해서 세계 10위권의 교역국이 되었다. 이를 바탕으로 이명박 행정부 당시에는 G20 정상회의와 핵정상회의를 개최하는 등 국제적 다자기구를 통해서 꾸준히 한국의 위상을 높이고 나름대로 영향력을 행사해 왔다.

　이러한 민주주의와 경제발전의 성공적 실험으로 인해 이제 한국은 민주주의 모델을 신생 민주주의 국가에 수출하게 되었고, 개도국에 대한 경제지원과 개발원조에 적극적으로 투자하기에 이르렀다. 한국의 국제적 위상이 높아짐에 따라서 한국의 국제적 기여에 대한 기대감도 높아지게 되었고, 한국정부와 민간단체들은 이러한 기대를 만족시키기 위해서 개발원조 등에 적극적인 대응을 모색하고 있다. 공공외교, 문화외교, 국가 브랜드 등의 용어가 언론에 회자되고, 한국국제교류재단 등 다양한 정부 혹은 민관단체들이 한국의 국제적 위상의 제고를 위해서 노력하고 있다. 이러한 여러 가지 우호적인 조건들은 비록 한국이 미국과의 군사적 동맹체제하에서 있는 국가이기는 하지만 한국으로 하여금 국제적 위상의 제고와 함께 소위 "중견국 외교(middle power diplomacy)"를 추진할 수 있는 적절한 여건을 제공하고 있다.

중견국 외교는 여러 가지 방식으로 정의될 수 있지만 행태적인 측면에서 다자적인 외교정책, 국제시민 의식, 타협을 통한 문제해결 등의 특징을 보이는 외교정책이라고 할 수 있다(Cooper et. al. 1993: 19 ; 김치욱 2009 : 15에서 재인용). 또한 국제적인 중요한 이슈를 적극적으로 촉진하고 이를 위한 촉매자의 역할을 수행하며, 국제분쟁에서 적절한 중재자의 역할을 수행한다는 특징을 지니고 있다(Cooper 1997 ; 김치욱 2009 : 15에서 재인용). 한국이 이러한 특징을 지닌 중견국 외교를 모범적으로 수행할 수 있는 국내외적인 여건을 충족시키고 있는지는 의문의 여지가 있지만, 다른 한편에서 보면 현재 아시아 정세의 변화하는 양상은 한국으로 하여금 중견국 외교를 수행할 수 있는 나름의 기회를 제공하고 있다고 보인다.

우선 한국은 이명박 행정부를 거치면서 다양한 형태의 다자적 기구에 적극적으로 참여해 왔고, 또한 G20 정상회담 및 핵정상회의를 개최하는 등 국제사회에서 이견의 조정과 조절에 일정한 역할을 수행해 왔다. 그리고 북핵 문제의 해결에 있어서도 미국 및 일본과의 동맹관계를 강화하면서 북한에 대한 압박의 공조를 추구하기도 했지만, 동시에 중국이 주도하는 6자회담과 유엔 안보리를 통해서 다자적이고 평화적인 방법으로 이러한 문제에 대처하고자 노력하였다. 또한 최근에는 한중일 3국 간 자유무역협정의 체결을 위해서 실무진의 협의가 시작되고 있는 상황이다.[7]

따라서 한국은 이러한 평판과 조건을 활용하여 다자제도를 통해 국익을 도모하고 북한 핵문제를 관리하며, 또한 자칫 한미동맹이 미중관계의 갈등이나 북핵문제로 인해서 북중동맹과 한미동맹 간의 대립으로 치닫지 않도록 위기를 관리할 필요가 있다. 이와 관련하여 한국은 비록 북한 핵문제를 해결하는데 효과를 발휘하지 못하기는 했지만 중국이 주도하고 있는 6자회담을 대화 창구로서 다시 작동시키고 이 공간에서 중국을 활용할 필요가 있다고 판단된다. 이와 아울러 6자회담의 한계를 보완하기 위해서 중국과 미국을 끌어들여 한미중 간의 3개국 협력체제를 작동하고 이를 제도화하여 자칫 북한 핵문제를 포함한 한반도 문제가 중국과 미국의 대립으로 치닫는 것을 방지해야 한다.[8] 북핵 문제의 해결을 위해서 미국과 양자동맹을 맺고 있는 한국과 일본이 한미일 안보협의체를 작동하는 것도 논의될 수 있으나 중국의 협력을 얻어내야 한다는 점에서 바람직하지 못하다. 따라서 한국은 한국이 주도하는 한미중

....

[7] 한국과 달리 미국의 동아시아 안보의 동맹국인 일본은 과거 군국주의의 경험으로 인해서 외교력의 확장에 내재적인 한계가 있고, 최근 아베 보수정권의 등장 이후 공세적인 외교정책을 펼치고 있어서 안정적인 아시아 개입을 원하는 미국의 입장과 배치되고 있을 뿐만 아니라, 한국 및 중국과 영토분쟁을 진행하고 있어서 적절한 안정적 중재자의 역할을 하기에는 한계가 있다. 이는 일본 및 남중국 및 동중국해에서 영토분쟁을 겪고 있는 중국도 마찬가지일 것으로 보인다.

[8] 자칫 북한 핵문제나 북한의 군사적 도발 문제를 둘러싸고 북한과 중국, 그리고 한국과 미국 혹은 일본이 각각 군사동맹의 대립양상을 보일 경우 중국과 인접한 한국으로서는 상당히 외교적 입지가 줄어들 것으로 보인다. 또한 아시아에 영향력을 미치는 두 강대국인 중국과 미국이 자신들의 전략적 판단에 따라서 대결과 협력의 두 양상을 번갈아 보이면서 상대방을 관리해 나가는데, 한국만이 미국의 복심을 읽지 못한 채 한미동맹의 논리에 따라서 미중대결의 국면에 지나치게 몰입하게 되는 경우, 중국과의 관계가 자칫 크게 악화되어 한국의 외교적 입지가 줄어들 가능성이 있다는 점을 염두에 둘 필요가 있다. 따라서 이러한 상황을 미연에 방지하기 위해서 한미중 3국 간의 협의체를 활성화할 필요가 있다.

3개국 협의체제를 창설, 강화하는데 주력해야 한다. 이러한 안보적인 측면뿐만 아니라 미국이 요구하는 환태평양 경제동반자 협정 가입논의와 함께 한중일 자유무역협정을 촉진하는 역할을 수행하여 경제적인 측면에서 나타날 수 있는 미국과 중국 간의 대립현상도 완화할 필요가 있다.

이와 아울러 한국은 기존의 아시아 다자제도 및 다자 안보기구에 지속적으로 관여하여 북한 핵문제의 심각성을 알리고 미국과 중국이 가입한 아시아 다자기구를 통해서 양국이 지속적으로 대화를 통해서 아시아 안보문제를 해결하도록 적극적으로 촉진하고 매개해야 한다. 아시아의 어떠한 다른 국가도 북한의 핵문제를 포함한 한반도 평화 및 안보와 관련하여 북한 핵위협의 직접적으로 노출되어 있는 한국보다 이러한 역할을 적극적으로 수행할 수는 없을 것으로 보인다. 중국과 영토분쟁을 겪고 있는 일본의 북핵 저지 주장은 중국에 대해서 설득력이 없고, 아시아에서 중국과 경합하고 있는 미국 역시 중국을 설득하기에는 적절한 위치에 있지 못하다. 따라서 한국은 기존의 아시아 다자기구 혹은 다자 안보기구를 통해 평화 애호국가로서의 한국의 이미지를 강화하면서, 중국과 미국이 한반도의 안정 및 북한 핵문제의 해결을 위해서 협력하거나 혹은 적어도 갈등과 대립의 상황으로 빠져드는 것은 막을 수 있어야 한다.

3.2. 한미동맹의 적절한 관리를 위한 대미 이슈연계 전략

위에서도 언급된 바 있듯이 한국은 중국의 점증하는 영향력과 중국과의 경제, 안보상의 관계를 고려할 대 북핵 문제를 포함한 한반도 문제를 둘러싸고 미국과 중국이 대립하는 양상을 보이거나 더 나아가 북중, 한미 양국이 각각 남방과 북방의 군사동맹으로 경직되면서 대립의 양상을 보이는 상황은 가능한 한 피해야 한다. 이러한 상황을 만들어 내지 않기 위해서 사전적으로 한국이 주도하는 3개국 협력체제나 기존의 아시아 다자기구의 활용에 대해서는 이미 위에서 언급한 바와 같다. 따라서 향후 한국은 한미동맹이 중국을 적대시하는 동맹으로 발전하는 것을 막을 필요가 있고, 이러한 한국의 전략적 이해관계를 현저히 훼손할 수 있는 미국의 요구가 있을 경우 이를 적절하게 대처할 수 있어야 한다.

미국이 국내 경제와 재정적 어려움을 이유로 한국이 보다 적극적으로 주한미군의 방위비 분담에 임해주기를 원하고, 또한 한미동맹이 미국의 글로벌한 구상에 따라서 전략적으로 유연하게 움직여주길 바라고 있는 상황에서, 한국은 향후 미국으로부터 반복적으로 보다 적극적인 동맹국으로서의 역할을 감당해 달라는 요청에 직면할 수 있다. 특히 북한 핵문제 더욱 위협적으로 발전해 감에 따라 한반도의 위기가 고조되고 있는 상황에서 미국은 보다 강력한 미사일 방어체제의 구축을 위해 노력하고 있으며, 이러한 노력에 한국이 동참해 주기를 바라고 있어서 한미동맹의 일원으로서 한국은 보다 현명하게 대처할 필요성이 있다.

실제로 중국은 한반도의 안정을 위한 한미동맹의 필요성과 한국 내 일정 규모의 미군의 주둔을 반대하지는 않는다. 또한 한국의 입장에서도 북한의 핵개발과 미사일 개발이 지속되는 상황에서 북한에 대한 억지의 효과를 이유로 한미동맹의 필요성과 주한 미군의 필요성을 중국에 대해서 설득할 수 있다. 그리고 한반도에서 주한 미군이 빠져나가는 상황은 오히려 일본과 미국의 관계를 강화시켜 일본이 상당히 빠른 속도로 재무장을 추진하여 동아시아에서 공세적 외교를 취할 가능성을 높여줄 수 있으므로, 이를 근거로 주한미군의 정당성을 중국에 대해서 충분히 설득시킬 수 있다.

그러나 문제는 이러한 한미동맹이 한반도의 안정과 북한의 위협에 대한 대처를 넘어서서 미국에 의해서 새로운 역할을 요구당할 경우 우리가 이러한 요구에 어떻게 적절히 대응할 것인가라고 보인다. 현실적으로 한미동맹이 한반도의 안정화 역할에만 국한되는 것은 쉽지 않을 것으로 보인다. 미국은 한미동맹을 미국의 글로벌 전략의 차원에서 새롭게 업그레이드하기를 원하고 있으며, 이러한 차원에서 과거 부시 행정부 당시 이라크 파병에 있어서 한국의 기여를 강조한 바 있다. 이와 같이 미국의 글로벌 전략 속에서 한국이 일정한 역할을 수행하면서 유엔 평화유지군 등의 역할을 통해서 국제평화와 안정에 기여하는 것을 국제사회에서 한국의 위상을 제고하는 데 기여할 수 있을 것으로 보인다.

그러나 이와 달리 한국이 중국과의 관계에서 갈등의 국면에 휘말릴 수 있는 선택을 미국이 강요할 경우 우리는 이러한 요구를 적절히 거부할 수 있고, 또한 취사선택할 수 있어야 한다. 최근 북한의 핵실험 이후 강화될 것으로 보이는 한국에 대한 미국의 미사일 방어체계 참여 요구 등에 대해서 어떠한 방식으로 대처할 것인지를 고민할 필요가 있다. 미국은 정부차원의 공식적인 입장과는 달리 사실상 북한을 핵보유 국가로 인정한 상태에서 현재 핵비확산을 추구하는 양상을 보이고 있다. 그리고 미국은 이러한 핵무기가 실전 배치될 경우 이의 효과를 상쇄시키는 차원에서 미사일 방어체계를 구축하고 있다고 보이는데, 안보동맹의 논리에 의거하여 한국의 참여를 강하게 요청할 수 있다. 이 경우 한국은 이러한 요구가 한국의 인접국가인 중국의 입장을 무시한 채 동맹의 논리에 함몰되어 미국의 요구를 받아들일 수는 없으므로 이를 거부하고 한국형 미사일 방어체계의 독자적 개발을 거론하면서 이러한 미국의 요구를 적절히 우회해 갈 필요가 있다.

미국의 미사일 방어망 구축과 함께 또한 향후 한미 관계에 등장할 수 있는 갈등적 요소는 주한 미군 방위비 분담문제라고 할 수 있다. 미국은 2007~2008년 금융위기 이후 현재 약 8% 정도의 높은 실업률로 여전히 고전하고 있으며, 경제회복은 매우 더디게 진행되고 있다. 이에 더하여 누적된 연방적자로 인한 부채로 인해서 미국의 재정구조는 매우 취약하다. 아직은 여전히 달러화에 대한 신뢰도가 높지만 미국의 방만한 재정구조는 미국에 대한 투자를 저해하고 지속적인 경제 불안 및 외국의 대미신용도에 불안 요인이 되고 있다. 이러한 상황 속에서 양당 간에 재정적자 문제의 해결을 위한 어떠한 실마리도 보이지 않은 상황에서 국방비는 상당 수준 감축되었고, 현재 자동적인 예산삭감이 진행 중이다. 이와 같은 현실 속에서 미국은 일본 및 한국 등 아시아 동맹국에 대해서 이들 국가에 주둔한 미군의 방위비 지출에 대한 현지 국가의 분담분을 상향 조정하라고 강하게 압박할 것으로 보인다. 박근혜 행정부는 2012년 대통령 선거운동 당시 내건 복지 등의 공약으로 인해서 가뜩이나 재정적인 압박이 큰 형편인데, 2014~2018년간 동안 주한 미군 방위비의 한국측 50% 분담이라는 미국의 요구는 자칫 한국의 재정구조를 악화시키고, 박근혜 행정부의 정책추진을 방해하며, 국내의 반미 감정을 불러일으켜 한미관계의 균열을 가져 올 수 있다.

이러한 방위비 분담금의 상향 조정과 관련하여 한국 정부는 적절한 논리를 내세워 이러한 요구를 완화하거나 방위비 분담의 양보를 다른 분야에서 미국의 양보로 연계시키는 이슈 연계정책을 사용할 수 있어야 한다. 우선 민주주의 국가에 고유한 양면외교의 상황을 적절히 활용하여 한국의 경제적 사정과 복지정책의 실현을 위한 예산상의 이유를 들어서 미국의 방위비 분담 증액요구를 최대로 완화시킬 필요가 있다. 이러한 미국의 요구를 그대로 수용할 경우 경제불황에서 시달리는 국민과 반값 등록금을 요구하는 젊은 대학생들을 중심으로 미국에 대한 감정이 부정적으로 선회할 수도 있다는 점을 완곡하게 전달할 필요도 있다. 또한 방위비 분담의 문제와 주한 미군 복무 정상화에 관련된 영역을 미리 명확히 구분하여 한미 간 협상은 전자에 국한되도록 해 두어야 한다.

또한 한국은 방위비 분담금 증가 문제를 향후 한미 간 다양한 현안문제의 처리와 연계해서 논의함으로써 미국의 요구에 적절히 대처할 수 있도록 해야 한다. 이와 관련하여 한국은 방위비 분담금 증액 문제를 현재 한미 간에 논의 중인 원자력 협정문제와 관련하여 한국에 유리한 방향으로 개정되도록 하는 방식이나, 혹은 한미 자유무역협정 내용 가운데 한국에 대한 독소조항으로 분류되는 국가소송제도의 재협의와 연계하는 전략을 구사할 수도 있다. 한국이 원전 수출국가임에도 불구하고 한미 원자력 협정에 구속되어 핵폐기물의 재처리의 어려움으로 인해서 환경단체의 불만이 있음을 보여주면서, 방위비 분담을 일정 수준 증가시키는 반대급부로 한미 원자력 협정 협상에서 우리측의 요구사항이 받아들여질 수 있도록 연계하는 방안을 강구할 필요가 있다. 또한 실현 가능성은 낮지만 한미 자유무역협정에 대한 국내의 불만을 근거로 방위비 분담비중의 증가 대신 한미 자유무역협정에서 가장 논란이 되고 있는 국가소송제도를 수정하는 것을 요구해 볼 수 있다.

한편 경제문제에 있어서도 한미 간 현안을 안보문제 등 기타 영역과 연계하여 적절한 해법을 찾을 필요가 있다. 미국은 현재 2009년 이후 아시아 중시정책의 추진 및 아시아 시장에 대한 수출증대와 관련하여 환태평양 경제동반자 협정의 구체적인 제도화와 실행을 위해서 전력을 투구하고 있다. 이러한 거대 자유무역 공동체의 창설과 실행을 통해서 미국은 미국상품의 해외시장을 확보하고 이를 통해서 국내실업 등 경제문제의 해결을 위해서 노력하고 있는 실정이다. 이러한 상황에서 미국은 일본과 한국에 대해서 환태평양 경제동반자 협정에 적극적으로 가입할 것을 요청하고 있는 상황이며, 또한 중국의 참여 역시 적극적으로 권유하고 있다. 아시아의 경제대국인 일본이나 중국, 그리고 G20의 일원이자 미국의 동맹국가이며 세계 10위권의 한국이 이러한 자유무역 공동체에서 제외된 상태에서 미국이 추진하는 환태평양 경제동반자 협정은 실효를 거두기 어렵다. 따라서 우선 미국은 한국과 일본 등 전통적인 동맹국가이며 미국과 함께 글로벌한 차원 전략적 파트너로 격상된 국가에 대해서 참여를 권유하고 이를 통해서 중국의 궁극적인 참여를 유도하려 하고 있다.

그러나 문제는 중국이 이러한 환태평양 동반자 협정과 관련하여 이를 경제적인 차원에서 중국의 영향력을 제한하려는 시도로 파악하고 있다는 점이다. 따라서 한국은 미국이 주도하는 이러한 협정에 참여하기에 앞서서 이러한 참여가 가져올 수 있는 손익관계를 면밀히 분석하고, 이에 참여할 경우 안보영역 등에서 미국의 양보를 얻어내도록 연계전략을 실시할 필요가 있다. 우선 환태평양 동반자 협정이 경제적으로 중국을 포위한다는 부정적인 인식을 덜어내기 위해서 2015년의 전시작전권 환수와 맞물린 주한 미군 재배치의 청사진이 중국에 거부감을 주지 않도록 사전에 적극적으로 조정해 나갈 필요가 있다. 즉 미국이 주도하는 환태평양 자유무역체제에 한국이 개입하는 대신 안보적인 측면에서 이러한 한국의 참여가 가져올 수 있는 중국과의 마찰을 최소화할 수 있는 안보적인 방안을 마련해야 할 필요가 있다. 이는 미국이 글로벌한 차원에서 추진하는 전략적 유연성이 국제적인 테러방지나 평화유지를 위한 것에 국한되며, 미국의 동맹으로서 미국의 전략적 유연성을 수용해야 하는 한국 역시 이러한 미국의 전략이 중국을 겨냥하는 것이 아님을 밝힐 수 있는 기회가 될 수 있을 것으로 보인다.

참고문헌

김치욱. 2009. "국제정치의 분석단위로서 중견국가(Middle Power): 그 개념화와 시사점."
　　『국제정치논총』 49(1): 7-35.
빅터 차. 2013. "미국이 아시아 중시 정책을 완성하는 법." 3월 6일. 32면.
중앙일보. 2013. "이제는 북한을 현실로 인정할 때가 됐다: 추수올 중국 칭화대 국제전략
　　연구소 부소장 인터뷰." 1월 10일.
＿＿＿＿. 2013. "북 돈줄 포함 제재 강화…중국도 동의." 3월 6일. 6면.

Art, Robert J.. 1998. "Geopolitics Updated: The Strategy of Selective Engagement."
　　International Security 23(3): 79-113.
Biden, Joe, Xi Jinping. 2012. "Remarks by Vice-president Biden and Chinese Vice-
　　President Xi." the state department luncheon. Feb. 14.
Clinton, Hillary. 2010a. "Remarks on Regional Architecture in Asia: Principles and Priorities."
　　Honolulu, Hawaii. Jan. 12.
＿＿＿＿＿＿. 2010b. "Joint Press Availability With Secretary of the Treasury Timothy
　　Geithner in Beijing." Beijing, China. May. 25.
＿＿＿＿＿＿. 2010c. "Remarks at Press Availability." Hanoi, Vietnam. July 23.
＿＿＿＿＿＿. 2010d. "America's Engagement in the Asia-Pacific." Honolulu, Hawaii. Oct. 28.
＿＿＿＿＿＿. 2011a. "America's Pacific Century." East-West Center, Honolulu, Hawaii. Nov. 10.
＿＿＿＿＿＿. 2011b. "America's Pacific Century." Foreign Policy. (Nov.): 1-14.
＿＿＿＿＿＿. 2012a. "Remarks at the U.S. Institute of Peace China Conference. U.S. Institute of
　　Peace." Washington, D.C.. March 7.
＿＿＿＿＿＿. 2012b. "Remarks of the Secretary of State." Beijing, China. May 4.
Cooper, Andrew F.. 1997. *Niche Diplomacy: Middle Powers After the Cold War.* New
　　York: Macmillan Press.
Cooper, Andrew F., Richard A. Hoggott, and Kim Richard Nossal. 1993. *Relocating Middle
　　Powers: Australia and Canada in a Changing World Order.* Melbourne: Melbourne
　　University Press.
Economy, Elizabeth C.. 2013. "John Kerry on China and the Pivot." *The Diplomat.* Feb. 28.
Hu, Jintao. 2012. "Address by President Hu Jintao at the Opening Session of the Fourth
　　Round of The China-US Strategic and Economic Dialogues." Beijing, China. May 3.
Obama, Barack. 2009a. "Remarks by the President to the United Nations General As
　　sembly." Office of the Press Secretary of the White House. September 23.
＿＿＿＿＿＿. 2009b. "Remarks by President Obama at Suntory Hall." Tokyo, Japan. Nov. 14.
＿＿＿＿＿＿. 2011a."Press Conference with President Obama and President Hu of the
　　People's Republic of China." Office of the Press Secretary of the White House. Jan.
　　19.
＿＿＿＿＿＿. 2011b. "Opening Remarks by President Obama at APEC Session One."
　　Honolulu, Hawaii. Nov. 13.
＿＿＿＿＿＿. 2011c."Remarks by President Obama and Prime Minister Gillard of
　　Australia in Joint Press Conference." Office of the Press Secretary of the White
　　House. Nov. 16.

_____. 2012. "Remarks by President Obama and Vice President Xi of the People's Republic of China Before Bilateral Meeting." Office of the Press Secretary of the White House. February 14.

Obama, Barack. 2013a. "Inaugural Address by President Barack Obama." Office of the Press Secretary of the White House. Jan. 21.

_____. 2013b. "Remarks by the President in the State of the Union Address." Office of the Press Secretary of the White House. Feb. 12.

Putnam, Robert D.. 1988. "Diplomacy and Domestic Politics: The Logic of Two-Level Games." *International Organization* 42(3) (Summer): 427-460.

The White House. 2009. "U.S.-China Joint Statement." Beijing, China. Nov. 17.

_____. 2011a. "U.S.-China Joint Statement." Washington, D.C.. January 19.

_____. 2011b. "Background Briefing on Obama's Meetings at ASEAN, East Asia Summit. Nov. 19.

_____. 2011c. "Fact Sheet: East Asia Summit." November 19.

4

미중 경제전략 변화와
한국의 지역경제전략

이승주

본 장은 다음에 게재된 논문을 일부 수정한 것임.

이승주. 2013. "미중일 삼각 구조와 한국의 전략적 대응: 환태평양경제동반자협정(TPP)과 역내포괄적동반자협정(RCEP)의 사례를 중심으로." 〈미국학〉 36(2): 93-122.

1. 서론

2008년 미국의 환태평양경제동반자협정(Trans-Pacific Partnership: TPP) 참여, 2011년 일본의 환태평양 경제동반자협정(Trans-Pacific Partnership: TPP) 협상 참여 의사 표명, 2012년 3월 한미 FTA의 발효, 2012년 11월 한중일 FTA 협상 개시 선언, 역내포괄적경제동반자협정(Regional Comprehensive Economic Partnership: RCEP) 2012년 11월 협상 개시 선언 등에서 나타나듯이, 최근 동아시아에서는 지역 경제 질서에 관한 다양한 구상들이 경합하는 양상을 보이고 있다. 여기에 더해 2012년 일본과 EU가 FTA 협상 개시에 합의한 데 이어, 2013년 2월 미국과 EU가 FTA 협상 개시를 선언하는 등 21세기 경제질서를 둘러싼 치열한 경쟁은 전지구적 수준에서 전개되고 있다. 지구적 차원뿐 아니라 동아시아 지역 차원의 질서 변화가 급격하게 전개되고 있는 데는 중국의 부상으로 인한 세력분포의 변화가 저변에 깔려 있다. 세계와 동아시아 차원의 경제질서의 변화를 촉진하는 근본 요인은 중국의 부상이라고 할 수 있다. 즉 중국의 부상은 글로벌 차원에서는 미중관계를 축으로 한 세계질서의 변화를, 지역 차원에서는 동아시아 지역질서의 변화를 촉진하는 직접적인 계기가 되고 있다.

중국의 부상에 따른 세계 및 지역 질서 변화의 향방에 대해서는 매우 다양한 전망이 제시되고 있다. 현실주의자들은 경제적으로 부상함에 따라 중국이 기존 세계질서에 만족하지 못해 본격적인 세력경쟁에 나설 것이고, 미국은 이에 대해 선제적 봉쇄를 추구할 수밖에 없기 때문에 미중 간의 패권 경쟁은 불가피하다고 예상한다(Mearsheimer 2003; Tellis 2013). 반면 자유주의자들은 기존의 자유주의적 세계질서는 고도로 통합되어 있고 주요 국가들의 정치경제적 이해관계 속에 확고하게 자리잡고 있기 때문에, 중국이 기존 질서의 근본적 재편을 추구하기보다는 기존 제도의 틀 내에서 자신의 이익을 추구할 것이라는 다소 낙관적 전망을 제시한다(Ikenberry 2008).

세계정치에 있어서 세력분포의 변화와 그에 따른 새로운 질서의 형성이 새삼스러울 것은 없다. 그러나 향후 미중관계 및 세계질서의 재편에 대한 전망이 이처럼 엇갈리고 있는 것은 중국의 부상으로 인해 촉발된 새로운 질서 짜기의 세계정치는 과거와 근본적으로 성격을 달리하기 때문이다. 질서 변화의 요체는 미국과 중국을 포함한 주요 국가들 사이의 '경쟁과 협력'의 역학이다. 우선 과거 패권을 다투던 국가들과 달리 미국과 중국은 하드파워에 기반한 세력경쟁을 전개하는 가운데 무역, 투자, 문화 교류, 인적 교류 등 여러 차원에서 높은 수준의 상호의존을 유지하고 있다(Shambough 2013).[1] 미중

....

[1] 데이비드 쉠보(David Shambough)은 미중관계를 'coopetition'으로 개념화하고 있다 (Shambough 2013:4)

관계는 하드파워에 기반한 양자적 경쟁과 협력에만 국한되지 않는다. 미중 양국 사이에는 지구적 또는 지역적 차원의 새로운 제도 또는 아키텍처의 형성을 둘러싼 경쟁과 협력의 역학이 전개되고 있기도 하다. 권력행사 방식 면에서 볼 때, 이는 하드파워뿐 아니라, 지식권력(knowledge power), 질서를 설계할 수 있는 능력(architectural power), 소프트파워가 모두 동원된다는 면에서 매우 복합적이다.

그러나 미국과 중국이 지구적 차원에서 경쟁과 협력의 관계를 형성한다는 것이 지역 차원에서도 그대로 유지될 것인지는 불투명하다. 중국은 지구적 차원에서는 미국이 설정한 제도, 규칙, 규범의 테두리 내에서 자국의 핵심을 증진시키는 대외정책을 구사할 가능성이 높다. 그러나 중국이 지역 차원에서도 이러한 대외정책 기조를 유지할 것이라고 단정하기 어렵다(Qin and Wei 2008). 동아시아 지역의 제도와 규범이 확고하게 형성되어 있지 않기 때문이다. 동아시아 국가들은 경제적 측면에서 상호의존적 관계를 유지하고 있지만, 이러한 상호의존 관계가 제도화 규범 차원까지 확대되어 있다고 보기는 어렵다. 동아시아 지역에서 중국의 대외정책이 보다 공세적 성격을 띨 가능성이 있는 것은 이 때문이다.

이 글은 이러한 문제의식 속에 미국과 중국의 경제 전략이 동아시아 지역질서 또는 지역주의에 미치는 영향을 검토하고, 이를 바탕으로 한국이 향후 취해야 할 지역경제전략을 고찰하고자 한다. 지역질서의 형성을 둘러싼 새로운 역학의 전개는 미국이 재균형정책을 공식화하면서 본격화되었다. 경제 전략과 관련, 미국이 주도하고 일본 참여를 공식화한 TPP에 대해, 중국이 대중국 봉쇄전략이라고 반발하고 있는 것은 잘 알려져 있다.[2] 이때 고려해야 할 것은 지구·지역 연계(global-regional nexus)이다. 즉 지구적 차원의 경쟁과 협력 구도가 지역 차원으로 투사되거나, 그 반대의 현상이 대두되고 있는 것이다. 이는 중국과 일본 사이의 동아시아 지역주의의 주도권 확보 경쟁의 변화 양상에서 잘 드러난다. 중국은 2000년대 이후 ASEAN+3를 동아시아 지역질서 형성의 기본축으로 삼을 것을 명시한 데 반해(Xinbo 2009), 일본은 지역적 범위를 확대하여 ASEAN+6에 대한 선호를 반복적으로 밝혀왔다. 동아시아 지역주의의 지리적 범위를 둘러싼 중국과 일본의 경쟁은 매우 치열하게 전개되었다. 그러나 미국의 재균형정책에 직면한 중국은 역내포괄적경제동반자협정(Regional Comprehensive Economic Partnership: RCEP) 협상 개시에 동의함으로써 ASEAN+6 틀에 사실상 합의하였다. 미국과 중국의 역학 관계가 중국과 일본 사이의 경쟁과 협력에 영향을 미치고 있는 것이다.

....

[2] 2013년 3월 아베 신조(安倍晋三) 총리는 일본의 TPP 참여를 공식 선언했다. Japan Times, 2013/03/16.

2. 중국의 부상과 미국의 재균형 전략: 지구적 차원과 동아시아 차원

2.1. 미중 경제력의 변화 추이

중국의 부상에 대한 세계의 관심과 우려는 2008년 글로벌 금융위기 이후 본격화되었다. 글로벌 경제위기 이후 하드파워 측면에서 중국의 GDP 규모가 증가하여 미국 GDP와의 격차가 빠르게 축소되기 시작했을 뿐 아니라, 서비스 부문에 의존하였던 미국 경제의 구조적 취약성이 고스란히 드러났기 때문이다. 물론 중국의 경제력이 미국의 경제력을 추월할 것인지 여부에 대한 전망은 현재와 같은 중국의 경제성장률이 기본적으로 유지될 것이라는 전제를 포함한 다양한 전제에 기반하고 있기 때문에 확정적 결론을 내리기는 어렵다. 중국의 경제력이 어느 시점에서 미국 경제력을 추월할 지에 대해서는 다양한 예측이 제시되고 있는 이유도 GDP를 구성하는 개별 요소들에 대한 전제에 따라 전망이 큰 폭으로 차이가 날 수밖에 없기 때문이다.

그럼에도 불구하고 중국이 미국을 빠르게 추격하고 있다는 점 자체는 부인하기 어렵다. Global Insight의 추산에 따르면, GDP 구매력 평가(PPP)를 기준으로 할 때, 중국의 GDP가 2016년 미국의 GDP를 추월할 것으로 전망된다(IHS Global Insight, http://www.ihs.com/index.aspx). 구체적으로 2016년 중국의 GDP가 약 16.2조 달러에 달하는 반면, 미국의 GDP는 15.2조 달러에 그칠 것이라고 추정되었다. 이후 양국의 경제력 격차는 더욱 확대되어 중국과 미국의 GDP는 2030년 각각 56.8조 달러와 21.6조 달러, 2041년 114.2조 달러와 28.8조 달러를 기록할 것으로 예상된다.

경제력 역전 현상은 지역 차원에서 더욱 빠르게 진행되고 있다. 2010년 중국의 GDP가 5.8조 달러를 기록한 반면, 일본의 GDP는 5.5조 달러에 그쳐 중국이 일본을 제치고 역내 최대 경제국으로 부상한 것이다. 중일 양국의 경제력 격차는 이후 더욱 확대되어 미국과 중국의 경제력이 역전되는 2016년에는 중국 16.2조 달러 대 일본 6.8조 달러로 약 2.4배의 차이를 보일 것으로 예상된다. 일본의 상대적 쇠퇴는 계속되어 2021년에는 인도가 일본을 제치고 동아시아에서 제2위의 경제대국으로 부상할 것으로 예측된다(〈그림 1〉 참조).

경제력 측면에서 지구적 차원의 미중 역전과 동아시아 차원의 중일 역전이 동시에 진행되고 있다는 점에서 볼 때, 미국과 일본은 중국에 대한 견제에 공통의 이해관계를 갖고 있다고 할 수 있다. 중국의 부상이 지속될 경우, 지역 차원의 경제적 주도권을 중국에게 넘겨줄 가능성이 높기 때문이다. 이는 미국과 일본의 관점에서 볼 때, 선제적 대응의 필요성이 커지고 있음을 의미한다. 최근 미국과 일본이 TPP를 통해 중국을 배제한 지역 경제 질서를 구축하는 데 협력하기 시작한 것은 이러한 맥락이다.

〈그림 1〉 경제력 변화 전망(1979~2041)

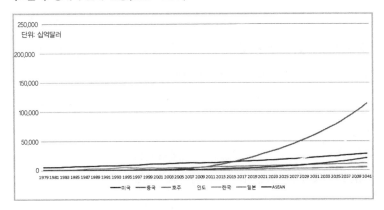

출처: IHS Global Insight, http://www.ihs.com.

2.2. 역내 경제적 상호의존의 지속: 무역과 투자

한편 경제력의 급속한 변화에도 미국, 중국, 일본, 한국 등 동아시아의 주요 국가들 사이의 경제적 상호의존은 여전히 지속되고 있다. 경쟁과 협력의 동학이 작용하고 있는 것이다. 무역의 경우, 2003년 중국은 미국의 전체 무역에서 약 9.12%를 차지하여 8.58%를 기록한 일본을 제치게 되었고, 이후 격차는 계속 확대되고 있다. 2011년 중국과 일본의 비중은 각각 13.7%, 5.3%이다(〈그림 2〉 참조). 미국의 관점에서 볼 때, 무역 파트너로서 중국의 비중이 매우 빠르게 증가한 것이다.

일본의 경우, 동아시아 역내 국가들에 대한 무역의존도가 1990년 14.5%에서 2011년 26.9%로 대폭 증가했다. 일본의 전체 무역에서 차지하는 국가별 비중을 보면, 중국의 비중이 9.1%(1990)에서 20.6%(2011)으로 두 배 이상 증가한 반면, 반대로 미국의 비중은 27.1%(1990)에서 12.1%(2011)로 절반 이하로 감소하였다.[3] 한 국 역시 역내 국가들에 대한 무역의존도가 1990년 23.7%에서 2011 년 30.4%로 증가했다. 중국에 대한 무역 의존도가 8.6%(1990)에서 20.4%(2011)로 약 2.5배 증가한 데 반해, 일본과 미국의 비중은 각각 15.2%(1990)에서 10.0%(2011), 20.6%(1990)에서 9.3%(2011)로 감소하 였다.

〈그림 2〉 미국, 중국, 일본, 한국의 상대국 무역 의존도(1999~2011)

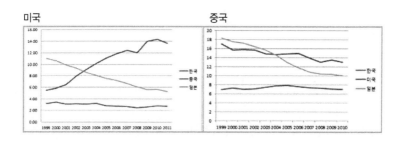

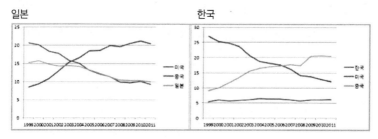

출처: KITA 홈페이지. www.kita.net.

미국, 일본, 한국의 대중 무역 의존도가 빠르게 증가한 데 반해,

....

[3] 같은 기간 중 한국의 비중은 5.4%(1990)에서 6.3%(2011)로 다소 증가하였다. KITA 홈페이지. www.kita.net.

주요 교역국에 대한 중국의 의존도는 점진적으로 하락하는 추세에 있다. 중국의 역내 무역 의존도는 25.3%(1990)에서 17.1%(2010)로 감소하였다. 일본과 미국에 대한 무역 의존도 또한 18.3%에서 10.0%, 17.0%에서 13.0%로 각각 감소하였다. 한국의 비중만 6.9%에서 7.0%로 약간 증가한 상황이다.

동아시아 지역 차원의 경제적 상호의존 역시 1990년대 이후 빠른 속도로 증가해왔다. 역내 무역의 경우, ASEAN 10개국과 한국, 중국, 일본을 포함한 ASEAN+3 국가 간 역내 무역의 비중은 1990년 약 29.4%에서 2003년 38.9%까지 증가하여 정점을 기록한 이래 2011년 38.7% 수준을 유지하고 있다. 지역적 범위를 ASEAN+3에 홍콩과 대만까지 포함할 경우, 역내 교역의 비중은 1990년 43.1%에서 2004년 55.9%까지 증가하였고, 이후 2011년에는 53.6%를 기록하였다. 지역적 범위를 다시 확대하여 ASEAN+6와 홍콩 및 대만을 포함한 역내 무역의 비중 역시 1990년 44.3%에서 2011년 55.1%로 성장했다(UNCTAD FDI database). 이처럼 동아시아의 지역적 범위를 어떻게 상정할 것인가에 따라 다소 차이가 있기는 하지만, 기본적으로 역내 무역의 비중은 꾸준히 증가하고 있다.

동아시아 국가 간 무역에서 나타나는 특징 가운데 하나는 부품교역이 빠른 속도로 증가하고 있다는 점이다. 동아시아 경제통합의 특징은 역내 무역 및 투자 의존도가 증가하고 있다는 것 이상의 의미를 지닌다. 동아시아 국가들이 최종 생산품 중심의 무역과 이를 위한 역내 투자에 그치지 않고, 생산 네트워크로 긴밀하게 연계되어 있기 때문이다. 동아시아 생산 네트워크는 1980년대 말, 플라자 합의 이후 일본이 동남아시아에 생산 기지를 이전하면서 본격적으로 형성되기 시작했다. 2000년대 이후에는 중국이 최종 생산기지로 부

상하면서 동아시아 생산 네트워크의 지리적 범위가 더욱 확대되었
다. 그 결과 세계 부품 교역에서 동아시아 국가들이 차지하는 비중
이 32.2%(1992)에서 40.3%(2007)로 급격히 증가하였다. 이 가운데 특
히 중국의 비중이 2.1%(1990)에서 14.5%(2007)로 증가한 데서 나타
나듯이, 생산 네트워크 내에서 중국의 위상이 강화되고 있다.

〈그림 3〉 역내 교역 비중의 변화(1990~2011)

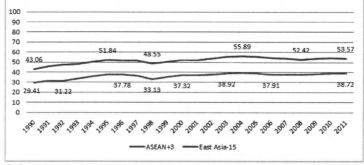

출처: IMF Direction of Trade Statistics.

역내 국가 간 투자 역시 상당히 빠른 속도로 증가하고 있다.
ASEAN+3와 홍콩 및 대만 사이의 누적 해외투자의 비중은 1990년
35.6%에서 2000년 76.4%까지 증가하였다가, 2009년 다소 감소하여
69.9%를 기록하였다. 누적 투자의 규모는 2009년 기준 약 8,998억
달러에 달한다(UNCTAD FDI database).[4]

....

[4] ASEAN+3 국가들 사이의 누적 역내 투자 비중은 1991년 22.4%에서 2009년 39.2%
까지 증가하였다(UNCTAD FDI database).

<그림 4> 역내 투자 비중의 변화(누적: 1990~2009)

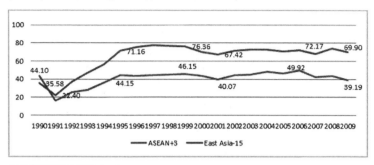

출처: UNCTAD FDI database.

3. FTA의 다자화의 양면성

역내 경제적 상호의존이 빠르게 증가하고 WTO 차원의 다자 무역 자유화 협상이 난항에 봉착하자 동아시아 국가들은 일제히 FTA를 추진하기 시작하였다. 유럽이나 북미 국가들과 달리, 동아시아 국가들은 주로 양자 FTA의 체결에 초점을 맞추었다. 동아시아 국가들이 일제히 양자 FTA를 추진한 결과, 다수의 FTA가 체결되었으나 문제는 FTA들 사이의 정합성이 현격히 떨어져 경제적 효과가 기대했던 것만큼 발생하지 않는 '누들볼 효과(noodle bowl effect)'가 초래되었다.

이러한 현상은 원산지 규정(rules of origins)과 관련하여 특히 심각하게 나타났다. 일반적으로 제조품(manufactured goods)의 경우, 원산지규정은 (1) 통합품목분류(harmonized system)에 규정된 세 번 변경 기준, (2) 부가가치 기준, (3) 생산 공정 기준 등 세 가지 유형이 적용되고 있다. 동아시아 국가들은 세 가지 가운데 하나의 원산지 규정을 적용하기보다는 세 가지 유형을 복합적으로 사용하고 있다. 실제로 2007년까지 체결된 31개의 FTA 가운데 21개의 FTA가 세

가지 유형을 혼합하여 실행하고 있다(Kawai and Wignaraja 2009). 이처럼 복합적이고 상이한 원산지 규정은 동아시아 FTA 사이의 이질성을 증대시키는 중요한 원인이 되었다. 특히 생산 네트워크 내의 무역을 주로 하는 다국적기업의 경우, 상이한 원산지 규정은 거래비용을 높이는 요인이 된다. 동아시아 국가들이 체결한 FTA의 활용도가 높지 않은 이유도 여기에 있다. 한국의 경우, 한미 FTA가 약 66%의 활용률을 보이고 있을 뿐, 기타 FTA의 활용률은 아직 낮은 수준에 머물러 있다.

최근 동아시아 주요 국가들이 FTA 다자화에 관심을 갖는 경제적 이유는 여기에 있다. 즉 관세율의 인하에 초점을 맞추었던 기존 FTA의 단점을 보완하여, 역내 무역과 투자의 연계를 실질적으로 반영하는 다자화된 FTA의 필요성에 대한 인식이 제고된 것이다(Baldwin 2011). 일반적으로 FTA의 다자화는 다수의 FTA의 중복적 체결에 따른 문제점이 대두될 때 시도된다. 생산 공정의 각 단계를 다수의 국가에 분산 배치하고 있는 초국적기업의 관점에서 볼 때, 지나치게 제한적인 원산지규정은 가치사슬을 최적화하는 데 걸림돌이 되기 때문에, 기존 FTA의 차별적 규정들을 제거 또는 완화하도록 로비를 하게 된다(Baldwin 2011).

이러한 배경에서 최근 동아시아 국가들이 한중일 FTA, 역내포괄적경제동반자협정(RCEP), 환태평양경제동반자협정(TPP) 등 다양한 형태로 기존 양자 간 FTA를 다자화하는 움직임을 보이고 있다. 그 결과 동아시아 국가들은 역내 FTA 미체결 국가들과 역외 국가들을 대상으로 한 양자 FTA를 계속 추진하는 가운데, 기존 양자 FTA의 효과를 높이기 위한 다자화를 추진하고 있다. 특히 FTA의 다자화는 비회원국들에게도 비차별적 혜택을 제공함으로써 자유무역협정의 지리적 범위를 확대하거나, '범지역적' 자유무역협정을 체결하는 방식을 취하고 있는 것이다(Ravenhill 2009a).

4. TPP와 미중일 삼각관계

FTA의 다자화는 경제적 효과를 넘어선 전략적 요소를 담고 있다. 이 가운데 동아시아 주요국들은 지역 경제질서의 주도권을 확보하려는 노력을 하고 있다. 우선 중국은 ASEAN 및 중화 경제권과의 FTA를 체결한 이후 한중 FTA, 한중일 FTA, RCEP을 추진함으로써 미국을 배제한 지역 경제질서에 대한 선호를 지속적으로 추진하고 있다. 중국의 이러한 입장은 한미 FTA의 발효와 일본의 TPP 참여 의사 표명이 이루어지면서 더욱 강화된 것으로 보인다. 한편 일본은 여전히 국내적으로 해결해야 할 문제들이 산적해 있지만 최근 TPP 협상 참여 의향을 표시하고, 일·EU FTA 협상 개시에 합의하는 등 한국을 포함한 주변 국가들에 비해 뒤쳐졌던 FTA 추진 상황을 반전시킬 수 있는 FTA 따라잡기 전략을 본격화하고 있다. 즉 일본은 TPP와 일·EU FTA를 성사시켜 한국을 능가하는 FTA 허브 국가가 되겠다는 구상을 밝히고 있다. 아세안 국가들은 2000년대 한국, 중국, 일본과 FTA를 체결한 데서 나타나듯이 '아세안 중심성(ASEAN centrality)'을 유지하기 위해 노력 중이다. 실제로 아세안은

RCEP의 출범 과정에서 상당한 역할을 하였는데, RCEP은 ASEAN
이 이미 체결한 한국, 중국, 일본, 인도, 오스트레일리아, 뉴질랜드와
의 양자 간 FTA를 하나의 FTA로 통합한다는 의미를 갖는다. 여기
에서는 미국, 일본, 중국의 지역경제전략을 중점적으로 검토한다.

4.1. 미국의 재균형정책과 TPP

오바마 행정부는 태평양 세력임을 선언함으로써 재균형정책을 공
식화하였다(Remarks by President Obama 2011.11.17). 재균형전략의
핵심은 군비 증강 및 동맹 강화와 같은 하드파워의 확대뿐 아니라,
동아시아 지역 아키텍처를 새롭게 구축함으로써 자국에 유리한 세
계 또는 지역질서를 형성하는 데 있다. 미국의 EAS 참여와 TPP 제
안은 동아시아 아키텍처 구상의 일환이라고 할 수 있다. 미국의 아
시아 귀환과 그에 따른 지역질서 구상은 중국의 지역질서 구상과
배치되는 측면이 있다.

　미국이 제도에 기반한 연성균형전략을 추진한 것은 중국의 부
상과 밀접한 관련이 있다(Chye 2012). 미국은 재균형 정책을 통해
기존의 양자 또는 다자 협력을 강화하는 한편, 태평양 지역과 인도
양 지역을 연결하는 것을 강조해왔다(Sahashi 2012.11.6). TPP는 미
국 재균형정책에서 핵심적 위치를 차지하고 있다. 미국은 재균형정
책을 효과적으로 실행하기 위해 제도적 통로를 확보할 필요가 있었
고, TPP는 미국의 이러한 목적에 부합하는 것이다. TPP가 성공적으
로 출범할 경우, 전 세계 GDP가운데 약 25%를 차지하는 경제연합
체가 탄생하게 된다. 이는 EU와 NAFTA의 경제력에 상응하는 수

준이다. 또한 RCEP이 성공적으로 출범할 경우, RCEP의 경제규모는 28.4%에 달할 것으로 예상되는데, TPP는 이에 대한 효과적인 평형전략(counterweight strategy)가 되는 셈이다.

TPP는 2006년 5월 싱가포르, 뉴질랜드, 칠레, 브루나이 등 4개국 사이의 협상으로 출범했다. 2008년 9월 미국은 향후 TPP를 FTAAP를 추진하기 위한 중간 단계로 인식하고 참여의사를 표명하였다. 이후 2010년 3월 P4 회원국과 미국, 오스트레일리아, 페루, 베트남 등 8개국이 참여한 TPP 협상이 개시되었다. 2010년 10월 제3차 교섭에 말레이시아가 참가하였고, 2011년 11월에는 일본, 캐나다, 멕시코 협상 참여를 선언함으로써 TPP 참가국은 최대 12개국에 이를 전망이다.

TPP를 통해 역내 무역에서 점증하는 중국의 영향력을 제도적으로 견제하려는 의도를 갖고 있다는 점에서, 미국은 TPP를 전략적 관점에서 접근하고 있다(Auslin 2012). TPP를 보다 광범위한 FTAAP의 전 단계로 활용해야 한다고 보는 시각 역시 미국의 전략적 고려의 한 단면이라고 할 수 있다. 오바마 대통령은 TPP를 빠르게 성장하는 아시아태평양지역과 미국을 연결해주는 고리일 뿐 아니라, 아시아태평양지역 경제 통합을 위한 강력한 수단이라고 평가하면서, 아시아 국가들의 참여를 촉구한 바 있다. 오바마 대통령은 2009년 동경에서 행해진 연설에서 "TPP가 광범위한 멤버십과 21세기 자유무역협정에 부합하는 높은 수준의 FTA를 지향할 것임을 재확인하면서, 일본의 참여를 다시 한번 요구했다(Remarks by Presiden Barak Obama at Suntory Hall 2009.11.14).

경제적 측면에서 볼 때, 미국이 주도하는 TPP는 포괄적이고 수준 높은 FTA를 지향하고 있다. 상품 무역에 관해서는 원칙적으로 전품목에 대해 즉시 또는 단계적으로 철폐하고, 서비스·투자 분야에서는 네거티브 방식으로 양허하며, 그 외 원산지 규정, 무역 원활화, 동식물 검역, 무역구제 조치, 정부 조달, 지적재산권, 경쟁정책, 투자, 환경, 노동, 분쟁 해결 등을 포함하는 매우 포괄적 협정을 지향하고 있다. 미국의 이러한 전략은 양면성을 갖는다. 미국은 고차원적 FTA에 중국이 참여할 경우, 중국은 자연스럽게 세계경제질서에 편입될 것이며 중국이 기존 체제의 근본적 재편을 시도하지 않을 것이라고 본다. 반면, 중국이 TPP에 참여하지 않을 경우, TPP는 자연스럽게 중국에 대한 봉쇄 수단이 될 수 있는 것이다.

4.2. 일본의 TPP 참여

일본은 TPP 이전에도 다양한 수준의 다자 FTA 협상에 관심을 표명한 있다. 2010년 일본 각의가 오스트레일리아와의 FTA 협상과 중단된 한일 FTA 협상을 종결하기 위해 노력하는 한편, 한중일 FTA, 동아시아자유무역권구상(EAFTA), 동아시아포괄적경제연휴구상(CEPEA) 등 다양한 수준의 FTA를 동시 추진할 것임을 명시한 것이 대표적 사례이다(閣議決定 2010). 그러나 일본의 TPP 참여는 이전의 FTA 다자화와 차별적이다.

중국의 부상에 대한 일본의 전략적 대응의 핵심은 역내외 협력의 강화를 통해 중국을 견제하는 것이다. 일본이 지역 협력의 지리적 범위를 확대하려는 것은 이러한 의도에서 비롯되었다. 일본이 ASEAN 국가들과의 FTA 체결에 적극적으로 나서는 한편, 동아시아 지역질서 형성의 기본틀로서 ASEAN+3를 확대한 ASEAN+6를 선호한 것도 이 때문이다. 지역질서가 ASEAN+3 중심으로 형성될 경우, 중국의 영향력이 과도해질 것에 대한 우려에 따른 것이었다. 따라서 일본은 직접적으로는 오스트레일리아, 뉴질랜드, 인도 등 민주주의와 자본주의의 가치를 공유하는 국가들과 연대하고, 간접적으로는 미국의 영향력을 활용함으로써 중국을 견제하는 전략을 취해왔다.[5]

더욱이 일본은 대중 무역의존도가 빠르게 증가하는 점을 감안하면, 경제적 차원의 제도적 대응 역시 필요했다. 1999년 약 9%에 불과했던 일본의 대 중국 무역 비중은 2000년대 이후 지속적으로 증가하였다. 그 결과 중국은 2006년 일본의 최대 교역국으로 부상하였고, 이는 2008년 글로벌 금융위기를 거치면서 지속되었다. 2007년 15.3%였던 중국의 비중이 2011년 19.6%까지 상승한 데서 나타나듯이, 일본의 대 중국 의존도의 증가는 수출에서 더욱 두드러진다. 대중국 수출의 증가는 일본이 글로벌 금융위기의 영향을 비교적 적게 받게 된 원인 가운데 하나였다. 그러나 대 중국 의존도의 증가는 일본의 대 중국 취약성이 증가하였음을 의미하기도 한다. TPP는 역내국가들과의 경제적 상호의존을 강화함으로써 대 중국 의존도를 조절할 수 있는 수단의 의미를 갖기도 하는 것이다.

일본의 TPP 참여는 노다 요시히코(野田佳彦) 총리가 APEC 정상회의를 하루 앞둔 2011년 11월 11일 협상 참여 의사를 표명함으로써 공식화되었다.[6] 당시 일본은 국내정치적 여건 때문에 미국, 중국

....

[5] 물론 이러한 전략이 가능했던 것은 중국이 지역 차원의 다자주의 또는 제도적 협력에 포용적 자세를 보이기 시작하였기 때문이다(Sohn 2010).

[6] 캐나다와 멕시코도 일본의 뒤를 이어 협상 참여 선언을 했다.

등 주요 교역 상대국과 FTA를 추진하지 못하였기 때문에, FTA 경쟁국들을 추격할 수 있는 제도적 수단이 필요한 시점이었다. TPP는 일본이 FTA 경쟁에 다시 나설 수 있는 주요 수단으로 인식되었다. 이러한 차원에서 노다의 전임 총리였던 칸 총리는 TPP를 제3의 개방이라고 언급한 바 있다(菅内閣総理大臣 年頭所感 2011). 또한 일본이 TPP를 통해 경제적 활력이 가장 높은 아시아태평양 지역 경제권과 유기적으로 연계될 경우, 경제 활력의 회복뿐 아니라 아시아태평양지역의 경제성장에도 커다란 도움이 될 것으로 보였다. 일본과 아시아가 동반성장할 수 있는 선순환 구조를 만드는 데 TPP가 핵심적 수단이 될 수 있다는 것이다. 즉 아시아의 빠른 경제성장에 연결함으로써 일본의 고용과 혁신을 증대시키고, 일본의 성장이 다시 아시아의 경제발전에 기여할 수 있는 구조의 창출을 TPP를 통해 실현하겠다는 것이다. 아소 총리는 2009년 4월 이러한 구상의 일단을 밝힌 'Asian Growth Initiative'를 발표한 바 있다(Aso 2009). 특히 TPP는 일본 기업들의 공급망(supply chain)을 재구축하는 데도 도움이 될 것으로 판단되고 있다. 아시아 지역에 광범위한 생산 네트워크를 형성하고 있는 일본의 관점에서 볼 때, TPP이 같이 다자화된 FTA는 생산 네트워크 내의 무역을 촉진할 것으로 기대되기 때문이다.[7]

일본의 TPP 협상 참여는 중국을 견제하는 미국의 재균형정책에 반응한다는 점에서 전략적 가치를 갖는다. 무엇보다 미국의 관점에서 볼 때, TPP의 경제적 효과를 실현하는 데 일본의 참여가 필수적이다. TPP는 고차원의 FTA를 지향하고 있는데, 일본이 빠진 채 브

....
[7] 일본 정부가 예상하는 TPP의 경제적 효과에 대해서는 内閣官房 2012 참조.

루나이, 칠레, 페루, 뉴질랜드, 싱가포르 등 소규모 국가들과 TPP가 체결될 경우, 고차원 FTA의 경제적 효과는 대폭 감소할 수밖에 없기 때문이다. 전략적 차원에서도 미국이 재균형정책을 효과적으로 실행하는 데 일본의 TPP 참여는 매우 중요한 의미를 갖는다. 미국의 이러한 입장은 노다 총리의 TPP 참여를 선언하자 "미일동맹이 일본 대외정책의 핵심으로 회귀했다"는 평가를 하는 데서 잘 드러난다(Washington Post 2012/4/19).

그러나 노다 정부는 협상 참여의사를 밝힌 이후 국내정치적 여건 때문에 1년 이상을 허비해야 했다. TPP에 대한 우려와 반대는 전통적인 보호무역 세력인 농업뿐 아니라 의료계에서도 제기되었다. 농업 부문의 반대는 특히 거세게 전개되었다. 반대진영은 TPP가 실현될 경우, 식량 자급률이 대폭 감소하고 지방 경제가 피폐화되는 일본 농업에 괴멸적 타격(壞滅的打擊)이 가해질 것이라며 격렬하게 반대했다(Asahi Shimbun 2012/2/29). 농림수산성도 TPP 출범으로 일본의 연간 농업 생산과 GDP가 각각 4.1조 엔, 8조 엔 감소할 것이라고 추산한 자체 보고서를 발간한 데서 TPP의 부정적 영향에 대한 우려는 정부 내에서 제기되었다(農林水産省 2010).[8]

이러한 움직임에 편승하여 민주당 내부에서도 TPP에 대한 반대 움직임이 전개되었다. 2010년 10월 하토야마 유키오(鳩山由紀夫) 전 총리, 가메이 시즈카(亀井静香) 전 국민신당(国民新党) 대표, 야마다 마사히코(山田正彦) 전 농림수산대신 등 민주당 의원 120여 명이 참여하는 TPP에 반대하는 의원 그룹이 결성된 것을 시작으로 TPP에

....
[8] 농림수산성의 추산은 농산물에 대한 관세 0%가 되고, 쌀 생산이 90% 감소할 것으로 가정하는 등 다소 비현실적인 전제를 하고 있기는 하다(Terada 2012).

대한 반대는 지속되었다. 결국 노다 정부는 국내정치적인 난관에 직면하여 TPP 공식 참여를 선언하는 데 1년 이상을 허비하였고 결국 2012년 12월 자민당으로 정권 교체가 이루어졌다. 이후 2013년 3월 아베 정부는 마침내 TPP 공식 참여를 선언함에 따라, TPP의 전략적 가치는 비로소 현실화되었다.

5. RCEP의 추진과 중국·일본의 경쟁과 타협

5.1. ASEAN의 중간자 역할과 RCEP의 출범

2000년대 이후 동아시아 차원의 FTA를 출범시키기 위한 노력은 전문가 차원에서 지속적으로 추진되어 왔다. RCEP은 동아시아 차원의 FTA를 형성하기 위한 구상 가운데 가장 포괄적이며, 경제 규모면에서 미국이 주도하는 TPP를 능가할 것으로 예상된다. 〈표 1〉에서 볼 수 있듯이 RCEP이 출범할 경우, 세계 인구의 49%, 세계 GDP의 28.4%에 달하는 거대경제권이 형성되는 것이다(이창재·방호경 2012). 더욱이 참여국들의 경제 성장 잠재력이 높은 점을 감안하면 중장기적으로 RCEP은 세계 최대의 경제권이 될 가능성이 높다.

〈표 1〉 경제연합체의 경제적 위상

(2011; 단위 %)

	인구	GDP	수출	수입	FDI
한중일	22.3	20.5	16.5	16.2	5.2
ASEAN+3	30.9	23.6	23.1	22.5	10.5
RCEP	49.1	28.4	26.8	26.7	14.3
TPP	7.4	25.2	38.3	38.0	35.6
EU(27)	6.7	25.8	14.2	16.2	21.6
NAFTA	9.6	29.8	20.3	22.4	28.9

출처: 이창재·방호경(2012).

　　RCEP의 출범에는 ASEAN의 태도 변화가 직접적 계기로 작용했다. ASEAN이 중국과 일본의 중개자 역할을 하면서 지역 차원의 FTA 형성에 대한 논의가 다시 진전되기 시작하였다. ASEAN이 중개자 역할을 할 수 있었던 것은 FTA의 지역적 범위에 대한 중국과 일본의 입장 차이가 여전히 해소되지 않았기 때문이다. 한편, ASEAN이 ASEAN+1 형태의 FTA와 ASEAN+3 등을 통하여 동아시아 지역질서의 구성과 관련하여 핵심적 역할을 할 수 있었던 것은 중국과 일본의 경쟁 구도의 영향도 있었지만, ASEAN 내부의 결속력이 유지되었기 때문이다. ASEAN은 원칙적으로 아세안 전체가 참여하는 FTA 협상을 선호해왔다. 그러나 싱가포르와 말레이시아, 브루나이 등 ASEAN 가운데 일부 국가들이 TPP에 참여하고, 한중일 FTA 협상이 가시화됨에 따라 ASEAN의 분열과 ASEAN 중심성의 약화에 대한 우려가 제기되기 시작했다. RCEP은 'ASEAN+3+3'의 형태를 띤다는 면에서 ASEAN의 중심성을 회복할 수 있는 대안으로 부상하였다. RCEP은 이러한 과정을 거쳐 협상 개시에 이르게 되었다. 2012년 8월 개최된 ASEAN+6 통상장관회의에서 협상 개시의 목표 시점을 2012년 11월로 설정하였고, 마침내 한국, 중국, 일본, 인도, 오스트레일리아, 뉴질랜드 등 ASEAN과 이미 FTA를 체결한 국가들이 RCEP 협상의 시작을 선언하였다.

협상 내용 면에서도 RCEP은 TPP와 차별적이다. RCEP은 원칙적으로 역내 단일 상품 양허안, 서비스 교역 및 투자 중시, 높은 개방 수준 등을 지향하고 있다. 그러나 중국, 인도, ASEAN 일부 국가들이 전면적 시장 개방을 허용하는 데 소극적인 입장을 견지하고 있기 때문에, 수준 높은 FTA를 실현하기에는 현실적으로 장애가 있다. 예를 들어, 중국은 협상 참여국들이 단기간에 합의하기 어려운 분야를 제외하고, 우선 개방이 가능한 분야를 중심으로 FTA 협상을 타결하는 방식을 선호하고 있다.[9] 더욱이 RCEP은 ASEAN의 일부 국가에 대한 차별적 조치(differential treatment)를 허용할 것으로 예상된다(이창재·방호경 2012).

따라서 RCEP의 실제 협상 과정은 개별 국가들의 상황에 대한 신축적 대응을 기본으로 할 것으로 예상된다. ASEAN 국가들의 다양성을 감안하면 협상의 신축성은 ASEAN의 결속력을 유지하는 데 유리한 조건이 된다. 실제로 ASEAN은 2011년 11월 ASEAN 정상회담에서 RCEP Framework이 제안되는 과정에서 협상의 유연성을 제고하기 위한 노력을 하였다. 원산지규정, 관세분류체계, 통관 이슈, 경제협력 관련 실무그룹을 구성하는 데 있어서 구체적인 방식은 고위경제관리회의에서 합의하도록 하는 한편, 캄보디아, 라오스, 미얀마 등 ASEAN의 최빈국에 대해서도 특별우대조치를 허용할 것

....
[9] 이는 '조기수확(early harvest)'으로 불리며, 중국·ASEAN FTA에도 이러한 방식이 적용되었다.

에 합의하는 데 동의를 이끌어낸 것이 대표적 사례이다(이창재·방호경 2012).

그러나 RCEP의 이득을 증가시키기 위해서는 기존 WTO 규칙과의 정합성을 유지해야 할 뿐 아니라, WTO-plus 쟁점을 포괄적으로 수용하고 다양한 비관세 장벽을 완화하는 데 주력해야 한다. RCEP이 해결해야 할 또 하나의 과제는 동아시아 국가들이 지금까지 체결한 FTA의 상이한 규정을 정리하는 작업이다. 동아시아 기업들이 역내 광범위한 생산 네트워크로 연결되어 있는 점을 고려하면 원산지규정의 단순화는 시급하다. 예를 들어, 한국은 다수의 FTA를 체결함으로써 역내 FTA 허브의 위치를 확보하고자 노력해왔는데, 현재까지는 허브 효과를 충분히 현실화하고 있지 못하다. 따라서 RCEP가 가시적인 효과를 창출하기 위해서는 개별 국가들의 상황을 신축적으로 고려하면서도 합리화하는 방안을 적극적으로 모색할 필요가 있다.

5.2. 미중일 삼각관계와 RCEP의 출범

2000년대 들어서면서 동아시아 지역질서의 안정에 대한 관심이 고조되면서, 중국은 지역 차원의 다자주의가 중국의 국익에 부합한다는 점을 인식하기 시작했다(Xinbo 2013). ASEAN 국가들에 대해 매력공세를 펼쳐 FTA를 적극적으로 체결한 것이나, ASEAN+3를 기반으로 한 지역통합에 대한 선호를 반복적으로 밝히고 있는 것이 이를 뒷받침한다. 그러나 일본의 TPP 참가 선언은 중국의 기존 지역전략에 일정한 영향을 미친 것이 사실이다. 중국이 일본이 TPP 참여 의사를 표명한 이후, 한중 FTA, 한중일 FTA, RCEP을 더욱 적극적으로 추진한 데서 중국의 정책적 변화가 감지된다.

TPP가 진전됨에 따라, 중국은 2012년 11월 즉각적인 반응을 보였다. 역내 국가 간 경제통합에 초점을 맞춘 '지역경제일체화'를 우선 추진해야 한다는 것이 중국 정부의 핵심 요지였다. 중국은 이러한 차원에서 RCEP이 역내 무역 자유화는 물론 지역경제일체화를 위한 중요한 단계임을 강조하였다(China News, 2012/11/20). 더 나아가 TPP가 고차원의 FTA를 지향하는 것에 대해서 원자바오(温家宝) 총리는 2012년 11월 동아시아정상회의에서 지역경제일체화를 실현하는 데 있어서 개별 국가들의 발전수준에 적합한 경로를 선택해야 한다고 강조하고, 이러한 관점에서 중국은 ASEAN을 지지하여 RCEP 협상에 적극 참여하겠다고 밝힌 바 있다(China News, 2012/11/20). 중국 정부의 이러한 방침에 따라 2012년 11월 캄보디아 프놈펜에서 개최된 동아시아 역내국간 정상회의 및 장관회의에서 한중일 FTA와 RCEP 협상 개시가 공식 선언되었다.

중국 정부는 TPP가 지역경제일체화에 부합하지 않는다는 점을 지적하고, 협상 방식에서 있어서도 개방성에 초점을 맞춘 RCEP의 차별성을 부각시킴으로써 TPP에 대한 반대 의사를 표명한 것이다. 중국이 RCEP에 동조한 것은 동아시아 지역질서에 대한 중국의 접근이 신축적으로 변화하고 있음을 보여주는 대표적 사례이다(South China Morning Post, 2012/11/07). 중국 정부가 이러한 반응을 보이고 있는 것은 TPP가 중국의 지역 아키텍처 구상에 부합하지 않는다는 생각 때문이다. 미국이 중국을 배제한 TPP를 추진하는 데 대응하기 위해 중국은 미국이 배제된 RCEP을 수용할 필요가 있었다.[10] 이 과정에서 중국은 ASEAN+3에 대한 선호를 고수하지 않고, RCEP을 적극적으로 추진하게 되었다.

결국 중국은 TPP에 대한 대응 차원에서 ASEAN+6 FTA에도 반응을 보이는 등 유연한 태도를 보이기 시작하였다. RCEP에 대해 긍정적 태도를 보이기 시작한 ASEAN과 ASEAN+6 틀을 선호한 일본에 대해 중국이 유연한 반응을 보임으로써 RCEP의 출범이 가능해진 것이다. 이는 중국이 전통적으로 선호했던 ASEAN+3의 틀을 고수하기보다 TPP를 견제할 수 있는 대안적 수단을 확보하는 데 주력하기 시작한 것으로 해석할 수 있다. 중국의 이러한 입장 전환은 미국이 제외된 어떤 형태의 지역협정도 좋다(anything without the US)는 점을 더욱 분명히 한 것이다. 중국은 TPP를 미국과 일본이 중국을 배제한 아태자유무역지대(Free Trade Area of the Asia Pacific: FTAAP)의 디딤돌로 인식하고 있기 때문이다.

결과적으로 RCEP의 출범은 중국이 동아시아 지역구상에 대한 일본의 선호를 수용함으로써, 미국을 배제한 대안적 지역구상을 마련하였다는 의미를 갖는다. RCEP 출범 이전 중국과 일본은 지역 차원의 FTA의 지리적 범위에 대한 해소하지 못한 상태였다. 2004년 ASEAN+3 정상회의 합의에 따라 동아시아자유무역지대(East Asia Free Trade Area: EAFTA)의 타당성 연구를 위한 전문가 그룹이 구성되었다. 이후 일본이 제안한 동아시아 포괄적 경제파트너십(Comprehensive Economic Partnership in East Asia: CEPEA)에 대한 공동연구가 동시에 진행되었다. 중국이 선호하는 ASEAN+3 차

....

[10] 중국의 RCEP 수용은 중국이 동남아시아 국가들과 해양 영토 분쟁을 해결하는 데 있어서 강경한 태도를 견지하고 있다는 비난에 대한 반응의 측면도 있다.

원의 FTA 논의와 일본이 선호하는 ASEAN+6 차원의 FTA 논의가 동시 진행된 것도 중국과 일본의 이견이 해결되지 못했기 때문이었다.[11] 따라서 동아시아 차원의 FTA 형성에 대한 논의가 무성했음에도 불구하고, 이 논의가 주로 전문가 차원에 머물렀을 뿐, 정부 차원의 논의로 격상되는 데는 한계를 나타냈다(이창재·방호경 2012). 그러나 TPP의 진전이라는 새로운 상황의 전개는 중국으로 하여금 기존 지역구상을 전환하도록 하였으며, RCEP은 구체적 결과물로 나타난 것이다.

....

[11] 일본의 TPP 참여에 대해서도 중국 상무부 장관 첸 드밍이 "일본의 TPP 참여가 동아시아의 다른 형태의 협력의 진전에 영향을 준다면 허용되어서는 안되며, 일본은 중국이 추진하고 있는 한중일 FTA에 초점을 맞추어야 할 것"이라고 강조한 것도 미국을 배제하려는 중국의 의도를 드러낸다(*Forbes* 2012/7/3).

6. 한국의 지역경제전략

한중 FTA, 한중일 FTA, TPP, RCEP의 진행은 경제적 효과의 창출
은 물론 지역질서의 새판 짜기라는 의미를 갖는다는 점에서 경제
안보의 연계(economy-security nexus)가 동아시아에서 강화되고 있
음을 나타낸다(Ravenhill 2009b; Pempel 2010). 경제안보 연계현상
의 근저에는 미국과 중국의 권력변화와 그에 따른 지구적·지역적
차원의 새로운 아키텍처 수립을 위한 경쟁이 작용하고 있다(Tow
2009). 중견국으로서 한국이 향후 동아시아 질서 수립 과정에서 일
정한 역할을 이러한 구조적 변화의 향방에 대한 이해가 선행되어야
한다.

현재 동시다발적으로 진행되고 있는 FTA 움직임에 대해서 한국
은 전략적 차원의 대응 원칙을 수립하고 그에 따라 선제적인 대응
을 할 필요가 있다. 첫째, 중국의 부상과 그에 따른 상호의존의 증
가는 한국에게 기회인 동시에 도전이다. 한국은 수출, 특히 대 중국
수출을 통해 글로벌 금융위기를 벗어날 수 있었다는 점에서 대 중
국 의존도의 증가는 긍정적 요인으로 작용했다. 그러나 중국에 대

한 과도한 의존은 중국에 대한 취약성을 증가시킨다는 점에서 위협 요인이다. 한국은 점증하는 대 중국 경제 의존도가 과도하게 높아지지 않도록 조절할 수 있는 제도적 수단을 확보할 필요가 있다. 이런 차원에서 RCEP 및 TPP는 시장 개방의 범위를 확대하여 다자화된 무역을 촉진한다는 점에서 한국의 이익에 기본적으로 부합하는 것이라고 할 수 있다. 다만 FTA의 다자화 순서와 내용에 대해서는 보다 구체적인 전략을 수립해야 할 것으로 보인다.

둘째, 한국은 전통적 동맹인 미국이 추진하는 재균형정책과 TPP에 대해 정책적 대응의 방향을 수립할 필요가 있다. 한국은 TPP에 대해서는 다소 소극적 입장을 유지해왔다. 한미 FTA와 같은 양자 FTA의 효과가 충분히 실현된 이후 TPP와 같은 다자화된 FTA 협상이 진전되는 것이 한국의 국익에 부합한다는 판단 때문이다. 그러나 TPP와 RCEP이 무역 자유화에 따른 경제적 효과를 넘어서는 전략적 가치를 갖고 있는 만큼, 양자 FTA의 경제적 효과의 실현에 초점을 맞춘 기존 정책은 일정 부분 조정이 불가피하다. 미국은 TPP를 통해 동아시아 국가들과의 제도적 연계를 통해 중국을 견제하고, 보다 장기적으로는 동아시아 국가들 사이를 상대로 민주주의, 시장경제, 인권과 같은 보편적 가치에 입각한 이념과 정책을 확산시키려고 노력하고 있다. 미국이 한국, 일본, 오스트레일리아, 뉴질랜드, 인도 등 보편적 가치를 공유하는 국가들과 양자 동맹을 강화하고, 이 국가들이 동아시아의 지역 제도를 주도할 수 있는 정책적 환경을 만드는 것도 이 때문이라고 할 수 있다. 이런 관점에서 볼 때, 한국은 TPP 참여 여부와 시점에 대한 전략적 고민이 필요하다. 한편, 일본의 TPP 참여가 중국의 봉쇄 의도로 해석되었던 데서 나타나듯이, 한국이 TPP에 참여하더라도 중국이 고립되지 않을 것이라는 신호를 일관성 있게 중국 측에 보낼 필요가 있다. 한중 FTA 의 신속한 타결과 발효는 중국의 우려를 불식시키는 데 유효한 방 안이 될 것이다.

셋째, 한국 정부는 그동안 양자 FTA에 기반한 FTA 허브 전략 을 넘어서 FTA 다자화 추세에 대비한 전략을 수립할 필요가 있다. 한국 정부는 한미 FTA를 통해 한국이 FTA 허브로 부상할 수 있 는 결정적 계기가 될 것으로 기대하였다. 한미 FTA는 중국이 한중 FTA에 대해 보다 적극적인 자세를 갖도록 하는 변화를 초래한 것 이 사실이다. 또한 한중 FTA 협상의 개시는 한일 FTA 협상의 재개 에도 상당한 영향을 미칠 것으로 예상된다. 이 경우, 한국이 주요국 가운데 유일하게 미국, EU, 중국, 일본과 FTA를 체결하는 국가가 되리라는 것이 한국 정부의 기대이다.

그러나 한국은 지금까지 FTA 허브 전략의 성과를 기반으로 FTA의 다자화 추세에 대한 전략적 대비를 할 필요가 있다. 한국은 FTA 허브 전략의 효과를 극대화하기 위해 FTA의 다자화에 대해서 는 신중한 태도를 취해왔다. 한국이 TPP 9개국 가운데 7개국과 이 미 FTA를 체결한 것이나, TPP의 무역 자유화 수준도 한미 FTA의 수준을 크게 넘지 않을 것이라는 점이 정부의 이러한 전략적 고려를 뒷받침한다. 그러나 RCEP이나 한중일 FTA에 대해 적극적 정책을 펼치지 못하고 있음을 감안할 때, 한국 정부는 FTA 허브 전략 이후 의 새로운 FTA의 전략적 구상을 준비해야 힐 것이다. FTA의 다자 화가 점차 확대되는 상황에서 양자 FTA에 기반한 허브 전략은 한 계가 분명하기 때문이다.

넷째, 한국 정부는 FTA 다자화 전략을 구체화할 필요가 있다. 특히 FTA 다자화 협상에 임하는 순서에 대한 전략적 접근이 필요하다. RCEP 협상은 중국과 일본을 포함한 16개국이 참여하는 협상인 만큼, 한국의 역할과 그 한계에 대한 명확한 인식이 있어야 할 것이다. 중국과 일본은 자국이 지역 구상을 주도할 경우, 상대국의 협조를 얻기 쉽지 않다는 이해를 공유하고 있다. RCEP 출범 과정에서 ASEAN이 일정한 역할을 할 수 있었던 것은 이러한 점을 전략적으로 활용할 수 있었기 때문이다. 따라서 한국은 중국과 일본의 경쟁관계를 전략적으로 활용하는 중견국 외교를 적극 실행할 필요가 있다. 그러나 RCEP의 출범 과정에서 나타나듯이, 중국과 일본 사이의 전략적 경쟁은 보다 거시적인 차원의 미중 경쟁의 틀 속에서 진행된다는 점을 인식할 필요가 있다. 즉 중국은 TPP 협상의 진전이 이루어지자 ASEAN+6의 틀을 전향적으로 수용함으로써 일본과의 협력관계를 조성하는 한편, 미국을 배제하는 지역구상에 대한 선호를 한층 강화하였던 것이다.

다음으로 한국 정부는 RCEP 협상을 진행하는 과정에서 한국의 위상을 어떻게 확보할 것인지에 대해 고민할 필요가 있다. 현재까지 한국 정부는 한중일 FTA를 우선 추진한 후, RCEP 협상에 임하겠다는 구상을 갖고 있다. RCEP 협상 참여국들이 매우 다양하기 때문에, 협상의 성공적 타결을 위해서는 한중일 협력이 중요하기 때문이다. 즉 한국 정부는 한중일 FTA 협상에서 중국과 일본 사이의 중간자 역할을 하고, 다시 이 협상에서 합의된 내용을 RCEP 협상과정에 반영함으로써 한국의 위상을 확보하겠다는 전략인 것이다. 이러한 전략은 성공적으로 실현될 경우, 한국의 이익을 제고하는 데 효과적일 것으로 판단된다. 그러나 현재 동시다발적으로 진행되고 있는 FTA 다자화 협상은 많은 불확실성이 도사리고 있어, 한국이 예상하는 순서대로 진행되지 않을 가능성도 있는 만큼, 이에 대비하는 전략(falllback strategy)이 필요하다.

한국 정부는 또한 TPP와 RCEP을 어떻게 조화할 것인지에 대한 구체적 전략을 내놓아야 한다. 미국과 중국의 관점에서 볼 때, TPP와 RCEP은 상대국을 배제하는 지역경제질서의 수립을 위한 전략이라고 할 수 있다. 한국은 미국과 중국 사이에서 TPP와 RCEP을 조화하는 방안을 모색하는 과정에서 중견국의 역할을 수행할 수 있을 것이다. 이를 위해서는 TPP와 RCEP의 경제적·전략적 의미를 재부여하는 지식권력(knowledge power)이 뒷받침되어야 한다. 예를 들어, TPP와 RCEP이 모두 보다 넓은 범위의 자유무역지대의 형성을 위한 디딤돌(building block)이라는 점을 다른 국가들에게 인식시킬 필요가 있다. TPP는 FTAAP의 실현을 위한 전단계의 의미를 갖는데, 이것이 RCEP과 반드시 배치되는 것이 아님을 미국과 중국에 설득력 있게 제시할 필요가 있다. 이러한 전략의 성공적 실행을 위해서는 ASEAN 등 다른 역내 국가들과의 협력이 요구된다.

다섯째, FTA의 다자화는 지난 10여 년 동안 한국이 추진해왔던 FTA와 다른 국내의 제도적, 정치적, 사회적 기반을 필요로 한다. 한국 정부는 한·칠레 FTA 이후 다수의 FTA를 동시다발적으로 추진해왔다. 한국 정부의 이러한 노력은 대외협상의 효율성이라는 면에서 긍정적으로 평가받을 만하다. 그러나 한국 정부는 FTA를 추진하는 과정에서 국내적으로 때로는 필요 이상의 정치적·사회적 비용을 지불했다. 한국 정부는 FTA 다자화 협상을 효율적으로 추진하기 위해서라도 국내 갈등을 적절하게 관리하는 제도적, 사회적 기반을 조성할 필요가 있다. 또한 FTA 다자화는 전략적 의미를 함께 갖는 만큼, 한국의 국익을 총체적으로 평가하여 협상에 임할 수 있는 정책결정체계를 수립할 필요가 있다. FTA 2.0에 대비할 시점이다.

〈참고문헌〉

이창재·방호경. 2012. "한·중·일 FTA 및 RCEP 협상의 개시와 우리의 대응방안. 대외경제정책연구원." 『KIEP 오늘의 세계경제』, vol. 12, no. 24.

Asashi Shinbun. 2012. "TPP would bankrupt medium-scale rice farmers, says study." http://ajw.asahi.com/article/economy/AJ201202290048. (검색일: 2013.02.8)

Aso, Taro. 2009. Japan's Future Development Strategy and Growth Initiative towards Doubling the Size of Asia's Economy. April 9. http://www.kantei.go.jp/foreign/asospeech/2009/04/09speech_e.html.

Auslin, Michael. 2012. "Getting It Right: Japan and Trans-Pacific Partnership." *Asia-Pacific Review* 19(1): 21-36.

Baldwin, Richard. 2011. "21st Century Regionalism: Filling the Gap between 21st Century trade and 20th Century Trade Rules." *Policy Insight* No. 56. Center for Economic Policy Research.

Bloomberg. 2010. "China Overtakes Japan as World's Second-Biggest Economy." http://www.bloomberg.com/news/2010-08-16/china-economy- passes-japan-s-in-second-quarter-capping-three-decade-rise.html.(검색일: 2013.01.15)

Chye, Tan Seng. 2012. "Changing Global Landscape and Enhanced US Engagement with Asia: Challenges and Emerging Trends." *Asia-Pacific Review* 19(1): 108-129.

China Daily. 2011. http://www.chinadaily.com.cn/bizchina/2011-04/26/content_ 12396645. htm. (검색일: 2013.02.11)

Chye, Tan Seng. 2012. "Changing Global Landscape and Enhanced US Engagement with Asia: Challenges and Emerging Trends." *Asia-Pacific Review* 19(1): 108-129.

Clinton, Hillary. "America's Pacific Century." *Foreign Policy*, November 2011.

Er, Lam Peng. 2006. "Japan's FTA with Singapore: The China factor and Regionalism." *Japanese Studies* 26(2): 211-220.

Harner, Stephen. 2012. "China, TPP, and Japan's Future in Asia." *Forbes* (July 3).

Hiatt, Fred. 2012. "Can Japan make the tough decisions?" *Washington Post* (April 19).

Ikenberry, G. John. 2008. "The Rise of China: Power, Institutions, and the Western Order." Robert S. Ross and Zhu Feng, eds. *China's Ascent: Power, Security, and the Future of International Politics*. Cornell University Press: 89-114.

Kawai, Masahiro and Ganeshan Wignaraja. 2009. The Asian "Noodle Bowl": Is It Serious for Business? ADBI Working Paper Series, No. 136. April.

Kurlantzick, Joshua. 2007. *Charm Offensive*. New Haven: Yale University Press.

Ng, Teddy and Reuters. 2012. "China set for East Asia trade bloc talks to stymie US." *South China Morning Post*. (November 7).

Mearsheimer, John J. 2003. *The Tragedy of Great Power Politics*. W. W. Norton.

Okada, Akihiro. 2012. "U.S. auto council opposes Japan joining in TPP talks," *Daily Yomiuri*, http://www.yomiuri.co.jp/dy/business/T120115003817.htm. (검색일: 2013.03.15)

Pempel, T. J. 2010. "Soft Balancing, Hedging, and Institutional Darwinism: The Economic-Security Nexus and East Asian Regionalism." *Journal of East Asian Studies* 10: 209-

238.

Qin, Yaqing and Wei Ling. 2008. "Structures, Processes, and the Socialization of Power: East Asian Community-building and the Rise of China." Robert S. Ross and Zhu Feng, eds. *China's Ascent: Power, Security, and the Future of International Politics.* Cornell University Press: 15-138.

Rampell, Catherine. 2012. "Putting China's Economic Power in Perspective." *New York Times* (June 15).

Ravenhill, John. 2009a. "Extending the TPP: The Political Economy of Multilateralization in Asia." Paper for Asia Pacific Trade Economists' Conference ARTNeT, United Nations Economic and Social Commission for Asia and the Pacific Bangkok, 2-3 November.

Ravenhill, John. 2009b. "The Economic-Security Nexus in the Asia-Pacific Region." William T. Tow, ed., *Security Politics in the Asia-Pacific: A Regional-Global Nexus?* Cambridge University Press: 188-207.

Remarks by Presiden Barak Obama at Suntory Hall. 2009. Tokyo, Japan. (November 14) www.whitehouse.gov. (검색일: 2013.03.15)

Remarks by President Obama to the Australian Parliament. 2011. Parliament House. Canberra, Australia. November 17. http://www.whitehouse.gov/the-press-office/2011/11/17/remarks-president-obama-australian-parliament. (검색일: 2012.12.21.)

Sahashi, Ryo. 2012. "Is Japan making the most of the US pivot?" http://www.easta siaforum.org/2012/11/06/is-japan-making-the-most-of-the-us-piv. (검색일: 2013. 03.15).

Schott, Jeffrey. 2010. "Why the Korea-United States Free Trade Agreement is a Big Deal.", *SERI Quarterly*, July 2010.

Shambough, David. 2013. "Tangled Titans: Conceptualizing the U.S.-China Relationship." David Shambough, ed. *Tangled Titans: The United States and China*, 3-28. Rowman and Littlefield.

Sohn, Yul and Min Gyo Koo. 2011. "Securitizing Trade: The Case of the Korea-US Free Trade Agreement." *International Relations of the Asia-Pacific*: 1-28.

Solis, Mireya. 2011. "Globalism Ascendant, Regionalism Stagnant: Japan's Response to the Global Financial Crisis." *The Hague Journal of Diplomacy* 6(1-2): 51-2.

Tellis, Ashely J. 2013. "U.S.-China in a Realist World." David Shambough, ed. *Tangled Titans: The United States and China*, 3-28. Rowman and Littlefield.

Terada, Takashi. 2012. "Japan and the Trans-Pacific Partnership." Sasakwa Peace Foundation USA, Policy Brief, February 2012.

The World Bank. 2012. Development Research Center of the State Council, the People's Republic of China, China 2030: Building a Modern, Harmonious, and Creative High-Income Society.

William T. Tow, ed. 2009. *Security Politics in the Asia-Pacific: A Regional-Global Nexus?* Cambridge University Press.

Wu, Xinbo (2009) "Chinese Perspectives on Building an East Asian Community in the Twenty-first Century," Michael J. Green and Bates Gill, eds., *Asia's New Multilateralism: Cooperation, Competition, and the Search for Community*. Columbia University Press: 55-77.

内閣官房. 2012. TPP交渉参加に向けた関係国との協議の結果 説明資料 2. 平成24年7月.
農林水産省. 2010. 国境措置撤廃による農産物生産等への影響試算について. http://www.
　　maff.go.jp/j/kokusai/renkei/fta_kanren/pdf/shisan.pdf.(검색일: 2013.02.28)
菅内閣総理大臣 年頭所感. 2011. http://www.kantei.go.jp/jp/kan/statement/201101/
　　01nentou.html.(검색일: 2013.02.28)
閣議決定. 2010年 11月9日. 包括的経済連携に関する基本方針. http://www.kantei.go.jp/jp/
　　kakugikettei/2010/1109kihonhousin.html.(검색일: 2013.03.11)

5

미중관계의 변화와 북한문제

전재성

1. 서론

1993년에 시작되어 현재까지 20년 간 지속된 북핵 문제는 국제상황에 따라 문제의 본질도 변화하고 있다. 1991년 구소련이 멸망하고 사회주의권이 붕괴되기 직후 시작된 북핵문제는 여전히 사회주의를 고수하고 있는 북한의 생존전략의 일환이었다. 국제정치구조는 미국 단극체제로 규정되었고 동아시아 역시 탈냉전기 미국과 동맹국 중심으로 재편되고 있었기 때문에 북한은 막대한 생존 위협 속에서 핵프로그램 개발이라는 대안을 선택했다. 2001년 9·11테러 직후 국제정치와 안보질서는 반테러전쟁의 기조 속에서 급변했고, 그 가운데 북한은 미국에 의해 "악의 축" 국가로 규정되는 한편, 핵확산의 위험이 있는 국가로 새롭게 규정되었다. 단극체제와 반테러전쟁이라는 두 가지 논리가 북핵 문제를 새롭게 조명하도록 만든 것이다.

2000년대 중반 이후 중국의 부상이 두드러지면서 미국의 전략은 반테러전쟁 이외에도 패권경쟁국의 견제라는 새로운 목적에 의해 정의되기 시작했다. 특히 2008년 경제위기 이후 지구적 차원의 주요 문제들에서 중국의 입지가 강화되고 국제정치가 소위 G2시대에 접어들고 있다는 관측이 대두하기 시작했다. 미국과 중국의 핵심이익이 새롭게 규정되고 양자 사이의 충돌이 불거지며 전략적 불신에 대한 염려가 증폭되었다.

2013년 미국 오바마 2기 행정부가 출범하고 중국의 시진핑 주석 체제가 동시에 출범함에 따라 양국 간의 새로운 관계 설정이 동아시아 뿐 아니라 세계적 관심사가 되고 있다. 오바마 행정부는 소위 동아시아 중시 전략 혹은 "재균형(rebalancing)" 전략을 추진하고 있으며, 시진핑 정부는 소위 중국의 꿈을 실현하기 위한 책임 있는 강대국 외교를 표방했다. 양국은 서로 간의 핵심이익을 존중하고 상호 공통분모를 찾아 상생하는 관계를 만들어가겠다고 선언하고 있다. 그럼에도 불구하고 중장기적으로 미중관계는 군사적 균형, 경제적 경쟁과 협력, 그리고 정체성의 갈등으로 규정될 확률이 높다.

미중 간 경쟁과 협력 관계가 동아시아 국제정치를 규정한다고 할 때, 북핵 문제는 1990년대와는 매우 다른 배경을 가지게 된다. 중국의 부상으로 한반도가 미중관계에서 가지는 지정학적 지위가 달라졌는데, 바로 한반도가 미중이 부딪히는 중요한 전략적 교차점이 되었다. 북한은 중국에게 전략적 완충지역이자 미국의 동맹국인 한국과 마주하는 교두보가 되었다. 북한은 정치외교적으로 뿐 아니라, 경제, 군사적으로도 매우 중요한 동맹국이 된 것이다. 동시에 미중은 상호 협력 속에 동아시아를 공동으로 이끌어갈 책임도 안고 있어 북핵 문제를 평화롭게 해결해야 하는 임무도 동시에 띠게 되었다. 중국은 북핵 문제를 국제규범에 맞게 해결함으로써 강대국 외교의 모범을 보여야 하는 부담도 있다.

북핵 문제는 비단 핵무기 개발, 대량살상무기 확산의 문제가 아님은 이미 명백해졌다. 북한이라는 정치체의 생존, 새로운 한반도의 거버넌스, 남북관계의 새로운 미래, 그리고 새롭게 정립된 한반도의 외교적 지향과 관련된 근본적 문제의 한 갈래이다. 따라서 북핵 문제를 다루다보면 결국 북한과 한반도를 장차 어떻게 설계해 나갈 것인가의 문제와 직면하게 된다. 미중과 같은 강대국들, 특히 동아시아의 패권을 놓고 경쟁하는 두 강대국의 입장에서 북핵 문제는 이제 새로운 중요성과 가능성을 가진 문제로 변화되는 것이다.

이 장은 변화하는 북핵 문제의 국제적 배경, 특히 미중관계가 동아시아 국제정치를 규정하는 새로운 국제정치 변수로 등장하면서 생겨난 배경을 분석한다. 북한은 이 과정에서 소위 병진 전략이라는 새로운 전략을 수립하고 2013년 도발과 외교공세의 양면 전략을 추구하고 있다. 이러한 과정에서 미국과 중국, 북한과 한국의 관계가 어떻게 변화되고 가고 있는지, 그 가운데서 한국은 북핵 문제와 북한 문제를 어떻게 풀어가야 하는지 살펴보기로 한다.

2. 김정은 체제하 북한 병진전략의 도전

김정일 시대의 선군전략은 김정은 정권하에서 병진전략으로 변화되었다. 병진전략은 "경제건설과 핵무력건설을 병진시킬데 대한 전략적로선"으로 "자위적 핵무력을 강화 발전시켜 나라의 방위력을 철벽으로 다지면서 경제건설에 더 큰 힘을 넣어 사회주의강성국가를 건설하기 위한 가장 혁명적이며 인민적인 로선"이라고 정의되고 있다. 병진전략은 북한의 국가전략의 위계 속에서 가장 상위의 전략이라는 점에 주목할 필요가 있다. 안보전략, 군사전략, 경제전략, 심지어는 사상과 문화전략을 총괄하는 전략으로 제시된 것으로서 전략 전체의 모습을 파악해야만 향후 북한의 정책과 행위를 알 수 있을 것이다.

우선적으로 눈여겨 볼 점은 병진전략이 "당의 새로운 병진로선이 급변하는 정세에 대처하기 위한 일시적인 대응책이 아니라 우리 혁명의 최고리익으로부터 항구적으로 틀어쥐고나가야 할 전략적로선"이라고 강조하고 있는 점이다. 한 국가의 전략이 국가 전체의 정치적 목적을 달성하는 정책과 수단을 연결하는 주요 매개체라고 할 때 병진전략은 북한 전체 이익의 차원에서 정의된 전략이다. 단순히 군사전략, 핵전략, 혹은 경제전략이 아니라 김정은 시대 북한의 향후 정책 방향과 연결된 장기 노선이라는 것이다.

북한은 병진노선과 이전의 노선 간의 연결성을 강조하며 병진전략의 정당성을 찾고 있다. 즉, "위대한 대원수님들께서 제시하시고 철저히 구현하여오신 독창적인 경제국방병진로선의 빛나는 계승이며 새로운 높은 단계에로의 심화발전"이라는 논리로 이를 정당화하고 있다. 병진전략의 두 축은 핵무기와 경제건설이다. 북한은 핵무기가 선군의 중요 수단이므로 "정치적 흥정물"이나 "경제적 거래물"이 아니라고 주장하고 있다. 이 점에서 북한은 김정일 시대의 선군 정치를 계승하고 있다고 볼 수 있다.[1]

북한이 핵을 개발하고 유지하는 것은 주변국가들의 소위 대북 적대시 정책을 통해 합리화하고 있다. 북한이 보는 세계는 "미국이…수단과 방법을 다하여 우리의 핵무장해제와 《제도전복》"을 추구하고 있고, "적들은 우리에게 핵무기를 포기하지 않으면 경제발전을 이룩할수 없다고 위협공갈하는 동시에 다른 길을 선택하면 잘살수 있게 도와주겠다고 회유"하고 있는 상황이라는 것이다. 이를 바탕으로 북한은 "조성된 정세와 우리 혁명발전의 합법칙적 요구에 맞게 경제건설과 핵무력건설을 병진시킬데 대한 새로운 전략적로선"을 채택했다는 것이다.

미국의 적대시 정책은 북한 미사일 발사 이후 국제연합의 대북제재를 통해 북한에게 더욱 각인된 것이다. 김정은 정권은 북한에 대한 국제적 제재가 향후 경제발전 및 정치 정당성 추구에 심각한

....
[1] 북한 조선로동당 중앙위원회 전원회의 성명, 2013년 3월 31일.

위해가 된다고 판단하고 있다. 북한은 "미국과 그 추종세력들은 우
리의 승리적인 전진을 가로막아보려고 발악하던 끝에 1월 22일 우
리 공화국의 신성한 자주권을 란폭하게 침해하는 유엔안전보장리
사회 결의라는것을 조작"했다고 논하면서, 안보리 결의는 "평화적
위성발사를 감히 비법화하고 우리 나라의 경제발전과 국방력강화
를 저해하기 위한 제재강화를 노린 포악한 적대적조치들로 일관되
여있다"고 평가하고 있다.

북한은 제재에 대처하기 위해 "유엔안전보장리사회의 부당천만
한 처사를 단호히 규탄배격"하고 "모든 결의들의 철회" 요구하는
동시에, 향후에도 "우주의 평화적리용에 관한 보편적인 국제법에
따라 자주적이며 합법적인 평화적 위성발사권리를 계속 당당히 행
사해나갈 것"이라고 밝히고 있다. "우리의 과학자, 기술자들은 인공
지구위성 광명성-3호 2호기를 성과적으로 쏴올린 그 정신, 그 기백
으로 경제강국 건설에 필수적인 통신위성을 비롯한 여러 가지 실용
위성들과 보다 위력한 운반 로케트들을 더 많이 개발하고 발사할
것"이라고 하여 미사일 발사 실험을 계속할 것은 공식적으로 발표
하고 있다.

이와 더불어 병진전략하에서는 비핵화를 위한 북한의 노력이 중
단될 것임을 천명하고 있다. 즉, 북한은 "미국의 적대시정책이 조금
도 변하지 않았다는 것이 명백해진 조건에서 세계의 비핵화가 실현
되기 전에는 조선반도비핵화도 불가능하다는 최종결론"을 내렸다
고 논하면서 "미국의 가증되는 대조선적대시정책으로 말미암아 자
주권존중과 평등의 원칙에 기초한 6자회담 9·19공동성명은 사멸되
고 조선반도비핵화는 종말을 고하였다"고 주장하고 있다. 더불어
"앞으로 조선반도와 지역의 평화와 안정을 보장하기 위한 대화는

있어도 조선반도비핵화를 론의하는 대화는 없을 것"이라고 하여 병진전략하에서는 북한의 비핵화를 위한 협상이 중지될 것이라는 점을 주장하고 나섰다.

병진전략하의 군사전략은 비단 핵전략에 국한되는 것이 아니고 다양한 군사력 증강정책을 포함하고 있다. 북한은 "날로 로골화되는 미국의 제재압박책동에 대처하여 핵억제력을 포함한 자위적인 군사력을 질량적으로 확대 강화하는 임의의 물리적 대응 조치들을 취하게 될 것"이라고 주장하면서 "적대세력들의 도발이 계속된다면 그 근원을 송두리 채 없애버리는 중대조치를 취할 확고부동한 결의에 충만"되어 있다고 주장하고 있다.[2]

병진전략의 군사적 측면은 핵무기 개발에만 관계된 것이 아니라 향후 북한의 비핵화를 둘러싼 협상전략에도 영향을 줌으로써 북한의 전반적인 외교관계 및 경제발전전략과도 밀접하게 연결되어 있다. 북한은 병진전략하에서 비핵화를 위한 모든 대화를 전면적으로 무효화하는 것으로 출발하고 있다. 북한은 자신의 비핵화의 조건으로 "미국을 비롯한 대국들의 비핵화실현"을 조건으로 내걸고 있다. 즉, "우리에 대한 미국의 적대시정책이 보다 위험한 단계에 들어서고 있는 이상 조선반도의 비핵화가 아니라 미국을 비롯한 대국들의 비핵화실현에 총력을 집중하여야한다"는 것이다. "미국의 비핵화를 포함한 세계의 비핵화를 완전무결하게 선행해나갈 때 조선반도의 비핵화도 있고 우리의 평화와 안전도 담보될 수 있다는 것이 우리 군대와 인민이 찾은 최종결론"이라고 하여 북한 비핵화의 조건을 더욱 어렵고 힘들게 만들어 표방하고 있다.

....
[2] 조선민주주의인민공화국 외무성 성명, 2013년 1월 23일.

따라서 기존에 북한 비핵화를 위해 추진했던 대화체들은 더 이상 의미를 가지기 어렵게 된다. "미국이 우리의 자주권유린에 앞장서고 그 추종세력들이 거기에 동조하며 유엔안전보장리사회가 공정성과 형평성을 잃은 기구로 완전히 락인된 이 마당에서 6자회담도, 9.19공동성명도 더이상 존재하지 않는다는 것"이다. 그리고 "조선반도를 포함한 지역의 평화와 안전을 보장하기 위한 대화와 협상은 있어도 조선반도의 비핵화가 상정되는 대화는 더는 없게 될 것"이라고 주장하여 대화의 통로를 원천봉쇄하고 있다.

이 과정에서 북한은 대남 도발 국면을 유지하게 되는데, 이는 도발을 통해 병진전략을 명확히 하고 결의를 보여주어 이후의 협상 국면에서 유리한 고지를 차지하려고 했다는 점을 알 수 있다. 북한은 "미국과 그에 추종하는 불순세력들의 대조선적대시책동을 짓부시고 나라와 민족의 자주권을 수호하기 위한 전면대결전에 진입할 것"이라고 하여 병진전략의 추구가 정당하고 확고함을 강조하려한 바 있다.[3]

북한의 병진전략 중 핵에 관한 부분은 군사전략과 안보전략의 전체 체계에 광범위한 영향을 미치게 되고 그만큼 전략의 포괄성이 전제되어 있는 것을 알 수 있다. 북한은 "핵무기는 우리 공화국에 대한 미국의 지속적으로 가증되는 적대시 정책과 핵위협에 대처하여 부득이하게 갖추게 된 정당한 방위수단"이며, "세계의 비핵화가 실현될 때까지 우리 공화국에 대한 침략과 공격을 억제, 격퇴하고 침략의 본거지들에 대한 섬멸적인 보복타격을 가하는데" 필요한 것이라고 정의하고 있다. 이에 기반한 군사전략으로 "가증되는 적대

....
3   조선민주주의인민공화국 국방위원회 성명, 2013년 1월 24일.

세력의 침략과 공격위험의 엄중성에 대비하여 핵 억제력과 핵 보복 타격력을 질량적으로 강화하기 위한 실제적인 대책"을 세운다고 하여 핵을 억제와 보복을 위해 사용하는 핵전략을 공시하고 있다. 동시에 "적대적인 핵보유국과 야합하여 우리 공화국을 반대하는 침략이나 공격행위에 가담하지 않는 한 비핵국가들에 대하여 핵무기를 사용하거나 핵무기로 위협하지 않는다"고 하여 소극적 핵안전보장과 유사한 전략을 내세우고 있다. 그러나 북한에 반대한다는 판단은 북한이 자의적으로 시행하는 것이므로 안전보장에 필요한 요건을 갖추고 있다고 보기는 어렵다.

이와 더불어 북한이 핵무기 국가로서 핵안전에 관한 규정들도 내세우고 있는 점은 흥미롭다. 북한은 "핵무기의 안전한 보관관리, 핵시험의 안정성 보장과 관련한 규정들을 엄격히 준수"하며, "핵무기나 그 기술, 무기급 핵물질이 비법적으로 누출되지 않도록 철저히 담보하기 위한 보관관리 체계와 질서를 세운다"고도 하고, "적대적인 핵보유국들과의 적대관계가 해소되는데 따라 호상 존중과 평등의 원칙에서 핵전파방지와 핵물질의 안전한 관리를 위한 국제적인 노력에 협조한다"고 하여 국제적 핵안전, 비확산의 규범을 준수한다는 인상을 주고자 노력하고 있다.[4]

병진전략의 다른 한 축은 경제건설 전략이다. 북한이 김정일 정권 시기에 선군과 강성대국을 논할 때 군사에 대한 지나친 강조를 하는 것에 비해 병진전략은 경제에 대한 상당한 강조를 하고 있다. 이는 병진전략의 본질적 방향을 어떻게 해석해야 할 것인가에 흥미

....

[4] 조선민주주의인민공화국 최고인민회의, "자위적 핵보유국의 지위를 더욱 공고히 할 데 대하여," 2013년 4월 1일.

로운 질문을 던진다. 북한이 자신의 자원을 국방보다 경제에 돌리려는 것은 정권 안정을 위해서도 불가피한 선택이며 이를 통해 정권의 정당성을 확보해야 하는 필요에 직면해 있다. 병진전략은 핵을 통한 저비용의 효율적 국방을 위해 핵 무력에 의존한다는 점에 경제적 의미를 찾을 수 있다. 북한은 "새로운 병진로선의 참다운 우월성은 국방비를 추가적으로 늘이지 않고도 전쟁억제력과 방위력의 효과를 결정적으로 높임으로써 경제건설과 인민생활향상에 힘을 집중"할 수 있다고 논하고 있다. 이는 핵전략과 경제 전략이 밀접하게 관련되어 있으며 병진전략하에서 일체를 이루고 있음을 알 수 있다.

북한은 병진전략을 제시하는 2013년 3월과 4월에 즈음하여 다양한 경제발전 전략을 함께 내세우고 있다. 북한은 "력사적인 당중앙위원회 전원회의에서 제시된 경제건설과 핵 무력 건설을 병진시킬 데 대한 전략적인 로선에 따라 우리 원자력 부문 앞에는 자립적 핵동력공업을 발전시켜 나라의 긴장한 전력문제를 푸는데 적극 이바지하며 세계의 비핵화가 실현될 때까지 핵무력을 질량적으로 확대 강화하여야 할 중대한 과업이 나서고 있다"고 하여 경제 전략을 강조하고 있다. 핵무력 건설은 북한의 에너지 산업과 직결되게 된다. 핵 건설을 일방적으로 표방한 후, 북한은 "조선민주주의인민공화국 원자력총국은 당면하여 우선 현존 핵시설들의 용도를 병진로선에 맞게 조절 변경해 나가기로 하였다"고 주장하면서, "우라니움 농축공장을 비롯한 녕변의 모든 핵시설들과 함께 2007년 10월 6자회담합의에 따라 가동을 중지하고 무력화하였던 5MW 흑연감속로를 재정비, 재가동하는 조치"를 시작한다고 밝히고 있다.[5]

....
[5] 조선 원자력총국 대변인, "현존 핵시설들의 용도를 조절 변경해나가기로 한데 대해

북한의 병진전략하에 경제 전략도 더욱 구체화된 모습을 드러낸 바 있다. 즉, 2012년에 "인민경제 4대 선행부문을 추켜세우기 위한 투쟁 속에서 전력, 석탄생산, 철도화물수송량과 여러 가지 공업제품생산이 늘어났다"고 보고, "희천발전소, 단천항, 대동강건재공장을 비롯한 대규모 산업 대상들이 완공되고 금속, 기계, 화학, 경공업부문의 중요 공장, 기업소들을 기술개건, 현대화하기 위한 사업이 힘 있게 추진되어 인민경제의 물질기술적토대가 확대 강화되었다"고 평가하고 있다. 또한 "인공지구위성 광명성-3호 2호기가 성과적으로 제작, 발사되고 폭발력이 크면서도 소형화, 경량화된 원자탄에 의한 제3차 지하 핵시험이 성공적으로 진행"되었다고 강조하여 미사일의 경제적, 정치적 측면을 함께 강조하고 있다.

북한은 "석탄공업과 금속공업을 관건적 고리로 틀어쥐고 선행부문, 기초공업부문을 추켜세워 경제강국 건설의 도약대를 튼튼히 다지며 농업과 경공업에 력량을 총집중하여 인민생활문제를 푸는 데 중심을 두고 경제사업을 작전하고 조직 전개해나갈 것"이라고 하여 경제발전전략의 전체적인 모습을 보이고 있다. 구체적인 부분사업으로, 석탄생산을 늘이고, 철생산 기지들을 완비하고 제철, 제강소들의 기술개건, 현대화를 가속화하면서 연료보장대책을 철저히 세워 압연강재생산을 지난해에 비하여 3.5배 이상 장성시켜 강재수요를 보장한다고 계획하고 있다.

김정은 정권의 정당성을 위해서 식량정책은 매우 중요한 것이다. 북한은 "올해 알곡생산계획을 무조건 수행하도록 할 것"이라고 하면서 "전국이 달라붙어 세포등판개간과 축산기지건설을 다그쳐 올

....
언급," 2013년 4월 2일 조선중앙통신.

해 안으로 풀판조성을 끝내도록 할 것"을 강조하고 있다.

"원산 지구를 세계적인 휴양지, 관광지로 꾸리며 도, 시, 군들에서 인민들의 생활환경과 조건을 개선해나가도록 할 것"도 새롭게 주목할 만한 점이며 "과학기술부문에 대한 국가투자를 늘이면서 새 세기 산업혁명의 불길을 세차게 지펴올려 과학기술의 힘으로 경제강국 건설의 전환적 국면을 열어나갈 것"이라는 주장은 핵과 미사일 개발과도 연관되는 부분이다.

마지막으로 "여러 가지 무역활동을 활발히 벌려나가도록 하는 것과 함께 무역의 다양화, 다각화를 실현하고 합영, 합작을 적극 장려하며 경제개발구들을 창설하기 위한 사업을 다그쳐나가도록 할 것"이라고 하여 대외경제관계가 북한 경제건설에 핵심적임을 알 수 있다.[6]

이상에서 살펴본 바와 같이 북한의 병진전략은 김정일 시대의 선군전략을 부분적으로 계승하지만 사실상 대체하는 새로운 전략이라는 것을 알 수 있다. 병진전략 표방 1주년이 되는 2014년 3월에도 이에 대한 강조는 지속되고 있다.선군전략이 핵을 중시하지만 북한의 비핵화를 전제로 한 협상과 대화를 인정하고 추구한데 비해 병진전략하에서는 핵은 포기할 수 없는 기정사실의 목표로 설정되어 있다. 핵무기 보유가 북한 헌법에 포함되었으며 북한은 명시적으로 북한 비핵화와 관련된 기존의 모든 협상의 정당성을 부정하고 있다. 반면 북한이 비핵화의 모든 가능성을 부정한 것은 아니다. 북한의 핵개발이 미국의 대북 적대시 정책에서 비롯된 것이기에 미국

....

[6] "내각의 지난해 사업정형과 올해 과업", "지난해 국가예산집행의 결산과 올해 국가예산", 2013년 4월 1일 발 조선중앙통신.

을 비롯한 강대국들의 비핵화, 사실상 세계의 비핵화가 이루어지면 북한의 비핵화도 가능하다고 표방하고 있다. 미국의 비핵화를 전제로 북한의 비핵화를 추구한다는 것은 사실상 무의미한 전략이다. 그러나 북한이 미국 및 세계의 비핵화로 가는 하나의 길로 한반도의 비핵화, 북한의 비핵화를 설정할 수 있는 통로를 제공해준다면 북한 비핵화가 논리적으로 전혀 불가능한 것은 아닐 것이다.

병진전략이 선군전략보다 더 핵에 대한 강조와 집착을 한다는 점에서 비핵화와 관련된 비관주의적 입장을 취할 수 있다. 그러나 선군이 무력만을 강조한 것인데 반해 병진전략은 경제부분을 핵 무력만큼 중시한다는 점에서 선경제전략은 아니지만 선군전략보다는 진일보한 것이라는 해석도 불가능한 것은 아니다. 핵은 방위차원에서 중요한 수단이며 동시에 저비용의 방어수단이라는 점에서 경제논리가 개입하고 있음을 알 수 있다. 만약 북한이 경제발전의 중요성을 더욱 강조하게 되고 북한의 핵이 경제발전에 오히려 장애물이 된다고 평가하면 북한은 병진전략에서 선경제전략, 비핵안보전략으로 이행할 가능성도 무시할 수는 없다.

문제는 병진이 가능한 국제환경이 조성될 수 있는가 하는 점이다. 북한이 병진전략을 표방한 이래 주변국들은 북한이 핵을 보유하면서 외부경제지원을 받는 것은 불가능하다는 점을 점차 강조하기 시작한다. 북한이 핵무기 국가가 되는 것을 인정할 수 없다는 원칙을 세우게 되면 핵을 가진 북한과 평화를 설계하는 것은 불가능하며, 평화를 전제할 수 없는 상황에서 북한에 대한 경제지원은 불가능하기 때문이다. 따라서 국제환경에 따라 병진은 그 자체가 불가능한 목표가 될 수 있다. 만약 북한이 외부경제지원 없이 경제발전을 이룩할 수 있는 가능성을 가진다면 핵무력건설과 경제발전이 가능할 것이다. 그러나 북한의 현재 경제상황을 볼 때 외부경제지원 없이 장기적인 경제발전은 매우 어려운 상황이기 때문에 병진전략에 대한 국제적 대응이 일관되고 장기적으로 유지된다면 사실상 병진은 쉽게 달성할 수 있는 목표는 아니다.

3. 새로운 미중관계 속의 북한 문제

3.1. 시진핑-오바마 체제하 미중관계의 전반적 변화

북핵 문제는 한국의 안보와 남북관계에 관련된 한반도의 문제이지만 동시에 동북아 세력균형과 지구적 차원의 비확산 문제이기도 하다. 지역 차원에서 북핵 문제는 강대국 간 세력균형과 밀접하게 연결되어 있다. 냉전 종식 이후 중국의 부상과 미중관계와 함수관계를 가지면서 전개되고 있다. 1990년대 중국의 힘이 상대적으로 약할 때에는 북미 간의 양자 대화와 합의가 중요했다면 2000년대 중반 이후 중국의 영향력이 강화되면서 미중관계 속에서 북한 문제가 어떻게 정의되고 해결되는가가 중요한 문제로 대두하게 된다.

2008년 경제위기 이후 미중 양국은 지구적, 동아시아 차원에서 다양한 갈등관계를 불러일으킨다. 특히 2009년과 2010년 기후협약 회의, 대만무기판매, 천안함사건 등 다양한 이슈들을 둘러싸고 갈등을 벌였고 중국은 미국의 동아시아 회귀전략, 중시전략, 혹은 재균형전략이 대중 봉쇄전략이라고 간주해 비판하였다.

2011년 미중 간 정상회담, 그리고 2013년 양국 간 캘리포니아 정상회담을 거치면서 미중관계는 보다 균형잡힌 협력관계로 접어들게 된다. 특히 2013년 오바바 대통령과 시진핑 주석은 정상회담을 통해 소위 신형대국관계를 발전시키기로 큰 틀에서 합의하였다. 이는 미국의 아시아 중시전략과 중국의 책임있는 강대국 전략 간의 공통의 핵심이익이 있다고 상호 인정한 것이다. 미국은 아시아 회귀, 혹은 재균형을 통해 경제위기 이후 침체된 미국 경제상황을 부활시키고 중국을 견제하며 아시아에서 패권재부흥의 기회를 취하고자 하고 있다. 반면 중국은 장기적 관점에서 중국의 꿈을 실현시키고 미국과의 경쟁을 할 수 있는 국력 증강의 토대를 마련하는 발전전략을 추진하고 있다.

　이 과정에서 시진핑 집권 시 미국과의 협력 속 경쟁이 필요하므로 양국은 직접 대결을 회피하는 신형대국관계를 추구하고자 하고 있다. 정상회담 이후 신형대국관계에 대한 논의는 자리를 잡아가고 있지만 향후 미중 간 다양한 이슈를 처리하는 과정에서 협력 속 경쟁은 지속될 것으로 보인다.

　2013년 7월에 개최된 미중 전략경제대화를 보면 양국 간의 입장 차이가 잘 드러난다. 우선 바이든 부통령은 안보문제에 관해 언급하면서 미국은 중동에서 전쟁을 마치고 아시아에 집중하고 있으며 중국 역시 군사현대화를 통해 아시아에서 안보전략을 강화하고 있다고 평가하고 있다. 이 과정에서 군사문제에 대한 대화부족이 지속되면 불필요한 긴장과 위협을 야기하게 될 것이라고 평가한다. 바이든 부통령은 광범위한 국제적 공공재를 보호하고 국제규범을 지키기 위해 양국이 노력해야 한다는 점을 강조하면서 항행의 자유 및 상업의 자유를 보호할 필요가 있다고 설명한다. 새롭게 등장하고 있는 사이버 영역의 규범 제정 역시 최근 미중 양국 간 중요한 이슈로 인식되고 있다. 바이든 부통령은 개방적이고 안전하며 신뢰성 있는 인터넷환경을 유지하기 위해 사이버 공간을 이용하는 절도 행위를 근절해야 한다고 강조하고 있다.

결국 미국과 중국이 다양한 이슈를 둘러싼 국제정치를 협력적으로 유지하기 위해서는 적절한 규범유지가 필수적이라는 인식인데, 미국은 중국이 적절한 부담을 지면서 국제규범 제정에 적극적 역할을 담당하기를 요구하고 있다.

경제분야에서도 미국은 중국과의 일치된 이해를 찾기 위해 노력하고 있다. 미국의 제이컵 루 재무장관은 미국 경제정책의 가장 중요한 목표가 경제성장과 중산층 일자리 창출이라고 정의하면서 중국 경제정책의 핵심은 경제구조개혁이라고 논하고 있다. 중국이 향후에도 성장을 유지하려면 근본적이고 중요한 경제정책 변화를 추구해야 할 것이라고 논하면서 중국이 시장 지향적 개혁을 더욱 가속화하여 국내소비 진작, 사적 부문의 개혁 심화, 유연한 가격에 기반한 개방적 경쟁체제 발전, 역시 유연한 환율 및 금융체제 발전 등을 추진할 것을 권고하고 있다.

중국의 양제츠 외교담당 국무위원의 발언 역시 미중 정상회담에서 시진핑 주석의 국가전략을 설명하고 있는 것으로 중국은 2020년대에 이르러 모든 부문에서 소강사회를 달성하고자 하며 강하고, 번영되고, 민주적이며 문화적으로 발전된 국가를 이룩하고자 지향하고 있다고 설명하고 있다. 이 과정에서 지속적인 개혁, 개방을 추진하고 평화발전의 길을 걸으며 국제사회에서 책임있는 국가로서 원원전략을 추진할 것이라고 논하여 원칙적으로 미중 간의 협력에 진지하면서 적극적인 자세를 보이고 있다.[7]

이러한 맥락 속에서 미국은 동아시아 재균형전략, 그리고 중국은 책임있는 강대국 전략을 통해 신형대국관계를 구체화하고자 하고 있는데 그 표본이 되는 사례로 북한의 비핵화를 거론하고 있다. 북한의 비핵화는 양국이 원칙적으로 합의할 수 있는 원칙이며 대화를 통해 비핵화를 이끌어나감으로써 양국 간 주요 지역문제들을 협력적으로 풀어가는 선례를 강화하자는 것이다.

3.2. 미중관계 변화와 북한 문제의 전개

북한 문제에 대한 미국의 입장은 2013년 4월 존 케리 국무장관의 동북아 순방에서 비교적 명확하게 표현되었다. 그 전에도 미국은 오바마 대통령이나 도닐런 국가안보보좌관 등의 언급을 통해 대북 정책의 주요 내용을 밝힌 바 있다. 이는 북한의 도발에 대한 철저한 대응과 한국 등 동맹국과의 협력, 북핵 불승인 및 북한 비핵화의 지속적 추진, 북한의 도발과 벼랑끝 전술에 대한 외교적 보상 불용, 북한이 비핵화 등 노력 추진 시 북한에 대한 전면적 지원 고려 등이다.

케리 미국무장관의 한국, 중국, 일본 방문의 가장 중요한 현안은 북한의 군사위협에 대처하는 것이었다. 미국은 한미 외교장관회담 공동 성명을 발표하여, 첫째, 미국의 대한 방위공약을 재확인하고 둘째, "북한의 위험한 핵·미사일 프로그램이 주변국들뿐만 아니라 북한의 주민들까지도 위협하고 있으므로, 북한의 비핵화가 중요하다는 데 견해를 같이 한다"고 논하고 있다. 셋째, 박근혜 대통령

....

[7] U.S.-China Strategic and Economic Dialogue Joint Opening Session, Washington, DC, July 10, 2013.

이 제시한 한반도 신뢰프로세스를 진심으로 환영한다고 언급하여 한국의 주도적 노력을 기대하고 있다. 넷째, 북한이 국제의무를 준수하고 전략적 변화를 추구할 경우, 2005년 6자회담 9·19 공동성명에 따른 공약을 이행할 것이라고 논하고 있다(한 미 외교장관회담 공동 성명).

문제는 이러한 한미의 공동입장이 북한의 병진 전략 중 핵무력 건설 부분과 상충한다는 것이다. 한미는 북한의 국제의무 준수와 전략적 변화를 촉구하여 결과적으로 북한의 비핵화 노력을 전제로 대북 협력의 의사를 밝히고 있는 것이다. 북한이 비핵화로 선회할 수 있을 것인가는 향후 가장 중요한 핵심 주제가 될 것이다. 이와 관련하여 북한은 자신의 핵무기가 "미국의 지속적으로 가증되는 적대시 정책과 핵위협에 대처하여 부득이하게 갖추게 된 정당한 방위수단"이라고 주장하고 있다. 또한 "핵전쟁 위험을 해소하고 궁극적으로 핵무기가 없는 세계를 건설하기 위하여 투쟁"한다고 논하고 있다(조선중앙통신, 2013년 4월 1일). 이는 북한이 미국의 안보위협이 사라졌다고 판단하고 북한의 비핵화가 세계의 비핵화와 일맥상통한다면 논리적으로 북한의 비핵화가 불가능하지는 않다는 점을 암시한다고 볼 수 있다. 한미가 향후 어떠한 정책을 취하는가에 따라 북한이 비핵화로 선회할 수 있을지는 여전히 미지수이지만 북한의 자체 논리상 비핵화를 완전히 부정하지 않도록 출구를 마련해 놓는 것이 필요한 일이다.

이어 미국의 케리 국무장관은 중국을 방문하여 북핵 문제의 해결책을 논의하고 이후 한국을 방문한 자리에서 그 결과를 설명한 바 있다. 여기서 케리장관은 북한 문제를 해결하는데 있어 중국이 가장 중요한 행위자라는 사실을 명확히 하면서 미국이 중국과 함께 북한 문제에 대한 공동성명을 발표한 것이 이례적이며 중요한 합의라고 간주하며, 양국은 평화로운 방법으로 북한의 비핵화를 위해 노력하며, 6자회담의 다음 회의가 열려 북한 문제를 해결하도록 노력한다는 데 합의했다고 말하고 있다. 또한 중국이 북한의 비핵화를 위한 실질적인 조치를 취하도록 기대하고 있음을 재차 강조하고 있다.

미중 외교장관 회담을 통해 양국은 북한이 도발을 멈추고 국제 의무를 준수하도록 함께 요청한다는 점, 북한 문제 해결이 이란 문제에도 영향을 주기 때문에 미중의 협력이 중요하다는 점, 평화적 비핵화의 공동목표가 있다는 점 등을 강조하고 있다. 보다 구체적으로 양국은 향후 9.19 공동성명 준수가 중요하다는 점에 합의했다고 설명하며 양국은 평화적인 방법으로 한반도를 검증가능한 비핵화의 목표를 이루도록 하는 것이 핵심 목표라는 점도 명시하고 있다. 이를 위해 양국은 북한 문제 해결에 좀 더 많은 에너지와 힘을 쏟는 것이 필요하다고 생각하며 고위급에서 내실있는 협의가 필요하다는 점에 합의했다고 말하고 있다(Kerry, April 13. 2013)

이러한 미국 측의 설명이 미중관계 속에서 북핵문제 해결이 순항할 것이라는 것을 증명하는 것은 아니었다. 중국은 케리 장관의 순방 목적이 북한 문제에 대해 중국을 압박하는 것이라는 인식을 가지고 있다. 북한의 행동을 제어하는데 중국이 좀 더 적극적인 역할을 하도록 요구했다는 것이다(People's Daily Online April 17. 2013). 중국은 미국이 도움을 요청하는 것만큼 미국 역시 중국의 이익을 고려해야 한다는 점을 언급한다. 더불어 케리장관이 보다 유화적 대중 정책을 구사할 것이라는 희망과 함께, 이미 2기에 접어든 오바마 행정부의 정책 속에서 입지가 크지 않을 것이라는 생각도 동시에 하고 있다. 무엇보다 미국의 아시아 중시전략과 북한 문제가 어떠한 형태의 연결점을 가지게 될지에 대해 관심이 집중되어 있는데, 중국은 이번 순방 중에 한국, 일본과의 동맹이 강화될 것이라는 점에 대해 상당한 관심을 표명하고 있다.

북한을 둘러싼 미중관계는 양국의 근본적인 전략관계와 밀접한 관련을 가지고 있다. 중국은 북한 문제로 미국을 중심으로 한 동북아의 동맹체제가 강화되는 것을 우려하고 있다. 중국은 2013년 4월에 발표된 국방백서에서 상황 및 위협평가를 하고 있는데, 이 중에서 동아시아 동맹체제에 대한 비판적 관점을 나타내고 있다. 즉, "중국은 다양한 복합적 안보위협과 도전에 직면하고 있다…어떤 국가들은 동아시아 태평양 지역의 군사동맹을 강화하고 있으며 이 지역의 군사적 역할을 확대하며 상황을 종종 더욱 긴장시키고 있다. 중국의 영토주권과 해양권리 및 이익에 관해 어떤 주변국들은 상황을 더욱 악화시키는 행동을 하고 있다"고 하며 뒤이어 일본을 언급하고 있다. 여기서 동맹이란 미국과 한국, 일본과의 동맹을 의미하고 있는 것으로 보아야 하며 중국은 한미동맹과 미일동맹을 자국 안보에 위협요소로 간주하고 있다는 점을 알 수 있다.[8]

미국도 이러한 점을 알고 있기 때문에, 2+2 전략 대화 등 다양한

....

[8] "China still faces multiple and complicated security threats and challenges. The issues of subsistence and development security and the traditional and non-traditional threats to security are interwoven. Therefore, China has an arduous task to safeguard its national unification, territorial integrity and development interests. Some country has strengthened its Asia-Pacific military alliances, expanded its military presence in the region, and frequently makes the situation there tenser. On the issues concerning China's territorial sovereignty and maritime rights and interests, some neighboring countries are taking actions that complicate or exacerbate the situation, and Japan is making trouble over the issue of the Diaoyu Islands." The Information Office of the State Council, China's cabinet, "The Diversified Employment of China's Armed Forces," Xinhua, 2013. April. 16.

통로를 통해 미중 간의 협력을 강조하고 있다. 케리장관의 순방에서도 미국은 글로벌 경제안보와 재정안보를 위해 중국과의 협력적 관계를 중시한다는 점, 중국은 이미 강대국이며 국제사안에서 중요한 역할을 할 수 있는 힘을 갖추고 있다는 점, 중국의 성공이 미국의 성공과 밀접하게 연관되어 있다는 점, 상호 이익에 기반한 건설적 파트너쉽이 중요하다는 점을 강조하고 있다.

이와 관련한 구체적 이슈들로 미중 양국은 남중국해와 동중국해 문제에 관해 긴장을 상승시키지 말고 평화와 안전, 경제성장을 도모하는 것이 중요하다는 점, 일방적 행동을 삼가야 한다는 점 등에 주목하고 있다.

더불어 미국은 북한이 괌과 하와이를 위협하고 한국과 일본을 위협하고 있기 때문에 미사일방어가 필요하며, 북한의 위협이 사라지고 북한의 비핵화가 달성되면 지금과 같은 방위태세가 필요하지 않게 될 것이라고 논하고 있다. 중국이 한반도 문제를 통해 미국과의 대결구도를 강화하는 것을 막는 것이 필요하다고 인식하는 것은 한국에게 불리하기 때문에 이러한 변화는 긍정적인 것이다.[9]

미중관계 속에서 북한문제가 어떻게 새롭게 정의되고 있는가를 보여준 계기는 역시 2013년 캘리포니아에서 열린 미중 정상회담이다. 정상회담에서 미중 양국 정상은 첫째, 국가전략 차원에서 양국

....

[9] 이 글에서는 적극적으로 다루지는 못하지만 일본과 러시아가 취하는 대북 전략 역시 중요한 사안이다. 최근 미일은 다양한 통로를 통해 북한 문제를 둘러싼 협력을 다짐했으며 더 나아가 한미일 공조가 중요하다는 점을 강조하고 있다. 러시아 역시 북한의 도발을 경계하면서 북한 문제 해결에 미러의 협력이 중요하다는 점을 언급한 바 있다. 최근 러시아를 방문한 톰 도닐런 미국 백악관 국가안보보좌관은 푸틴 대통령의 외교담당 보좌관 유리 우샤코프와 회담하였고, 이 과정에서 우샤코프는 "러시아는 미국과 적극적으로 협력할 준비가 돼 있다"고 말한 것으로 보도된 바 있다.

의 협력은 당분간 반드시 필요하다는 점을 강조하고, 둘째, 북한의 비핵화라는 원칙에 공감하면서 정책 공조를 약속하고, 셋째, 구체적인 북한 비핵화의 로드맵에서는 여전히 접근법의 차이가 있음을 노정한 것이 주목할만한 점이다.

정상회담에서 미국은 그간 추진해 온 재균형전략의 기본틀을 다시 한번 강조했다. 동맹관계를 유지, 발전시키는 동시에, 중국, 인도 등 새롭게 부상하는 국가들과 전략적 협력 관계를 도모하겠다는 것이다. 또한 논란이 되어온 환태평양경제동반자협정(TPP)가 미국 뿐 아니라 동아시아 경제발전에 중요한 부분이라는 점을 강조하고 중국과 안정적이고, 생산적이며, 건설적인 관계를 유지하겠다는 취지의 발표문을 내놓았다. 중국은 그간 미국의 재균형전략이 근본적으로 중국 포위전략이라고 인식하고 미국의 기존 동맹 강화 전략을 비판했으며 TPP 등 미국이 주도하는 동아시아 다자제도들이 중국을 견제하는 수단이라고 인식했다. 그러나 정상회담에서 미국의 재균형전략을 원칙적으로 인정함으로써 당분간 미국의 동아시아 중시 전략 속에서 공동이익을 도모하겠다는 의지를 드러냈다.

이러한 합의는 그간 시진핑 주석이 누차 강조한 바 있는 신형대국관계라는 용어 속에서 구체화되었다. 그간의 대국관계가 경쟁과 대결을 위주로 한 관계였고, 특히 세력전이의 현상 속에서 패권의 교체가 일어날 때 군사적 충돌이 반드시 수반되었던 경험을 돌이켜 보면 신형대국관계는 세력배분구조의 변화가 일어나더라도 이를 평화적으로 관리함은 물론, 공통의 이익을 극대화하는 협력까지 도모하겠다는 목적을 밝힌 것으로 보아야 한다.

주목할 점은 미중 정상회담 과정에서 북핵 문제가 상당한 비중으로 다루어졌고 북한 비핵화에 대한 기본적 합의가 도출되었다는 점이다. 미중 양국은 북한 문제가 미중의 발전된 협력관계를 보여주는 핵심 영역("key area")라고 논의했으며 북한 비핵화를 달성하기 위해 미중이 지속적 대화를 하기로 했다는 점을 설명했다.

흥미로운 점은 북한 비핵화라는 원칙적 부분에 대한 설명 이외에도 이를 추진하는 구체적 방안에 대해 미중 양국이 설명하고 있다는 점이다. 미국의 설명은 중국보다 훨씬 더 구체적이고 공세적이라는 점을 알 수 있다. 회담 이후 도닐런 국가안보좌관은 미중 양국이 북한에 압력을 가하는 것이 중요하다는 점에 합의했다고 발표하면서 북한의 핵무기 개발이 북한의 경제발전과 양립불가능하다고 명시적으로 논하고 있다. 이는 북한의 병진전략의 성립가능성을 정면으로 부정하는 것으로 도닐런의 발표가 옳다면 미중 양국은 정상회담에서 북한의 병진전략의 정당성을 원칙적으로 받아들이지 않은 것이다.

미중 양국은 북한이 핵무기 국가가 됨으로써 핵무기를 이전하여 세계안보를 불안정하게 하고 동북아의 안보질서를 혼란시키는 것을 받아들일 수 없다는 점에 완벽하게 일치했다는 것이 정상회담 이후 미국 측의 인식이다. 북한 비핵화를 추진하는 방법에서 가장 중요한 것은 압력을 가하는 것으로 무엇보다 경제제재가 중요한 수단으로 인식되고 있다. 더불어 중국이 강조하는 6자 회담이 중요하나는 점을 인정하면서도 비핵화를 향한 북한의 확실한 움직임이 선행되어야 한다는 점을 강조하고 있다.[10]

4월의 케리 방문 이후 미중 협력의 분위기가 심화되는 가운데 중국의 경계심이 여전히 존재했던 것처럼, 미중 정상회담 이후에도

....

[10] Press Briefing By National Security Advisor Tom Donilon, June 08, 2013.

중국은 미중 협력의 범위와 한계에 대한 입장을 암시하고 있다. 중국은 미국과는 달리 남북회담이 진행되는 것이 중요하다는 점을 강조하면서 남북 간 대화와 협력이 필요하다는 점, 그리하여 한반도의 평화와 안정이 중요하다는 점을 지적하고 있다. 이는 북한 비핵화를 위한 정책이 과도하게 진행되어 북한의 불안정이 심화되고 이에 따라 남북관계 역시 현상변경의 상황에 돌입하는 것을 중국이 경계하고 있음을 간접적으로 시사하고 있는 것이라 할 수 있다.[11]

미중 정상회담의 결과를 분석하는 중국의 입장 역시 미국보다는 훨씬 신중함을 알 수 있다. 중국은 미중 신형대국관계의 맥락 속에서 상호 존중과 협력, 양국과 세계의 이익을 위한 윈-윈 정책이 중요하다는 점을 우선 강조하고, 이러한 관점에서 북한의 비핵화가 중요한 이슈임을 확인하고 있다. 그러나 미국과는 달리 북한에 대한 압박이나 제재를 강화하는 것에 대한 언급은 전혀 없고 대화와 회담을 통한 북핵 문제 접근법을 강조하고 있음에 주목할 필요가 있다.[12]

....

[11] Foreign Ministry Spokesperson Hong Lei's Regular Press Conference on June 6, 2013

[12] Yang Jiechi's Remarks on the Results of the Presidential Meeting between Xi Jinping and Obama at the Annenberg Estate, June 9, 2013

4. 북한 문제에 대한 한국의 대응과 외교전략

한국의 박근혜 대통령은 북한 문제를 다루는 기본틀로 신뢰프로세스를 제시하고 있다. 미의회 연설에서 제시된 바에 따르면 한국은 북한의 핵을 받아들일 수 없다는 원칙에 근거하여 북한 비핵화를 신뢰프로세스의 기본으로 설명하고 있다. 북한 비핵화를 이루는 방법으로 상호 간의 단계적 대화와 신뢰구축에 의해 비핵화와 평화를 이루는 길을 모색하는 것을 목표로 삼고 있음을 알 수 있다. 북한의 불법행위와 제재, 그리고 북한의 변화에 대한 보상이 악순환으로 이어지는 것을 막기 위해서는 원칙에 기반한 대북 정책을 추진해야 한다는 내용을 설명하고 있다. 동시에 북한의 병진전략을 명확히 부정하여 핵건설과 경제건설이 양립할 수 없다는 점을 단언하고 있다. 더 나아가 핵무기를 소유하고 있는 것이 북한의 안전을 증진시키는 것이 아니라 오히려 위태롭게 한다는 점을 논하고 북한 주민의 생활개선이 북한의 안전에 핵심적인 요소임을 논하고 있다. 정책적으로 북한에 대한 인도적 지원 의사를 밝히고 인도적 지원이 핵문제와 연계되지 않는다는 점도 설명한다. 이를 위해서는 비단 남북

관계 뿐 아니라 국제사회의 대북 정책도 중요하다는 점을 함께 강조하고 있다.[13]

정상회담 이후 박대통령은 기자회견에서 아시아의 안보아키텍처에 관한 견해를 밝히고 있다. 아시아가 갈등과 분열에서 평화와 협력으로 이행할 필요성이 있음을 논하면서 미국의 재균형전략과 한국의 동북아 평화협력구상이 양립가능하다는 점을 논하고 있다. 주목할만한 점은 박대통령이 "이 비전을 구체화하기 위해 양국이 공동설계자(co-architects)의 역할을 하기로 견해를 공유했다"고 밝힌 점이다. 이를 위해서는 한미동맹이 중요한 요소이며 비단 한반도와 동북아 문제 뿐 아니라 광범위한 국제공동체를 위해 나아가야 한다고 논하고 있다.[14]

한미 정상회담에 이은 한중 정상회담 역시 한국의 대북 정책 방향 설정에 중요한 계기였음은 부정할 수 없는 사실이다. 향후 한중 관계를 위한 핵심 비전은 전략적 협력동반자 관계의 내실화라고 할 수 있다. 한중 양국은 "전략적 협력동반자 관계를 양자 및 지역 차원뿐만 아니라 국제사회의 평화와 번영을 위한 협력 차원으로까지 더욱 진전시켜 나갈 필요성이 있다는 데 인식을 같이 하였다"고 하면서 정치안보 분야의 협력과 경제통상, 사회문화 분야의 협력을 모두 대폭 발전시켜 나가기로 하였다고 발표하였다. 협력의 범위도 비단 한반도 뿐 아니라 동북아의 평화, 안정, 지역협력 및 글로벌 이슈

....

[13] 박근혜의 대통령의 미국 의회 연설, 워싱턴 DC. 2013년 5월 8일.

[14] Remarks by President Obama and President Park of South Korea in a Joint Press Conference, May 7, 2013.

의 해결까지 이른다는 점을 강조하였다.

북핵 및 북한 문제와 관련하여 한국은 "한반도의 긴장을 완화시키고 지속가능한 평화를 구축하기 위한 한반도 신뢰프로세스 구상을 설명하고, 이에 대해 중국이 원칙적인 환영과 협력의사를 밝힌 것으로 설명되고 있다.

한중 양국은 북핵 문제를 다루는 원칙에서 "어떤 상황에서도 북한의 핵보유를 용인할 수 없음"에 합의하고 "핵무기 개발이 한반도를 포함한 동북아 및 세계의 평화와 안정에 대한 심각한 위협이 된다는 점"에 의견 일치를 보고 있다. "한반도 비핵화 실현 및 한반도 평화와 안정 유지가 공동이익에 부합함"에 합의함으로써 한중 전략적 이익의 공통부분을 표현하고 있다.

북한 비핵화를 위한 구체적 실천 방안으로 한중 양국은 "한국과 북한이 한반도 문제의 직접 당사자로서 당국 간 대화 등을 통해 한반도 문제 해결을 위하여 적극적인 역할을 해야 한다는데 의견을 같이 하였다"고 설명하고, "안보리 관련 결의 및 9.19 공동성명을 포함한 국제 의무와 약속이 성실히 이행되어야 한다는데 인식을 같이 하였다"고 발표하고 있다. 또한 "6자회담 틀 내에서 각종 형태의 양자 및 다자대화를 강화하고, 이를 통하여 한반도 비핵화 실현 등을 위한 6자회담의 재개를 위해 긍정적인 여건이 마련되도록 적극 노력"하는 것이 중요한 방법으로 제시되고 있다. 더불어 중국은 "남북한 양측이 대화와 신뢰에 기반하여 관계를 개선하고 궁극적으로 한민족의 염원인 한반도의 평화통일 실현을 지지한다고 표명"하고 있다.[15] 이러한 합의는 2014년 말에 이르기까지 수 차례에 걸친

....
15 한중 미래비전 공동성명, 2013년 6월 27일, 베이징

한중 정상회담에서 지속적으로 확인된 바 있다.

한국이 북한 문제를 둘러싸고 중국의 협력을 끌어내는 것은 매우 중요하다. 북한이 병진을 넘어 선경제 전략으로 선회하기 위해서는 핵을 가진 한 경제발전이 어렵다는 인식을 분명히 하는 것이 필요한데, 중국의 대북 경제지원은 북한의 전략적 결단을 무디게 하는 효과를 가져올 수 있기 때문이다. 한국은 한국이 주도하는 한반도, 더 나아가 통일된 한반도가 중국의 이익에도 부합된다는 점을 설득하기 위해 대중 외교노력을 기울여나가야 한다. 이러한 노력이 신빙성 있게 전달되려면 한국이 추구하는 동북아 지역이 강대국 간 협력, 특히 미중 간의 협력을 기반으로 한 것이라는 점도 함께 설득시켜야 할 것이다.

중국의 대북 정책은 중국의 전체적 국가전략 변화와 궤를 같이 할 수밖에 없다. 시진핑 정부가 들어서면서 중국은 중화민족의 부흥이라는 기치를 내걸고 중국의 꿈을 추구한다는 목표를 제시하고 있다. 2020년까지 안정된 경제발전과 1인당 GDP 성장을 거치고 이후 강대국으로 성장하여 지구적 리더십을 발휘한다는 장기적 목표를 나타내고 있는 것이다. 중국은 경제성장에 따른 다양한 문제점을 해결하기 위해 구조조정을 추구하면서도 여전히 7%가 넘는 경제성장을 유지하고 있다. 이러한 추세가 계속된다는 전제하에 중국의 외교전략 목표가 변화하고 있다는 점은 주목할만 하다. 중국은 시진핑 체제에 들어와서 책임있는 강대국 외교를 본격적으로 표방하고 있다. 중국은 거대한 개발도상국, 1인당 GDP 기준 약소국 등의 정체성을 가지고 있는 것도 사실이지만 경제위기 이후 소위 G2 담론을 거치면서 본격적인 강대국 외교를 추구할 것으로 보인다.

중국이 아시아 지역과 지구차원에서 리더십을 발휘하며 책임 있는 강대국, 혹은 패권의 지위를 추구하는 외교를 한다고 할 때 많은 도전과 어려움이 따를 것이다. 역사상 많은 국가들은 패권의 지위를 추구하면서 때로는 성공하기도 하고 때로는 과도한 자원낭비로 패권지위 획득에 실패하거나 단기간 패권을 향유하는데 그치기도 하였다. 리더십을 발휘하는 데에 많은 조건이 따르기 때문이다. 첫째, 강대국이 국제적 리더십을 발휘하려고 할 때 압도적 힘만 가지고는 부족하다. 다른 국가들을 설득할 수 있는 능력과 동의를 이끌어 낼 수 있는 힘이 필요하다. 이러한 힘은 국제적으로 통용되는 기존 규범들을 대체할 수 있는 더 나은 규범들을 제시할 수 있을 때 발휘된다. 기존 규범의 장점을 보존하면서 문제점을 보완하고 이에 대한 국제적 합의를 이끌어 낼 수 있는 능력이다. 중국의 경우 현재 미국 혹은 서구 국가들 중심의 국제규범에 대해 비판적 자세를 견지해왔다. 미국의 군사적 개입, 인권의 기준, 영토문제 처리의 기준, 최근 사이버 안보에 대한 미국의 규범에 이르기까지 다양한 규범정치의 영역에서 미중 간의 갈등이 벌어지고 있다. 중국이 미국 중심의 규범을 보완하고 대체하는 새로운 규범제정력을 보여준다면 국제적 리더십을 발휘할 수 있을 것이다.

둘째, 역사상 강대국, 특히 패권국들은 국제적 규범을 제시할 때 자국 내부의 규범을 국제적으로 투사하는 경향을 보인다. 미국이 패권국으로 등장할 당시 삼권분립의 민주주의 정치모델을 국제적으로 투사하여 국제연맹을 만들어 1차 대전 전후처리와 전간기 안보질서 유지를 도모했다. 1929년 경제공황 이후 국가개입의 정치경제모델이 2차 대전 이후 소위 "내장된 자유주의(embedded liberalism)"의 국제정치경제모델로 변환되었다는 논의도 제시된 바 있다. 비단 미국 뿐 아니라 역사상 존재했던 영국, 네덜란드 등의 패권국가들 역시 우월한 국내정치, 경제, 사회문화의 제도와 규범, 문화의 힘을 국제적으로 투사하여 제도적 틀을 만들고 이를 운영했다. 중국의 경우 오랜 역사적 경험에 기반한 리더십 체제를 갖추고 있는 것이 사실이다. 중국 내부에서 전통국제관계 속에서 중국이 발휘해온 중화질서의 리더십이 새삼 강조되고 있는 것도 이와 무관하지 않다. 강대국 정치에 반대하고 주권을 존중하며 다자질서를 선호하는 중국적 국제정치관도 유용한 자산이 될 수 있다. 문제는 현재 중국이 당면하고 있는 국내적 문제들, 즉 경제발전에 따른 민주주의 전환의 과제, 빈부 및 도농 격차 등의 문제가 어떻게 해결될지, 그리고 해결과정에서 새롭게 제시되는 기준들이 발전모델로서의 베이징 컨센서스가 아닌 지구적 리더십의 원천으로서 베이징 컨센서스로 발전할 수 있을지 하는 점이다.

시진핑 주석이 천명하고 있는 신형국제관계와 신형대국관계는 이러한 측면에서 관심을 끈다. 신형대국관계라는 용어가 지향하는 바는 다음과 같이 짐작가능하다. 첫째, 미중관계의 안정을 도모한다는 것이다. 중국은 2000년대 중반 이후 축적된 국력을 바탕으로 점차 능동적인 외교를 추구하다 2008년 경제위기를 거치면서 공세적 외교의 모습을 띠었다. 특히 2010년 다양한 이슈들에서 미국정책에 도전하는 모습을 보였다. 시진핑 외교의 특징은 중국이 가지고 있는 다양한 내부적 문제를 해결하고 더 많은 국력을 축적하기 전에 기존의 패권국인 미국에 도전하면 불필요한 국력을 소모한다는 판단에 기초한 것으로 보인다. 중국은 시진핑 체제 동안 내부 문제를 해결하고 미국과 본격적인 패권경쟁을 할 수 있는 중기적 국력축적기를 예상하고 있다. 둘째, 근대국제정치에서 패권국들 간 모든 세력전이는 전쟁을 수반하였기 때문에 중국의 부상과 패권의 전이가 전쟁으로 화하지 않을 것이라는 확신을 국제사회에 줌으로써 중국의 부상에 대한 적극적 동의를 이끌어 내려고 하는 것이다. 부상국이 기존 패권국 질서에 대해 불만족도가 높아져 결국 무력을 사용하여 세력전이를 이끌어낸 사례는 역사적으로 다양하다. 구형 강대국관계라고 할 수 있다. 신형강대국관계가 세력전이 혹은 패권의 이양을 부정하는 것은 아니다. 그러나 평화적 방법으로 경쟁하여 기존 규범을 계승, 발전하는 형태로 세력전이가 이루어질 수 있다는 함의를 보임으로써 중국의 적극적 외교에 대한 동의를 이끌어내려는 것으로 해석할 수 있다.

신형국제관계는 비단 강대국 간의 새로운 관계 설정에 그치는 것이 아니라, 중국 주변국들과의 관계, 제3세계와의 관계에도 적용되는 것이다. 관심을 끄는 것은 중국이 주변국들과 어떠한 신형국제관계를 이룩해나갈 것인가 하는 점이다. 그 내용이 채워지려면 아직 구체화의 과정을 거쳐야 한다. 중국이 기존에 주창해왔던 주권존중, 패권반대, 다극질서발전, 냉전적 대결 청산 등에 비추어 볼 때 대략의 구도는 예상할 수 있다. 그러나 미중 간의 경쟁이 심화되고 21세기 새로운 국제관계가 진행되는 과정에서 신형주변국관계는 한반도에 직접적 영향을 미칠 것이다.

북핵 문제에 대한 중국의 원칙이 변화된 것은 사실 별로 없다. 중국은 여전히 한반도의 비핵화, 한반도의 안정성, 대화를 통한 평화적 해결을 강조하고 있다. 2012년 12월 미사일 발사 실험 이후 중국의 태도와 행동에 변화가 있었던 것은 사실이다. 과거 북한의 미사일 발사 실험에 대해서는 우호적 태도를 취했던 것과 달리 이번 실험에서는 비판적 태도를 취했고, 특히 3차 핵실험 이후에는 국제연합의 대북 제재에 적극 참여하는 모습을 보였을 뿐 아니라 대북 비판의 수위도 높았다. 김정은 정권 수립 이후 장성택의 중국 방문 시 대북 경제원조에 대해서도 유보적 태도를 보인 바 있고, 북한의 대남 도발 국면에서 북중관계가 악화된 것도 사실이다. 중국은 북한이 동맹국으로서 자국의 입장을 난처하게 만들고 정책공조에서 벗어나는 모습을 보이는 것에 대해 경고의 메시지를 전달하고자 노력했다. 특히 북한의 도발국면이 지속되면서 한미 간의 군사협력이 강화되고 미국의 전략공격무기들, 예를 들어 B-52, B-2 등의 폭격기들이 한반도에 출격하는 상황을 경계할 수밖에 없게 되었다. 이러한 상황들을 종합해봤을 때, 중국의 변화는 전략적 변화라기 보다는 전술적 변화라고 보는 편이 타당할 것이다. 중국은 여전히 북핵문제에 대한 기존의 원칙을 고수하고 있으나 북한 신정권의 행동을 경계하기 위해 이전과는 다른 행동의 모습을 보여준 것이다.

북핵 문제에 대한 중국의 변화가능성은 중국의 국가전략 변화라는 세팅의 변화에서 가능할 수 있다. 중국은 앞에서 논의한 바와 같이 시진핑 정부 등장 이후 강대국 외교를 본격적으로 표방하고 있다. 강대국 외교는 자국의 이익을 추구하지만 동시에 국제정치의 기본 규칙과 규범을 제정하는데 역할을 해야하므로 개별 이슈들을 처리해 나갈 때 규범적 표준이 되도록 노력할 수밖에 없다. 개별 이슈를 규범적 표준의 입장에서 다룬다 함은 첫째, 문제의 본질을 어떻게 규정하는가, 둘째, 이를 해결하는 방법으로 군사적, 외교적, 경제적 방법 등 어떠한 방법을 사용하는가, 셋째, 해결과정에서 다른 국가들과 어떠한 공조체제를 추구하는가 등의 문제를 새롭게 정의하는 것을 의미한다.

북핵 문제는 단순히 북한의 핵무기 개발에 국한된 문제가 아니다. 그 뿌리는 냉전 종식 이후 북한이라는 정치체의 생존과 발전 방식에 대한 총체적 문제로서 북한 문제의 한 표현이 북핵 문제라고 할 수 있다. 문제의 본질을 정의함에 있어 부분적 정의를 내리면 강대국의 규범외교의 진면목을 손상하게 된다. 2000년대 초반 미국의 부시대통령이 북핵 문제를 테러와 대량살상무기 확산의 관점에서만 파악함으로써 북미관계가 악화되었을 뿐 아니라, 한국 내에서도 미국의 북핵 문제 접근법에 대해 많은 비판이 비등했던 사실을 상기할 필요가 있다. 향후 중국이 북핵문제를 다룸에 있어 이를 단순히 핵무기나 확산의 문제로 다룬다면 강대국 규범외교의 성격에 못미칠 것이다. 또한 미중 양국이라는 강대국 간 지정학적 경쟁의 무대로 한반도를 보고 북중 관계의 지정학적 가치에 집중하여 북핵문제를 다루더라도 여전히 강대국 규범외교의 기준에는 못미칠 것이다. 만약 중국이 강대국 규범외교가 중장기적으로 중국의 국가전략에 부합한다는 생각을 가지고 이를 체계적으로 추구할 준비가 되어 있다면 북핵 문제를 다루는 원칙이 변화없이 지속되더라도 이를 다루는 방식에서 근본적 차이를 보일 것이다. 결국 북한에 대한 중국의 태도 변화 여부는 단순히 핵에 국한된 문제가 아니라 중국 외교전략 전반의 변화와 연결될 때 비로소 정확한 답을 알 수 있는 것이다.

5. 결론: 향후 한국의 대북 전략 방향

동북아의 국제관계는 다양한 논리에 의해 규정되고 있다. 한편으로는 세계화와 정보화 같은, 근대를 넘어서는 급변하는 조류에 영향을 받고 있는가 하면, 여전히 민족주의 심지어는 전통시대 동아시아를 모델로 하는 담론도 팽배해 있다. 더불어 중국의 부상과 미국의 상대적 쇠퇴 같은 거대한 세력균형의 변화 또한 일어나고 있다. 각 국가들은 자국의 힘과 이익을 극대화하면서 가치를 실현하는 동북아의 아키텍처를 만들어가기 위해 각 이슈영역에서 다양한 노력을 기울이고 있다.

북한 문제가 동북아의 지역 단위 문제와 어떻게 결합하는가는 한국 뿐 아니라 동아시아 국가들 모두에게 중요한 문제이다. 북핵 문제의 근원은 북한이라는 정치체의 성격과 운명에 관한 것이고 보면 동아시아 국제정치에서 북한의 지위를 설정하는 것이 핵심적인 문제라는 것을 알 수 있다. 북한 문제를 지역 단위에서 다자주의 협력에 의해 해결해 나간다면 비단 북한 뿐 아니라 지역 전체에 발전적 영향을 미칠 것이다. 다자주의 안보제도가 결여되어 있는 동북아에서 북한 문제는 비단 부정적 문제로 시작되었지만 동북아 국제관계의 기본 논리를 변화시킬 수 있는 기회인 것이 사실이다. 그러나 북한 문제 해결과정에서 남과 북의 대결이 심화되고 북한의 미래를 둘러싼 미중 간의 대결, 더 나아가 동북아의 분열이 심화된다면 북한 문제 자체가 해결되기 어려운 것은 물론, 강대국들 간의 전략적 불신도 심화될 수 있다.

작년 12월 북한의 미사일 발사를 기점으로 동북아 국가들 간의 안보협력과 경쟁을 종착점을 모르고 빠르게 전개되어 가고 있다. 북한은 미사일 발사 실험에 이어 올해 2월 핵실험을 강행하였고 이후 빠른 속도로 한반도와 북미관계에서 군사적 긴장을 고조시키고 있다. 동북아 모든 국가들에서 새로운 지도자가 등장한 첫 무대에서 북한은 최초의 본격적 행보를 시작한 주인공이 되었다.

한국의 대북 전략 목표는 북한이 핵이나 미사일을 통해 생존을 도모하는 핵선군 전략을 포기하고 경제개혁과 개방을 통해 국제표준에 맞는 사회로 탈바꿈하는 기초를 이루고 남북 간의 공존과 상호발전을 도모하는 한편, 국제사회와 정상적인 관계를 가지도록 하는 것이다. 이 과정에서 북핵 문제 해결을 위한 북핵 프로세스가 불가역적을 자리잡고, 한반도 평화체제가 본격적으로 정립되는 동시에 북한의 국제화를 위한 주변국가들의 대북 협력 체제가 만들어져야 할 것이다.

문제는 북한의 병진전략이 비핵화를 부정하고 핵무력건설을 전제로 하고 있으며, 핵포기를 협상의 대상으로 삼는 것을 거부하고 있기 때문에, 한국의 향후 대북 전략과 양립가능하기가 현재로서는 어렵다는 것이다. 북한을 제외한 모든 6자 회담 참가국들은 이미 북한의 비핵화를 자국의 가장 중요한 전략적 목적으로 적어도 명시적으로는 선언하고 있다. 따라서 원칙상 북한의 병진전략을 전제로 북한과의 전략적 관계를 발전시켜나가기는 쉽지 않을 것이다.

한국이 향후 대북 전략을 추진하기 위해서는 북한과의 전략적 관계 설정은 불가피하다. 상대방을 인정하지 않은 상태에서 대화와 협력을 도모하는 것은 장기적 관점에서 불가능하기 때문이다. 무엇보다 북한의 체제와 정권에 대한 위험을 가할 의사가 없음을 명확히 하고, 북한의 행위와 정책이 위협이 되는 경우 이에 대해서는 강력한 대응을 할 것이라는 점을 확실히 할 필요가 있다. 현재 남북관계의 교착상태를 벗어나기 위해서는 남과 북이 새로운 전략적 관계를 설정한다는데 암묵적으로 합의하는 과정을 거쳐야 한다. 새로운 전략적 관계는 서로의 존재를 인정하고 상호불가침과 평화체제로의 이행을 약속하는 관계이어야 한다. 또한 그간의 합의를 인정하면서 구체적인 실천을 위해 함께 노력하는 관계를 정립하는 것에 합의해야 한다. 향후 한국이 설계하는 대북 전략 속에 남과 북의 장기적 관계 설정에 대한 명확한 청사진이 제시되어야 할 것이다.[16]

다른 핵심적 사항은 북한이 설정한 경제건설과 핵무력건설의 병진이 사실상 불가능하다는 점을 북한 스스로 깨닫고 새로운 전략을 모색하도록 유도하는 것이다. 핵무력을 가지고 있는 한 주변국의 대북 지원은 매우 제한되어 있고 현재 북한의 경제상황상 외부지원 없는 장기적 경제건설은 극히 어려울 것이다. 어려운 경제는 북한 정권 위협으로 이어질 수 있기 때문에 북한은 이를 경계하겠지만 지금부터 보다 합리적인 계획을 세우지 않는다면 병진이 가져올 파국에 직면할 수도 있다. 한국으로서는 북한이 핵 없는 안보를 확신

....
[16] 평화통일연구원, 『북한국제화 2017』 (서울: 평화통일연구원, 2013), 21-22쪽.

하도록 유도하고 경제건설을 통해 정상적인 발전의 행로를 택하도록 하는 전략을 추구해야 한다. 이 과정에서 주변국의 협력은 매우 중요한데, 주변국 역시 북한이 안보와 경제발전을 보다 합리적 과정을 통해 추구할 수 있도록 전략과 인식, 정책의 공동체를 이루어 나가야 한다.

보다 구체적으로 미중관계 속에서 한국은 북핵 문제의 본질을 정확히 파악하고 해결책을 제시하는 정책지식 레짐의 주도적 역할을 해야 한다. 북핵 문제는 북한의 미래, 한반도의 새로운 거버넌스, 미중관계 속 한반도의 외교적 지향 등과 밀접하게 연결된 문제이다. 북핵에 대한 기술적 접근, 혹은 강대국의 지정학적 이익에 기반한 현실주의적 접근으로는 해결될 수 없는 문제라는 사실을 명확히 하고 문제의 본질에 대한 논리를 정확히 세워야 한다.

북한 문제는 이제 성격상 동북아 국가들의 이해관계와 밀접히 관련되고, 향후 지역 세력균형의 변화와도 연결되어 있으며, 지구적 비확산 레짐의 문제와도 상통한다. 한국은 북한의 비핵화, 이를 위한 복합평화체제구축, 북한의 선경제로의 변환 등을 위해 국제협력체제를 마련하는데 주도권을 가져야 한다. 이를 위해서는 한국이 주도하는 미래의 한반도가 주변국들의 이익에 일치한다는 점을 명확히 보여야 할 것이다.

대북 전략은 미래의 한반도를 위한 한국의 외교정책과 궤를 같이 할 수밖에 없다. 북한 문제를 해결하는 것은 한국의 핵심 전략목적이지만, 이를 통해 지역 내 한국의 지위가 제한되거나 정책자원을 소비하게 된다면 이는 또한 삼갈 일이다. 따라서 북한 문제를 해결하면서 동시에 지역 내 한국의 외교목적을 달성할 수 있도록 두 차원을 결합해야 한다.

한국은 21세기 들어 동북아 뿐 아니라 세계적으로 책임 있는 중견국의 역할을 추구하고 있다. 단순히 단기적 국익을 위한 노력 뿐 아니라 지역의 아키텍처, 그리고 지구적 규범을 위해 노력하며 이를 통해 보다 장기적이고 구조적인 이익을 추구하는 국가로 발돋움하려 하고 있는 것이다. 향후 북한 문제를 다루어 갈 때, 단순히 남북관계 발전의 차원에서 뿐 아니라 지역차원의 협력구도 창출, 미중간의 협력 증진, 그리고 핵 비확산과 관련된 지구적 규범 강화의 차원에서도 많은 노력을 기울여야 할 것이다.

북한 핵교리의 변화와 미중 협력

조동준

1. 들어가며

북한의 장거리 미사일 능력이 빠르게 향상되고 있다. 북한은 1998
년 8월 31일 인공위성 운반체인 백두산 1호를 발사했다. 이후 두 차
례 실패를 거쳤지만, 2012년 12월 12일 은하-3호를 통하여 '광명성
3호-2호기'를 궤도에 올렸다. 북한의 과장과 달리 은하-3호가 기술
적 한계를 가진 것으로 드러났지만,[1] 북한의 장거리 미사일 능력이
무시하지 못할 수준에 올라와 있다는 점이 명확해졌다. 위성 발사
용 탄도미사일은 장거리 운반체로 활용될 수 있기 때문에, 북한의
로켓 기술은 동아시아 안보를 위협하고 있다. 인공위성 발사에 성
공한 거의 모든 나라가 그러했듯이, 북한도 인공위성 발사를 통하
여 장거리 미사일 기술을 발전시키고 있다고 보아야 한다.

　　더 우려스런 상황은 북한이 명시적으로 핵선제공격을 언급하기

....

[1] 은하-3호는 노동미사일의 수준을 크게 넘지 못한다. 1단 추진체는 4개 노동미사일
엔진과 진로와 속도를 조절하는 4개 보조엔진(vernier engine)으로 구성된다. 2단 추진
체도 노동미사일 엔진으로 추정되며, 1단과 2단 추진체에 사용된 연료는 스커드 미사일
에 사용하는 액체연료이다. 3단 엔진에 사용된 연료는 스커드 미사일에 사용하는 연료
보다는 안정성을 갖춘 (고체)연료로 추정된다(Panel of Expert 2013, 16-17).

시작했다는 점이다. 북한은 2011년 이후 핵무기를 선제공격 수단으로 사용할 의지를 암시하다가 2013년 3월 위기국면에서 명시적으로 핵무기를 선제공격용 수단으로 사용하겠다고 밝혔다(북한 외무성 2013.3.7; 북한군 최고사령부 2013.3.21). 북한의 핵선제공격선언이 핵무기 기술의 발달에 기반을 두었는지 북한식 위협인지 아직 판단할 수 없지만, 북한의 새로운 언술을 눈여겨 볼 필요가 있다. 특히, 북한이 장거리 미사일에 핵무기를 탑재시킬 경우, 물리적 거리는 무의미하다. 북한이 핵무기를 실제 군사적 수단으로 사용할 수 있는 위험이 증가했다. 더 나아가 핵무기를 실제 사용할 수 있는 핵교리(nuclear doctrine)로 이어질 수 있다. 핵무기와 장거리 미사일을 동시에 구비한 대부분 국가가 그러하듯이, 북한도 핵무기를 정치적 자산이 아니라 군사적 자산으로 활용할 가능성이 있다.

이 글은 북한의 핵무기 담론에서 핵교리를 추론하고, 북한의 핵무기 발전을 늦추기 위한 미·중 협력의 방안을 검토한다. 이 글은 세 가지로 크게 구분된다. 첫째, 북한의 핵교리를 추론하기 위한 준거점으로 중국과 소련의 핵교리의 발전을 검토한다. 북한의 핵무기 개발 역사에서 소련의 영향이 매우 크고, 북한의 핵무기 보유 이전 중국의 핵교리에 영향을 받았다는 점을 고려하면,[2] 북한의 핵교

....

[2] 중국과 소련은 북한의 핵무기 개발 과정에 직간접적으로 연결되었다. 1956년 3월 소련은 북한과 '원자력의 평화적 이용에 관한 협정'을 체결한 후, 북한의 핵 과학자를 훈련시켰고 연구용 핵원자로를 제공했다. 이 때 제공된 원자로와 핵기술이 북한 핵무기 개발의 초석이 되었다. 또한, 소련은 북한 장교에게 소련 참모학교 유학 기회를 제공하였고 이를 계기로 소련의 핵교리가 북한으로 유입되는 경로가 마련되었다(신재인 1998, 31-32; 이춘근 2005, 72-73). 중국도 북한의 핵무기 개발과정에 간접적으로 연결되어 있다. 대표적 예로, 북한은 중국 삼강항천방산특종차량유한공사(湖北三江航天万山特种车辆有限公司)가 생산한 WS51200 화물차를 개조하여 화성-13 미사일(KN-08)의 이동발사대를 만들었다(Pollack 2012; Schiller 2012, 91).

리가 중국 또는 소련의 핵교리와 연관되어 있다고 추정할 수 있다. 둘째, 북한의 핵무기 담론이 변화하는 과정을 검토하면서, 핵교리를 추론한다. 북한이 핵무기를 보유하기 이전에는 핵공격을 방어하는 군사 교리를 가지고 있었다고 보인다. 북한이 핵무기를 보유했다고 선언한 이후에는 핵무기를 억지의 수단으로 활용하는 교리에서 점차 공격의 수단으로 활용하는 교리로 옮겨가고 있다. 셋째, 북한이 핵무기 능력을 증강하는 속도를 늦추기 위한 미국과 중국의 정책 공조 방안을 검토한다.

2. 대륙간탄도미사일 보유 이전 소련과 중국의 핵교리

소련과 중국은 핵무기 실험을 성공한 이후, 핵무기의 용도를 둘러싼 논의를 전개하였다. 핵무기 보유 이전 양국은 핵무기를 평가절하했지만, 핵무기를 보유한 이후 핵무기를 군사적 수단으로 활용할 수 있는 방안을 강구했다. 하지만, 대륙간탄도미사일을 보유하기 전까지 핵무기를 운송하는 어려움으로 인하여, 양국은 핵무기를 군사적으로 사용하는 교리를 발전시키는데 어려움을 겪었다. 이 절은 소련과 중국이 핵무기를 보유했지만 장거리 운송 수단을 구비하지 못했던 시기,[3] 핵무기 관련 군사교리를 정리한다.

2.1. 소련 사례: "핵 기습" 무용론에서 선제공격으로

소련은 1949년 8월 29일 핵폭발 실험에 성공하였다. 농축 우라늄의

----

[3] 소련의 경우 1949년부터 1956년까지, 중국의 경우 1964년부터 1970년까지의 시간을 의미한다.

연쇄 핵분열로 TNT 약 22킬로톤의 폭발력을 보인 작전명 '첫째 번개'의 성공으로 소련은 2번째 핵무기 보유국이 되었다(Angelo 2006, 679-680). 소련은 1946년부터 핵실험 준비하였고 기술적 장벽을 극복해 마침내 핵실험을 성공적으로 마쳤다. 소련의 핵폭발 실험 성공은 미국에 의하여 처음으로 알려졌다. 대기중 핵물질의 농도를 정기적으로 관측하던 미국 공군이 높아진 핵물질의 농도를 추적하면서, 소련이 핵실험을 했다는 증거를 발견하였다(Richelson 2007, 88-91; Ziegler and Jacobson 1995, 210-211). 1949년 9월 23일 미국 정부가 소련의 핵실험 성공을 전세계에 알렸고(Truman 1949.9.23), 소련도 핵무기 보유를 공식적으로 인정하였다. 이로써 미국의 핵독점이 무너졌다.

소련의 핵무기는 1950년대 중반까지 군사교리의 변화로 이어지지 않았다. 핵무기의 전술적 능력을 인정했지만, 소련 지도층은 핵무기가 전쟁의 향방을 바꿀 수 있다고 생각하지 않았고, 전술적으로 핵무기를 어떤 용도로 사용할지에 대한 논의를 진행하지도 않았다. 핵무기의 중요성에 대한 낮은 평가는 완만한 핵전력의 증가로 이어졌다. 소련의 핵무기 보유량은 급격히 증가하지 않았고(그림 1 참조), 핵무기를 운반할 수단에 대한 대규모 투자도 이루어지지 않았다.

핵무기 보유가 군사교리의 변화로 이어지지 않은 이유는 크게 세 가지로 요약될 수 있다. 첫째, 스탈린(Joseph Stalin)이 핵무기의 중요성을 인정하지 않았기 때문이다. 스탈린은 1942년 2월 23일 명령 55호를 통하여 상황의 변화와 무관하게 전쟁의 승패 원인으로 (1) 후방의 안정, (2) 군대의 사기, (3) 군대의 양과 질, (4) 군대의 무장 상태, (5) 지휘관의 조직 능력을 "상수적 요인"(permanently operating factors)으로 꼽았다(Stalin 1946[1942], 45-46). 그는 독일 군이 전쟁 초기 기습을 통하여 군사적 우세를 보였지만, 기습이 전 쟁에서 일시적 요인이며, 기습의 효과가 사라졌다고 주장했다.[4] 또 한, 1945년 포츠담 회의에서 스탈린은 트루먼 대통령이 언급한 "특 별한 무기"에 대하여 충분히 알고 있음에도 불구하고 철저하게 무 시했다(Gordin 2009, 9). 스탈린에게 기술혁신에 기반한 새로운 무 기는 전쟁의 승패를 가르는 "상수적 요인"이 아니었기 때문이다. 더 나아가, 스탈린은 미국의 핵위협을 "핵 전격작전"(atomic Blitzkrieg) 이라고 표현했다(Kokoshin 1998, 112). 소련이 독일의 전격작전을 극 복하였듯이, 미국의 핵전쟁도 이겨낼 수 있다는 의미를 내포하고 있 었다. 스탈린의 명령과 어록은 1953년까지 소련의 군사교리를 압도 하였다. 소련군은 스탈린이 언급한 전쟁의 "상수적 요인"에 부합하 는 교리를 만들었다. 스탈린의 언술체계에서는 핵무기가 중요한 수 단으로 인정을 받지 못했기 때문에, 핵실험 성공 이후에도 핵무기가 군사교리의 변화로 이어지지 않았다(Garthoff 1959, 4-5; Kokoshin 1998, 115; Lockwood 1983, 28-29).

....

[4] 스탈린이 독일군 기습의 중요성을 부정하는 것은 2차대전의 맥락 속에서 이해되어야 한다. 스탈린은 독일이 소련을 공격하지 않으리라는 오판을 하고, 소련군 지휘부를 숙 청하는 등 전쟁 준비를 하지 않았다(Gorodetsky 1998, 13-18, 155-158). 기습의 중요성 을 인정하면 스탈린 자신의 전략적 판단 실수를 인정해야만 하기 때문에, 스탈린은 기 습의 중요성을 부정하였다.

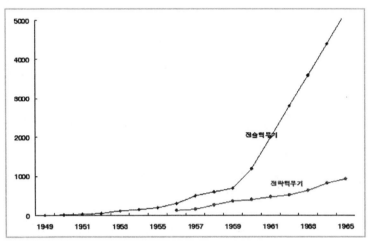

〈그림 1〉 소련의 핵탄두 숫자(1949-1990)

자료: Natural Resources Defense Council 2002a; Natural Resources Defense Council 2006, 66.

둘째, 소련이 핵무기를 운반할 수 있는 수단을 구비하지 못했기 때문이다. 1949년 소련의 핵실험 성공 당시 소련은 Tupolev Tu-4 장거리 전략폭격기를 구비하고 있었다. 소련 과학자는 미국 B-29를 해체한 후 조립하는 과정을 통하여, Tupolev Tu-4 전략폭격기를 만들었다. 이 전략폭격기의 작전 반경이 5,400km에 불과했고, 1955년 실전배치된 Tupolev Tu-16도 작전반경이 최대 7,200km에 불과했다. 소련의 공군기가 착륙하여 급유를 받을 수 있는 기지가 미국 본토 주위에 없기 때문에, 소련에서 출발한 전략폭격기가 미국에 핵공격을 가한 후 복귀할 가능성이 전혀 없었다. 최고 성능의 전략폭격기를 1회용으로 사용할 가능성을 완전히 배제할 수는 없었지만 (Symington 1950, 1233), 운반 수단의 제약과 같은 기술적 한계로 인하여 핵무기를 전투에 사용하는 교리가 발전하기 어려웠다.

셋째, 소련의 전쟁 경험이다. 나폴레옹 전쟁과 1차대전을 치르면서, 러시아는 지구전과 소모전을 통하여 승전하였다. 서유럽 산업국가의 기술혁신에 기반한 신무기와 군사교리는 러시아와의 교전 초기 단계에서는 효과를 발휘했지만, 러시아가 가진 광대한 영토와 풍부한 인적 자원이 궁극적 승리의 원인이었다. 이런 전쟁 경험은 러시아의 군사교리에 반영되었고, 2차대전을 통하여 강화되었다. 소련의 산업 기반이 거의 파괴되거나 독일의 통제 아래에 놓일 만큼 초기 전쟁에서 밀렸지만, 결국 소련이 승리하였다. 2차대전의 경험으로 소련의 군사교리는 지구전과 방어를 강조하였다(Kipp 2010, 194-197).

1953년 스탈린 사후 소련 전략가들은 기습 공격과 핵무기 공격의 피해를 심각하게 고려하기 시작하였다.[5] 특히 1955년 주코프(Georgy Zhukov) 원수가 국방장관을 맡으면서, 소련 전략가들은 공개적으로 스탈린의 "상수적 요인"을 부정하고, 핵무기가 전쟁에 가져온 변화를 면밀히 검토하기 시작하였다. 동시에 핵무기를 사용한 기습 공격을 받게 될 경우, 승전 요인으로 꼽히던 풍부한 인적 자원과 광대한 국토의 장점이 사라질 위험성을 인식하였다. 미국이 핵전력에서 우위를 점하고 있는 상황에서 소련이 핵무기를 사용한 기습 공격을 받을 경우, 감당할 수 없는 피해를 입게 될 수밖에 없

....

[5] 탈렌스키(Nikolai Talensky) 중장과 롯미스트로프(Pavel Rotmistrov) 대장은 스탈린의 "상수적 원인"을 부정하고, (핵무기를 사용한) 기습 공격이 전투는 물론 전쟁에서 결정적 승리를 가져올 수 있다는 의견을 개진하였지만, 스탈린의 영향은 스탈린 사후에도 일정 기간 유지되었다. 탈렌스키 중장은 보직 해임을 당했고, 롯미스트로프 대장의 논문은 소련 군부의 결정으로 출판되지 못했다(Freeman 2003, 136-138). 스탈린 사후 지도자로 등장한 말렌코프(Georgi Malenkov)는 소련의 핵무기가 미국의 공격을 막는 억지 효과를 가질 수 있음을 강조하면서, 자본주의 국가와의 평화 가능성을 낙관하였다(Horelick 1960, 3-6). 이는 소련 군부의 반발을 초래하였고, 결국 말렌코프의 실각으로 이어졌다.

다는 비관론이 퍼졌다. 자본주의와 사회주의 간 전쟁이 불가피하다는 공산주의 교리를 부정할 수 없는 상황에서, 소련 전략가들은 핵무기의 파괴력과 전쟁불가피를 결합하는 탈출구를 찾아야만 했다.

롯미스트로프 대장의 글은 1955년 당시 소련 전략가의 고민과 해법을 보여준다.

> 원자폭탄, 수소폭탄, 현대 전쟁 수단을 활용한 기습 공격은 새로운 형태를 보이며, 과거 전쟁보다 심대한 결과로 이어질 수 있다. … 신무기를 활용한 대대적 기습 공격은 정부를 급속하게 몰락시킬 수 있다. (신무기 공격으로 인하여) 사회경제적 구조가 작동하지 않고, 지리적 위치가 불리하기 때문에, 정부의 저항 능력이 약화된다. … 소련군의 임무는 적이 조국에 기습 공격을 하지 못하도록 함이다. 만약 적이 기습 공격을 가할 경우, 적을 격퇴함은 물론 적에게 반격을 가하며 심지어 선제공격을 가하는 것이다. 따라서 소련 육군과 해군은 모든 필요 수단을 갖추어야 한다.[6]

롯미스트로프 대장의 해법은 두 가지로 요약된다. 첫째, 적이 기습공격을 가하지 못하도록 선제공격을 한다. 1956년 소련군은 작전반경이 8,100Km인 대륙간 폭격기 Myasishchev M-4 Molot를 실전 배치하였다. 소련 본토에서 출격한 장거리 폭격기가 미국 본토를 공습한 후 귀환할 수 있는 기술적 능력을 구비함에 따라, 소련군은 장거리 폭격기를 활용하여 적의 핵무기 능력을 선제적으로 무력화시키는 교리를 발전시켰다. 1956년 제20차 당대회에서 주코프 국방

....

[6] Freeman 2003, 141-142에서 재인용. 원문의 영문 제목은 "On the Role of Surprise in Contemporary War"이며 1955년 Voennaya Mysl(2)에 게재되었다.

장관은 장거리 폭격기의 중요성을 강조하였다. 둘째, 장거리 폭격기를 활용하여 핵공격을 가하는 방안이다. 적의 공격이 불가피하다면, 먼저 핵무기를 사용하여 적의 인적 자원과 경제적 자원을 무력화시킨다(Freedman 2003, 142).

2.2. 중국 사례: "종이 호랑이"

국공내전부터 1970년대까지 중국의 군사교리는 인민전쟁으로 대표된다. 모택동은 인민 속에서 전쟁의 위력을 찾았다. 선전을 통하여 대중을 동원하고 조직하고 무장함으로써 궁극적으로 혁명에서 승리할 수 있다는 믿음을 가졌기 때문에, 인민의 동원을 군사 문제보다 중요시하였다. 홍군이 단순히 전투를 진행하는 행위자가 아니라 대중을 동원하여 무장하는 공작대의 임무를 맡아야 할 정도로 군과 인민의 관계는 밀접해야 한다고 믿었다. 군사적 주요 임무는 영토 보전이 아니라 대중을 동원하여 무장하기에 충분한 시간을 확보하는 것이었다. 결국, 전쟁에 있어 "결정적 요소는 인간"이라고 믿었다(장공자 2007, 20; Huang 2001, 135–138). 혁명 세력을 물고기, 인민을 물로 비유하듯이, 인민전쟁은 인민의 절대적 지지에 기반하고 있다(강재륜 1976, 103).

반면, 모택동은 무기의 중요성을 상대적으로 낮게 평가했다. 무기와 경제력 등 물질적 측면의 중요성을 부인하지는 않지만, 병사들의 용기, 투지, 희생정신을 더 강조하였다. "무적의 정신"으로 모든 적을 타도하라는 요구는 노후한 무기와 전력 열세에 놓인 홍군에게는 피할 수 없는 숙명이었다. 홍군은 교전하면서 획득한 무기를 가지고 전투를 진행할 수밖에 없는 상황이었다. 현대 무기로 무장한 외국군, 국민당 군과 지구전을 펼치면서, 모택동은 홍군에게 정신력으로 전력열세를 극복할 수 있다는 믿음을 주었다. 불굴의 의지로 난관을 극복할 수 있다는 믿음은 현대 군사교리와 큰 차이를 보였다.

모택동은 핵무기를 미국 반동세력이 (중국) 인민에게 겁을 주려는 "종이 호랑이"로 비유하였다. 핵무기의 전술적 파괴력을 인정하지만, 핵무기는 전쟁의 결과를 결정짓는 요소가 아니라고 주장하였다. 전쟁의 결과는 신무기로 결정되기 보다는, 인민에 의하여 결정된다는 입장을 가졌다(Hsieh 1962, 132). 물질적 원자탄보다는 "정신적 원자탄"을 강조하였다(Garthoff 1966, 178).

핵무기가 "종이 호랑이"라는 주장은 네 가지로 요약될 수 있다. 첫째, 반핵 여론과 보복 공격의 위험에 기반했다. 핵무기가 가진 심대한 파괴력으로 반핵 여론이 일어날 수밖에 없고 핵공격은 핵보복을 초래하기 때문에, 핵무기를 사용할 수 없다는 논리였다. 둘째, 인민전쟁에 포함된 비정규전과 핵무기는 서로 어울리지 않는 조합이기 때문이다. 핵무기는 밀집한 군사력을 일거에 무력화시킬 수 있는데, 인민전쟁은 전투력을 집중시키는 정규전이 아니라 게릴라전의 특징을 가진다. 셋째, 핵무기의 피해를 최소할 수 있는 방어책에 대한 믿음이다. 특히 미국으로부터 핵공격을 당할 위험성이 높았던 한국전쟁 당시 중국은 여러 경로를 통하여 핵무기의 피해를 최소할 수 있는 방안이 있다는 주장을 펼쳤다. 넷째, 핵무기는 집중된 인적 자원과 군수 자원을 파괴하는데 사용될 수 있겠지만, 분산된 인적 자원과 군수 자원을 파괴하는데 효과적이지 않다는 점이다(Whiting 1960, 142-198).

모택동의 인민전쟁 교리가 올바르다는 믿음은 교조주의 수준에 이르렀다. 모택동의 군사교리와 상이한 생각은 철저하게 억압되었다. 대약진운동, 문화혁명을 겪으면서 핵무기의 무의성(無意性)을 포함하는 인민전쟁 교리가 정설이 되었다. 1963년 중국 공산당 중앙위원회는 아래와 같이 핵무기의 무용성을 소련에게 언급하였다.

> 미국이 이런 종류의 무기(핵무기)를 사용한다면 극단적 고립에 빠질 것이다. 내전과 민족해방전쟁이 근접 거리에서 진행되기 때문에, 핵무기는 모두에게 큰 피해를 줄 수밖에 없다. 따라서 군사적으로 핵무기의 파괴력은 제한적이다(Hsieh 1966, 156-157).

1964년 10월 16일 핵실험 성공 후에도 중국은 핵무기의 중요성을 인정하지 않았다. 첫 핵실험의 성공을 알리는 성명에서도 "종이호랑이" 주장이 여전히 유효하다고 밝혔다. 중국이 핵무기의 파괴력을 믿거나 사용할 계획을 가지기 때문에 핵무기를 개발하는 것이 아니라, 핵독점을 무너뜨리고 핵무기를 제거하기 위함이라고 주장했다(Government of People's Republic of China 1964). 중국은 핵실험의 성공을 (1) 경제적, 기술적 자립의 상징, (2) 핵무기 감축을 제안하는 핵평화공세, (3) 공산진영과 민족해방진영에서 영향력 증가와 연결시켰다. 핵실험의 성공에 제한된 효과를 연결시킴으로써, 미국의 핵보복을 최대한 피하려고 하였다(Halperin 1965a; Halperin 1965b). 핵실험 성공 후 중국은 미국 핵잠수함의 기항을 허락한 일본에 대하여 예외적으로 "핵재앙"을 언급하면서 위협했다. 이 경우에도 일본 정부에 대한 직접적 위협보다는 일본 내 반전반핵 세력에게 미일조약의 위험성을 부각시키는 일에 집중했다.

중국의 핵전력은 핵실험 성공 이후에 급격히 증가하지 않았다. 중국의 핵실험의 숫자가 미국과 소련의 실험 횟수를 합산한 수치의 3%에 불과할 정도로, 핵실험을 많이 하지 않았다. 핵실험 성공 후 1970년 말까지 중국은 총 75기의 핵무기를 보유했고(Natural Resources Defense Council. 2002a).[7] 운송 수단은 Hong-6 폭격기(작전반경 3,100km)와 Quian-5A 폭격기였다(Lewis and Hua 1992, 9-11). 동풍-3/3A 핵미사일이 개발되어 있었지만, 1971년에 이르러 실전배치되었다. 1970년대 말까지 핵무기가 중국 인민의 사기를 올려 (인민을) 진짜 호랑이로 변환시키는데 기여했다고 함으로써, 핵무기를 인민전쟁의 수단으로만 인정했다. 1964년 핵실험 성공을 밝히면서 공표했던 핵무기 선제 사용 금지와 군비경쟁 반대를 핵교리의 핵심으로 삼았다.

....

[7] 핵실험 성공 후 미국은 7년 만에 핵탄두 1,000개를 넘게 보유하였고, 소련은 핵실험 성공 후 11년 만에 핵탄두 1,000개를 넘게 보유하였다(Natural Resources Defense Council. 2002b; Natural Resources Defense Council. 2002c).

3. 대륙간탄도미사일 보유 직후 소련과 중국의 핵교리

소련과 중국이 대륙간탄도미사일을 개발한 후, 두 국가는 핵교리의 변화에서 상이한 경로를 보였다. 소련은 대륙간탄도미사일을 활용한 핵교리를 상대적으로 빠르게 도입하였다. 반면, 중국은 1980년대 중반에 가서야 대륙간탄도미사일을 활용한 군사교리를 고려하였다(Fravel and Medeiros 2010, 52). 이 절은 양국이 대륙간탄도미사일의 시험비행을 성공적으로 마친 후 약 10년 동안 대륙간탄도미사일을 군사교리로 편입시키는 과정에서 발생한 차이를 기술한다.

3.1. 소련 사례: 핵위협에서 핵억지

소련은 1957년 8월 21일 대륙간탄도미사일을 성공직으로 실험했다. 소련의 대륙간탄도미사일 개발은 1953년부터 시작되었다. 1954년 최초 대륙간탄도미사일 R-7의 설계도가 마련되었는데, "1.5단계" (one and a half stage) 추진체로 구성되었다. 즉, 4개 엔진을 묶어 1단계 추진체로 사용하고, 보조 엔진(sustainer engine)을 가운데 두었다. 1단계 추진엔진의 연소가 끝난 후 분리되면, 보조 엔진이 탄두를 추진하는 방식이었다(U.S. Cryptologic History 1975, 62).[8] 1957년 첫 세 번 시험발사는 실패로 끝났지만, 1957년 8월 21일 네 번째 시험에서 탄두에 해당되는 부분이 6,000km를 비행한 후 목표 지점에 도달하였다. 첫 대륙간탄도미사일 발사 성공 후 소련은 아래와 같은 성명서를 발표하였다.

> 초장거리 다단계 대륙간 로켓이 며칠 전 발사되었다. 이 로켓 (R-7)에 대한 시험이 사전 계산과 설계대로 이루어졌다. 로켓은 짧은 시간동안 장거리를 유례없이 높은 고도로 날았고 목표에 도달했다[ИTAP-TACC 1957.8.2(U.S. Cryptologic History Program 1975, 33 재인용)].[9]

소련은 1957년 10월 4일 R-7 대륙간탄도미사일을 발사체로 개조하여 인류 역사상 처음으로 인공위성을 지구 궤도에 안착시켰다. 미국의 인공위성계획에 자극을 받아 1955년 8월 8일 소련 공산당 중앙위원회가 승인했던 계획이 현실로 구체화되었다.[10] 소련 공산당 중앙위원회가 1954년 5월 20일 승인했던 대륙간탄도미사일 개발 계획의 성과로 나왔던 R-7 대륙간탄도미사일이 발사체로 사용되었다. Sputnik-1이 궤도에 안착한 후, 소련은 "연구소와 디자인국의 위

....

[8] R-7 로켓의 길이는 약 31미터, 추진력은 약 백만 마력, 중량은 약 250톤, 사거리는 약 126,500 마일이다.

[9] 흐루시쵸프(Nikita Khruschev)는 1958년 9월 14일 대륙간탄도미사일 보유를 공식적으로 언급하였고, 1959년 1월 28일 다중 대륙간탄도미사일이 이미 생산되었음을 밝혔다(U.S. Cryptologic History Program 1975, 33).

[10] 1955년 7월 29일 아이젠하워 미국 대통령이 국제지구물리관측년(International Geophysical Year, 1957년 7월~1958년 12월)에 인공위성을 발사할 계획을 먼저 밝혔다.

대하고 집중적인 노력의 결과 첫 인공위성이 만들어졌다"는 소식을 알렸다[Pravda 1957.10.5(Frieger 1958, 311 재인용)]. 우주경쟁이 본격적으로 시작되었다.

R-7 대륙간탄도미사일의 성공적 발사 이후 소련의 핵전략가들은 대륙간탄도미사일의 효과가 근본적이라고 생각하였다. 소련 공산당 서기장 흐루시쵸프는 장거리 폭격기가 더 이상 유용하지 않다고 하면서, 대륙간탄도미사일 발사를 "전환점"이라고 표현하였다(Garthoff 1975, 222-223). 공격하는 국가는 대륙간탄도미사일로 핵무기를 지구 어느 지점에도 보낼 수 있는 반면, 수비하는 국가는 날아오는 핵무기를 차단할 수 없기 때문이었다. 보관되어 있는 대륙간륙간탄도미사일을 파괴하는 방법이 유일한 방어책으로 여겨졌지만, 수비하는 국가가 대륙간탄도미사일을 이동하기 때문에 대륙간탄도미사일을 파괴하기 어려웠다(Ibid., 230-231). 상대방의 공격을 사전에 억지하는 수단으로서 대륙간탄도미사일이 조명을 받게 되었다.

흐루시쵸프는 대륙간탄도미사일에 장착된 핵무기를 결정적 억지 수단으로 인식하였다. 소련의 적이 1차 공격을 통하여 소련의 인적 자원과 경제적 자원에 대하여 심각한 피해를 준다 하더라도, 소련이 대륙간탄도미사일로 적에게 회복할 수 없는 인적-경제적 피해를 입힐 수 있다면, 소련의 적이 쉽게 공격을 할 수 없다고 생각하였다. 1950년대 핵무기는 정밀타격무기가 아니었기 때문에 대도시를 공격하는데 적합하지, 대도시 밖에 배치된 군사시설과 무기를 타격하는데 적합하지 않았다. 또한, 군사기술이 발달하지 못해, 핵무기를 무력화시킬 수 있는 통상적 정밀타격무기도 존재하지 않았다. 이 상황에서 대륙간탄도미사일에 장착된 핵무기가 적의 도발을 막는 억지 효과를 가진다고 믿을 수 있었다.

흐루시쵸프는 대륙간탄도미사일이 초래한 결과를 아래와 같이 말했다.

> 우리는 강력한 로켓 기술을 구비하고 있다. 현재 군사기술의 발전 상태에서 보건데, 공군과 해군의 중요성은 과거에 비하여 약화되었다. 이런 무기(공군과 해군의 무기체계)는 줄어든다기 보다는 대체되고 있다. 우리는 전폭기와 더 이상 사용하지 않는 군사장비의 숫자를 급격히 감소시켰고, 앞으로 더 감축시킬 것이며, 전폭기 생산을 중단할 것이다. 해군 전력에서 잠수함대의 중요성이 증가하는 반면, 일반 전투함은 과거에 수행하던 역할을 더 이상 수행하지 못한다(Warner 1977, 139-140).

1950년대 후반 대륙간탄도미사일에 대한 믿음은 두 가지 큰 변화를 가져왔다. 첫째, 군제 개편이었다. 1959년 12월 17일 전략로켓군(The Strategic Rocket Forces)이 육군 항공대로부터 분리되어 독립된 편제를 갖추었다. 1960년 제43 장거리 항공군(43th Air Army of the Long Range Aviation)은 제43 전략로켓군(43th Rocket Army), 제50 장거리 항공군(50th Air Army of the Long Range Aviation)은 제50 전략로켓군(50th Rocket Army)으로 바뀌었다. 1962년 제8 독립 미사일군단(8th Independent Missile Corps)이 제53 전략로켓군(53rd Rocket Army)으로 확대되었다.[11] 이처럼 장거리 폭격을 담당하는 부대가 전략로켓군으로 변화되었다. 장거리 폭격의 대상이 인적 자원과 경제 자원이었던 시절이었기에, 핵무기가 공군력을 대체하는 현상이 자연스럽게 연결되었다. 또한, 핵무기의 파괴력이 인력 대체 효과

....

[11] 1970년 제27 전략로켓수비대(27th Guard Rocket Army), 제31 전략로켓군(31st Rocket Army), 제33 전략로켓수비대(33rd Guard Rocket Army)가 추가로 창설되었다.

를 가진다는 생각으로 육군이 축소되었다.[12]

둘째, 소련의 외교 공세이다. 흐루시쵸프는 1958년 11월 10일 소련군이 통제하던 검문소를 동독군에게 이양한다고 일방적으로 발표하였다.[13] 동독군이 검문소를 통제하면, 서유럽 국가가 동독의 존재를 인정할 수밖에 없고, 이는 두 개의 독일이 기정사실로 되는 결과를 가져올 수 있었다. 더 나아가 1958년 11월 27일 서베를린을 외국군 부재 상태의 "자유도시"로 만들기 위하여 서유럽 국가와 협상할 의지를 공표하였다. 흐루시쵸프는 베를린 위기를 시작하면서, 소련의 핵무기로 인하여 유럽 국가들이 소련의 요구를 수용할 수밖에 없을 것이라고 예상하였다(Zubok and Pleshakov 197, 190-194). 베를린 위기 당시 흐루시쵸프는 핵위협을 명시적으로 또는 암시적으로 진행하였다(Bundy 1988, 359-364; Zubok 1993, 6-33).[14] 핵무기

....

[12] 핵무기를 탑재한 대륙간탄도미사일이 통상전력을 대체할 수 있다는 정책 제안은 소련 군부의 반발을 초래했다. 전쟁 초기에는 핵무기가 결정적 역할을 담당하는 반면, 전쟁의 최종 단계에서는 통상무기에 의하여 결정된다는 타협이 1962년 마련되었다(Bailey 2003, 263; Cimbala and Rainbow 2007, 27).

[13] 흐루시쵸프는 폴란드 공산당 서기장 고물카(Wladyslaw Gomulka)와 만나면서 베를린에서 외국군 철수를 요구하겠다는 의사를 밝혔다. 이 자리에서 그는 서유럽국의 반발 가능성에 대하여 아래와 같이 말했다.

만약 전쟁이 일어난다면 우리가 서독을 뭉개버릴 수 있는 위치에 있다는 것을 그들 (서유럽인)도 알고 있다. 전쟁은 몇 분 안에 결정된다. 사상자가 막대할 것이다. 그 다음 전쟁은 수년간 이어질 수 있다. 서독, 영국, 프랑스의 영토가 작기 때문에, (핵) 폭탄 몇 개면 충분하다. 전쟁 발발 몇 분 안에 그들이 결정을 할 수밖에 없다. 우리는 최근 (핵) 실험을 진행했고 운송 수단을 가지고 있어 1/10의 연료를 사용하고도 동일한 효과를 발휘할 수 있다. 또한 우리는 동일한 시간 안에 10배나 빠르게 (핵) 무기를 만들 수 있다[Minutes from the Discussion between the Delegation of the People's Republic of Poland and the Government of the USSR, 1958.11.10(Selvage 1998, 202에서 재인용)].

[14] 1960년 3월 3일 흐루시쵸프는 아이젠하워 대통령에게 미국이 동맹국을 무장시킨다면, 소련이 우호국(중국)에게 핵무기를 제공할 것이라고 협박하였다.

에 기반한 '벼랑 끝 전술'(brinkmanship)이었다.

1961년 하반기부터 소련의 지도부는 핵전력의 열세를 인지하였다. 1957년 대륙간탄도미사일 발사 성공 후 "역관계"(力關係)의 변화가 왔다고 주장했지만, 소련은 대륙간탄도미사일의 실전배치에서 미국보다 뒤졌다. 수량의 격차는 더욱 심각했다. 1956년부터 1965년까지 소련의 핵전력은 미국 핵전력의 10%에 불과하였다. 소련은 미국의 공격을 억지할 수 있는 능력을 구비하고 있는지 여부에 대하여 심각하게 고려해야만 했다. 미국의 1차 공격을 견디어 내고, 보복할 수 있는 능력에 대하여 자신감을 가지지 못했다.

〈표 1〉 미소간 핵전력 비교

Year	미국				소련			
	ICBM	SLBM	전폭기	전술	ICBM	SLBM	전폭기	전술
1956			3000	1618			126	300
1957			4200	2244			160	500
1958			5700	4122		6	263	600
1959	6		7000	8462		35	326	700
1960	13	34	6954	13433	2	32	372	1200
1961	60	84	6730	17237	11	60	401	2000
1962	213	151	6847	20085	38	72	412	2800
1963	627	168	6303	21151	104	72	462	3600
1964	952	605	6471	22723	201	72	548	4400
1965	897	1882	6567	22297	295	76	559	5200

자료: Natural Resources Defense Council 2002b; Natural Resources Defense Council 2002c.

1961년 소련의 반응은 두 가지로 표출되었다. 첫째, 대륙간탄도미사일에 탑재하는 핵탄두의 중량을 늘여 핵무기의 파괴력을 키우는 방안이었다. 1961년 9월부터 소련은 파괴력을 높인 핵무기를 실험하기 시작하였다. 최대 60 Megaton의 파괴력을 가진 핵무기도 실험하였다. 미국의 공격이 임박하다고 판단할 때, 파괴력이 큰 핵무기로 선제공격을 하는 방안도 검토하였다. 둘째, 쿠바에 핵미사일을 배치하여 장거리 미사일 격차를 줄이는 방안이었다. 소련이 중단거리 미사일에 핵무기를 탑재하여 쿠바에 배치하면, 이는 장거리 미사일과 유사한 효과를 가질 수 있었다(Allison and Zelikow 1999, 91-99).

1962년 쿠바 미사일 위기는 소련의 핵전력 열세를 다시 한 번 확인하였다. 쿠바에 배치된 핵미사일에 대하여 미국이 강력히 반발하자, 소련은 물러설 수밖에 없었다. 미국이 쿠바 미사일 위기를 빌미로 전쟁을 감행한다는 비관론에 효과적으로 대처할 수 없었다. 소련은 쿠바 미사일 위기 이후 미국과의 관계에서 타협적 입장을 택했다. 이는 중국과 북한의 반발을 초래하여, 양국이 핵무기를 개발하거나 탐색하는 정치적 배경이 되었다.

3.2. 중국 사례: '최소 억지'

1966년 10월 문화혁명이 진행되는 상황에서, 中國航天 제1학원은 1969년 10월 1일 중화인민공화국 수립 20주년에 맞추어 대륙간탄도미사일을 발사할 계획을 세웠다. 즉, 군사적 절박성보다는 국내정치적 이유 때문에 중국은 대륙간탄도미사일 개발을 시작하였다. 하지만 문화혁명 중 정치적 혼란, 기술적 어려움 등으로 인하여 개발

속도가 예정보다 늦어졌다.[15] 또한, 중소갈등의 국면 속에서 모스크바를 사정거리에 두는 핵미사일의 개발이 더 시급했기 때문에, 중국 지도부는 동풍-4 미사일(사정거리 4,500Km)의 개발과 실전배치에 더 집중했다.[16] 동풍-4 미사일 개발에 자원이 주로 배분되면서, 동풍-5 미사일의 개발이 늦추어졌다(Lewis and Hua 1992, 17-18).

중국은 1971년 9월 10일 대륙간탄도미사일 동풍-5 미사일의 시험발사를 행하였는데, "본질적 성공"으로 묘사되었다.[17] 중국도 미국과 소련의 대륙간탄도미사일 위협에 대항할 수 있는 능력을 가지게 되었지만, 중국은 이를 군사용 대륙간탄도미사일로 바로 활용하지 않았다. 중국은 하얼빈에 동풍-5 미사일 발사 기지를 만들고, 고비 사막이나 타클라마칸 사막에 표적을 맞추는 실험을 1976년까지 진행하였다. 즉, 대륙간탄도미사일을 중거리 미사일로 활용하는 시험을 반복하였다.[18] 1977년에 들어서야 동풍-5을 대륙간탄도미사일로 시험하는 계획이 수립되었고, 1979년 동풍-5가 다섯 차례에 걸쳐 발사되었다. 전자기기의 약점까지 보완한 시험 발사가 1980년 4월

....

[15] 1967년부터 1969년 사이 동풍-5의 개발에 관여한 과학자들이 문화혁명 중 하방되어 육체노동을 하거나 재교육을 받았다. 따라서 동풍-5의 개발은 사실상 중단되었다(Harvey 2004, 40).

[16] 1970년 4월 24일 중국은 중거리 로켓 동풍-4를 개조한 발사체 장정-1로 인공위성을 발사했다(Norris et al. 1994, 334).

[17] 동풍-5는 액체연료를 사용하는 2단 추진체로 구성되며, 중량은 183톤, 길이는 32.6미터, 탑재 가능한 탄두의 무게는 3,200Kg이다(Wisconsin Project on Nuclear Arms Control 1998). "본질적 성공"은 사전 설계에 따른 결과가 부분적으로 나타나지 않았다는 표현이다.

[18] 당시 중국은 소련을 주적으로 상정했고 미국을 소련에 대항하는 우군으로 여겼다. 중국의 대륙간탄도미사일 보유는 미국에 대한 위협으로 해석되었기에, 중국은 대륙간탄도미사일을 중거리 탄도미사일로만 활용함으로써 미국의 의심을 피하고자 하였다고 추정된다.

26일 성공적으로 진행되었다(Harvey 2004, 40-41).

중국은 소련과 다르게 대륙간탄도미사일 발사에 큰 의미를 부여하지 않았다. 또한, 대륙간탄도미사일을 실전 배치하는데 오랜 시간이 걸렸고, 대륙간탄도미사일 숫자도 매우 적다. 동풍-5 미사일의 실전배치 시점은 1981년으로 추정되며, 1990년대 초반 동풍-5 미사일 4대를 보유했다고 추정된다(Lewis and Hua 1992, 19). 1998년까지 최대 20개 동풍-5 미사일이 실전에 배치되었다고 추정되는데, 모두 고정식이었다. 중국은 이동식 대륙간탄도미사일 개발에도 적극적이지 않았다. 동풍-4 미사일을 변경하여 이동발사 가능상태로 만든 동풍-31의 시험발사가 1999년 8월 2일 진행되었고, 2007년부터 실전 배치되었지만 최대 10기를 넘지 않는다. 다탄두를 탑재할 수 있는 동풍-31A도 2007년 10기 이내로 실전 배치되었다(Kulack 2011; Office of the Secretary of Defense 2008, 56). 미국 국방부가 중국이 동풍-31 대륙간탄도미사일의 추가 실전 배치를 언급했지만, 지금까지 중국이 추가로 대륙간탄도미사일을 추가로 배치하였다는 발표나 보도가 없다.[19]

1971년부터 1985년까지 중국의 핵무기 관련 군사교리는 '최소억지'로 요약된다. 중국에게 핵무기는 초강대국의 핵공격을 억지하는 효과를 가지며, 핵무기에 기반한 위협에 저항할 수 있는 바탕이다(Fravel and Medeiros 2010, 58-62). 중국이 다른 초강대국에 필적할 수 있는 핵능력을 갖추지 않는다 하더라도, 최소한의 수준으로

....
[19] 미국 국방부는 2010년 중국이 2015년까지 동풍-31과 동풍-31A의 추가 배치 가능성을 언급하였지만(Office of the Secretary of Defense 2010, 34), 중국의 핵능력이 강화되었다는 증거를 제시하지 못하고 있다.

도 핵보복을 가할 수 있는 능력을 구비한다면, 억지효과를 가질 수 있다고 믿었다. "최소 억지"에 대한 믿음으로 인하여 중국은 1990년대 초까지 동풍-5 미사일 4대만을 보유했다.[20]

중국이 핵무기를 사용한 군사교리를 발전시키지 않은 이유는 네 가지로 요약된다. 첫째, "최소 억지"를 유지하려는 중국 최고지도자의 선택이다. 모택동, 등소평, 강택민 등 중국의 최고지도자들은 공통적으로 최소 수준의 억지능력을 선택하였다. 모택동 사상이 당의 지도이념으로 오랫동안 살아 있고 권위를 유지하기 때문에, 후임 지도자들도 급격한 변화를 모색하지 않았다. 또한, 자유로운 토론이 불가능한 권위주의 체제 아래서, 최고 지도자의 생각에 반하는 새로운 군사교리가 발전하기 어려웠다. 둘째, 군이 당에 의하여 통제되는 제도적 특징 때문이다. 공산주의 국가는 당이 최고 권력기관으로 군은 독자성을 가지지 못한다. 군사교리도 당의 공식적인 입장에 따라 결정되기 때문에, 핵무기 관련 부서에서 자체적으로 교리를 발전시킬 수 없다. 셋째, 중국의 핵무기 개발 능력에 한계가 있기 때문이다. 문화혁명 기간 중 발생한 하방운동으로 핵무기 제조에 관여되었던 고급 인력이 제대로 활용되지 못하였다. 군의 수재들도 하방운동으로 체계적 교육을 받을 기회를 박탈당했다(Fravel and Medeiros 2010, 55-70). 넷째, 핵무기 관련 정보의 부족이다. 1964년 핵실험 성공 이후 자력으로 문제해결이 강조되었기 때문에 해외 전문가와 상호작용을 할 기회가 절대적으로 부족했다.

....
[20] 중국은 동풍-4 미사일이 1차 공격에 의하여 파괴되지 않기 위하여 위장과 배치에 관한 역정보를 보냈다.

북한 핵교리의 변화와 미중 협력 **251**

4. 북한 핵교리의 변화

북한이 핵무기를 보는 시각을 파악하기 쉽지 않다. 핵무기의 속성상
북한이 비밀을 유지하기 위하여 노력하기 때문에, 북한의 공식 매체
를 통한 언급을 활용하여 핵무기를 군사적으로 활용하는 교리를
추론할 수밖에 없다. 이 절에서는 공식 매체에 등장한 문헌에 기반
하여 핵무기 관련 북한의 교리를 추론한다.

4.1. "전지역의 요새화"와 북한군 전진배치

냉전 초기 핵무기에 관한 북한의 입장은 국제정치상황의 변화를 반
영하였다. 정부 수립 이전 조선노동당은 핵무기 금지 입장을 가졌
다(노동신문 1947.3.13; 노동신문 1947.8.24). 소련이 아직 핵무기를
보유하지 못했던 시기 소련이 핵무기 금지의 입장을 가졌기 때문에,
북한도 핵무기 금지 입장을 가졌다. 1949년 소련의 핵실험 이후, 소
련의 핵실험이 제국주의의 도발을 막는 효과를 가져 인류행복에 기
여한다는 소련의 입장을 북한은 그대로 수용하였다. 1954년부터 시
작된 소련의 핵실험 금지 공세를 그대로 수용하여, 북한도 핵실험

금지 입장을 밝혔다(노동신문 1950.3.24; 노동신문 1955.3.17). 1957년 소련의 대륙간탄도미사일 발사 성공에 대해서도 "세계사적 사건"으로 표현하여, 소련의 핵무기 보유에 대한 긍정적 입장을 가졌다. 1958년 10월 2일 소련이 핵실험을 재개하자, 다른 국가의 핵실험에 맞서 소련이 핵실험을 할 수밖에 없다는 입장을 그대로 전했다(노동신문 1958.10.4). 이처럼 냉전 초기 북한은 소련의 핵담론을 거의 그대로 수용하였다.

〈그림 2〉 아시아 육상에 배치되었던 미국의 핵무기

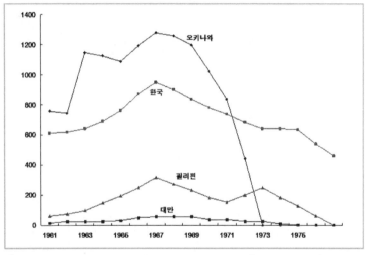

자료: Office of the Assistant to the Secretary of Defense(Atomic Agency) 1978.

1957년 12월 전술핵무기의 한반도 배치는 북한 핵담론에 큰 변화를 가져왔다.[21] 북한은 1958년 2월부터 한국에 전술 핵무기 배치

....

[21] 1952년 일본의 주권 회복 이후 일본 지도자들은 주일 미군의 핵무기를 일본 밖으로

가 정전협정 위반이며 평화를 위협한다는 주장을 지속적으로 전개하였다. 중국 인민지원군이 북한에서 단계적으로 철수되는 상황에서 주한미군의 전술핵무기 보유는 북한에게 큰 안보위협 요인이었다. 1958년 7월 12일 북한 외무성 성명은 북한의 핵위협 담론의 전형을 보여준다.

> 미국 호전분자들은 계속하여 유엔군 사령부와 미군 제1기갑사단을 일본으로부터 남조선으로 끌어 들이는 한편, 남조선 주둔 미군부대들을 원자사단들로 개편하면서 280미리 원자포와 오네스트 존 로케드포를 위시한 각종 신형무기들을 비법적으로 반입… 미제 침략자들은 이와같이 평화를 위협하면서 호전적 이승만 도당을 북진 소동에로 고무하여 조선에서 긴장상태를 격화시키고 있다(조선외무성 1958.7.12).[22]

....

옮기라고 요구하였다. 1953년 출범한 미국 아이젠하워 행정부는 대량보복작전으로 군사비를 줄이려는 정책을 진행하였다. 일본에 배치되었던 핵무기를 한반도로 옮겨 핵위협으로 북한의 도발에 대처하면, 주한미군의 경비를 감축할 수 있다고 판단하였기 때문이다. 미국 아이젠하워 행정부는 1956년부터 한반도에 핵무기 배치를 검토하였고, 1957년 5월 14일 덜레스(Dulles) 국무장관이 "현대적이며 효과적인 무기"(more modern, more effective weapons)를 한반도에 배치할 계획을 밝혔다(Dulles 1956, 898). 아이젠하워 대통령은 1957년 12월 핵무기의 한반도 배치를 최종 재가하였다(Office of the Historian 1993, 303-309, 366-367). 실제 한반도에 핵지뢰(atomic demolition munitions)가 배치된 시점은 1958년 1월이었다. 이후 1958년 1월 라크로스 핵미사일(MGM-18 Lacrosse)이, 1960년 6월 서전트 핵미사일(MGM-29 Sergeant)과 대비 크로켓 핵미사일(M28 Davy Crocket)이, 1963년 7월 W48 핵탄두를 발사할 수 있는 155mm 포대가 1964년 10월 배치되었다(Norris et al. 1999, 30; Office of the Assistant to the Secretary of Defense 1978).

[22] 1957년 12월-1958년 1월 사이 "280mm 원자포"와 "어니스트 존 핵미사일"이 한국에 배치되었다는 주장이 많은 문헌에서 언급되지만(e.g., 박태균 2003, 41; 이재봉 2008, 14; Hayes 1990, 35) 정확히 사실과 부합하지 않는다. 핵탄두 W9과 W19를 발사할 수 있는 280mm 포(M65 Atomic Cannon)와 핵탄두 W7을 장착하여 발사할 수 있는 어니스트 존 미사일(MGR-1 Honest John)이 한국에 배치되었지만 핵탄두까지 반입되지 않았다.

한국에 배치된 핵무기가 북한 군사교리에 미친 영향은 두 가지로 요약된다. 첫째, 북한은 "전지역의 요새화"를 추진하였다. 1962년 쿠바 미사일 위기에서 소련이 미국의 압력에 굴복하는 현상을 목도하면서,[23] 북한은 소련으로부터 도움을 받지 못하는 최악 상황에 대비하기 위하여 경제국방병진노선을 채택하고 4대군사노선으로 국방력을 강화하고자 하였다. 이 중 "전지역의 요새화"는 미국으로부터의 핵공격에 대처하는 방안으로 모색되었다. 김일성의 인식 세계에서 "전지역의 요새화"와 핵무기는 아래와 같이 연결되어 있었다.

> 전국을 요새화하여야 합니다. 우리에게는 원자탄이 없습니다. 그러나 그 어떤 원자탄을 가진 놈들과도 싸워서 능히 견디어 낼 수 있습니다. 동무들이 군사학에서 원자탄의 효력과 그 방위에 대해서 배웠겠지만 땅을 파고 들어가면 원자탄은 능히 막아 낼 수 있습니다. … 이와 같이 전체인민을 무장시키고 전국을 요새화하면 어떻게 되겠습니까? 동무들이 고슴도치를 보았을 것입니다. 고슴도치란 놈은 머리를 쑥 들여 밀고 몸을 슬쩍 구부리면 온 몸이 가시로 덮입니다. … 이와 마찬가지로 우리가 전체인민을 무장시키고 전국을 요새화해 놓으면 아무리 강대한 적도 함부로 접어들지 못할 것입니다. 미국놈도 접어들지 못합니다(김일성 1963.10.5).

둘째, 북한군의 전진배치이다. 북한은 '적과의 포용 전술(hugging-the-enemy)'을 핵무기 방어전술로 채택하였다.[24] 북한은 휴전

....

[23] 쿠바 미사일 위기에서 소련의 타협적 태도에 대하여 북한은 "까리브해 위기 때에는 사회주의 국가의 존엄도 집어 던지고 미제의 압력 앞에 로골적으로 굴복하는 데로 나아갔다"라고 비난하며, 쿠바 미사일 위기 이후 북한이 병진노선을 취할 수밖에 없었다고 설명한다(조선로동당 중앙위원회 당력사연구소 2006, 319).

[24] '적과의 포용 전술'은 상대방의 압도적인 화력을 피하기 위하여 상대방에 근접하

선 근처로 북한군 전력을 집중 배치하였는데, 이는 핵공격을 피하기 위한 선택이었다. 좁은 구역에서 밀집하여 전투가 진행될 경우 핵무기의 피해가 상대방은 물론 핵무기를 사용하는 군대에게도 엄청나기 때문에, 근접전에서 핵무기를 사용하기 어렵다. 핵공격을 피하기 위한 북한의 '적과의 포옹 전술'로 인하여 북한 지상군 병력의 70% 이상이 평양-원산 선 아래에 배치되어 있다(대한민국 국방부 2012, 25-26).

4.2. "자위적 억제력"으로 북한 핵무기(2005~2012)

핵무기 보유 선언 이전 북한 자위력의 핵심은 국내적 단결과 무력을 의미하는 '총대'였다. 2003년 2차 북핵위기 중 핵확산금지조약 탈퇴 이후 예상되는 국제적 압박에 대하여, 북한 노동신문은 아래와 같은 처방전을 제시하였다.

> 우리 근대와 인민은 백두산의 천출명장이신 위대한 령도자 김정일 동지를 최고사령관으로 모시고 있다. 우리에게는 21세기의 가장 위력한 선군정치와 핵무기보다도 더 위력한 일심단결의 무기가 있다. 우리 당의 선군정치, 우리의 일심단결은 그 어떤 대적도 쓸어 버리고 승리를 안아 오는 만능의 보검이다. … 우리의 총대 앞에서는 그 어떤 강적도 무사할 수 없다. 조선이 없는 지구는 깨버려야 한다는 것이 우리의 의지이다. 감히 우리의 자주권과 존엄, 생존을 건드리는 자들은 어디에 있건 우리

....

여 전투를 치르는 방식으로 2차대전 중 중국 홍군이 일본군의 야포 공격을 무력화시키기 위하여 사용하였고 소련군이 독일의 공중지원을 무력화시키기 위하여 사용하였다 (Andrew 2008, 139-140; Beevor 1998, 128-129; Craig 1973, 90-91).

의 상상할 수 없는 타격 앞에서 절대로 살아날 수 없다(노동신문 2003.1.12).

2005년 북한의 핵무기 보유 선언 이후 핵무기가 북한의 자위력의 핵심으로 점차 들어오기 시작하였다. 2005년 2월 10일 북한 외무성은 핵무기 보유 선언을 아래와 같이 하였다.

> 미국이 핵몽둥이를 휘두르면서 우리 제도를 없애버리겠다는 기도를 명백히 드러낸 이상 우리 인민이 선택한 사상과 제도, 자유와 민주주의를 지키기 위해 핵무기고를 늘이기 위한 대책을 취할 것이다. … 우리는 이미 부시 행정부의 증대되는 대조선고립압살정책에 맞서 핵무기전파방지조약에서 단호히 탈퇴하였고 자위를 위해 핵무기를 만들었다. 우리의 핵무기는 어디까지나 자위적 핵억제력으로 남아 있을 것이다(북한 외무성 2005.2.10).

북한 외무성의 핵보유 선언은 세 가지 사항을 추정하게 한다. 첫째, 북한의 핵무기 보유 시점이다. "부시행정부의 증대되는 대조선고립압살정책에 맞서" 핵무기를 만들었다는 표현은 2003년 1월 10일 북한의 핵확산금지조약 탈퇴 선언 시점 이후 핵무기를 만들었다고 추정할 수 있게 한다. 북한은 핵확산금지조약을 탈퇴하면서 핵무기를 만들 의사가 없으며 전력생산을 위한 핵활동만 하겠다고 약속하며, 미국이 핵위협을 중지하면 핵무기를 만들지 않겠다는 것을 증명할 의사를 밝혔다(북한 정부 2003.1.10).[25] 북한은 핵확산금

....

[25] 북한의 핵위협 인식은 부시 행정부의 핵교리와 연관되어 있다. 부시 행정부는 핵억지력을 증가하기 위하여 의도적으로 핵무기를 사용할 수 있는 상황을 명시하지 않았다(U.S. Joint Chief of Staff et al. 2005, viii). 부시 행정부의 새로운 핵교리는 핵무기의 선제사용 가능성을 높이는 효과를 가지기 때문에, 북한의 핵위협 인식은 증가하였다.

지조약 탈퇴를 선언하면서 핵무기를 만들지 않겠다는 약속을 어기고 북한은 2003년부터 2004년 사이 핵무기를 만들었다. 2003년 북한 정부의 성명과 2005년 북한 외무성의 성명을 비교 검토하면, 북한의 핵무기 보유 시점을 추정할 수 있다.

둘째, 북한이 핵무기를 억지 수단으로 사용할 의사가 있다는 점이다. 북한은 2005년부터 2012년까지 핵무기를 "자위적 핵억제력"으로 표현하였는데, 이는 상대방의 공격에 대하여 핵무기로 보복하겠다는 의사를 밝힘으로써 상대방이 입게 될 피해를 두려워하여 공격을 막는 수단으로 핵무기를 가정하고 있음을 의미한다. 북한의 군사교리에서 핵무기는 "자위적 국방력"과 큰 차이를 보인다. "자위적 국방력"은 상대방의 공격을 방어하기 위한 무력인 반면, "핵억제력"은 막대한 보복을 예고함으로써 상대방의 공격을 미연에 방지하기 위한 무력이다. 북한은 상대방의 핵공격은 물론 통상무기를 사용한 공격에 대해서도 핵무기를 사용할 가능성을 열어 두었다.

셋째, 북한이 핵무기의 숫자를 늘이겠다는 의사 표현이다. 2005년 2월 10일 이전 북한이 핵무기를 몇 개 보유했지만, 미국 또는 한국의 선제타격에 노출되어 있었다. 만약 북한의 핵무기가 미국 또는 한국의 선제공격에 노출된 상황에서 북한이 핵위협을 하면, 북한의 핵무기는 억지 수단이 아니라 선제도발을 유발하는 위험 요인이 된다. 2005년과 2006년 북한 노동신문은 지속적으로 미국의 선제타격을 단결로 이겨닐 수 있다는 논설을 여러차례 게재하였다.[26] 역설적

....

[26] 북한은 2005년 핵무기 보유 선언부터 2006년 10월 9일 1차 핵실험까지는 자위 수단으로 '일심단결'을 "총대"보다 앞서 강조했다(노동신문 2005.2.12; 노동신문 2005.2.16). 반면, 2006년 10월 9일 1차 핵실험 이후 '일심단결'보다 '총대'와 "무적의 군력"을 먼저 강조했다(노동신문 2006.10.10).

으로 이는 북한이 선제타격의 대상이 되는 것을 두려워했음을 의미한다. 이 상황에서 북한은 핵무기 보유 숫자를 증가시키는 선택을 하였다. 이는 2차 보복능력을 키우기 위한 결정이었다. 이후 북한은 핵무기의 숫자, 기동성, 그리고 다양성을 높였다.

북한이 핵무기 보유를 증명하는 단계에 이르자, 핵무기를 활용한 "자위적 전쟁억제력"이 전면에 등장하였다. 북한 외무성은 1차 핵실험이 "자위적 전쟁억제력을 강화하는 새로운 조치"로 묘사하였고, 미국의 압박에 대해 "련이어 물리적인 대응조치"를 취할 것임을 천명하였다(북한 외무성 2006.10.11). 연이은 대응조치의 끝에 핵무기가 있을 수 있다는 점을 암시함으로써 핵무기를 사용할 의사를 조금 더 선명하게 밝혔다. 북한의 핵무기 보유 또는 핵실험에 대한 선제공격의 위협도 초기에는 컸지만,[27] 2009년 2차 핵실험 이후 선제공격에 대한 두려움도 줄어들었다.[28] 더 나아가 국제사회의 압박에 대하여 "더 이상의 자위적 조치가 불가피"하다고 천명할 정도로, 핵위협의 정도가 더욱 강해졌다(북한 외무성 2009.5.29).

2005년 핵무기 보유 선언부터 2011년 말까지 북한은 핵무기의 억지력을 강조하면서 동시에 한반도의 비핵화를 동시에 주장하였다. 한반도의 비핵화는 "김일성 주석의 유훈"이며 "최종 목표"이지만(북한 외무성 2006.10.11), 미국의 도발을 사전에 막기 위하여 핵무

....

[27] 2006년 1차 핵실험 직후 북한에 대한 국제사회의 압박이 북한 "군대와 인민의 힘과 의지를 절대로 꺾지 못할 것"이라고 하였다(노동신문 2006.10.12a; 노동신문 2006.10.12b).

[28] 2009년 5월 26일 조선로동당 중앙위원회 정치국 후보위원/당중앙위원회 비서 최태복은 2차 핵실험 후 열린 평양시 군중대회에서 "강력한 자위적 핵억제력을 가진 군대와 인민은 추호의 동요없이 신심과 락관에 넘쳐 자주의 길, 선군의 길을 따라 줄기차게 전진해나갈 것"이라고 언급했다(조선중앙통신 2006.5.26).

기를 보유할 수밖에 없다는 논리로 핵무기 보유를 옹호하였다. 만약 미국이 북한에 대한 적대정책을 중지한다면, 핵무기 실험의 중단은 물론 핵무기 보유까지도 뒤집을 수 있다는 주장도 전개하였다. 즉, 2005년부터 2011년까지 북한의 핵무기 담론은 핵실험 후 중국의 핵담론과 유사했다.

4.3. "핵억제력"에서 "핵선제타격"으로 변화(2012.3~2013.2)

2012년 3~4월 북한의 핵교리가 변화하는 조짐이 나타났다. 2012년 3월 2일 북한의 공식 매체에서 전략로켓트군이 처음 등장했다.[29] 전략로켓트군의 출현과 더불어 억지력을 중시한 북한 핵교리가 변화하는 조짐이 아래와 같이 나타났다.

> 조선인민군 최고사령관이시며 우리 당과 인민의 최고령도자이신 경애하는 김정은동지께서는 조선인민군 전략로케트사령부를 시찰하시였다. … 최고사령관기와 공화국기가 펄펄 휘날리고 있는 부대에는 우리의 최고 존엄을 감히 건드리며 무모하게 날뛰는 역적패당들에 대한 치솟는 분노를 안고 일단 명령이 내리면 원쑤의 아성을 흔적도 없이 무자비하게 날려버림으로써 놈들을 마지막 한 놈까지 철저히 격멸소탕하고야말 멸적의 각오가 활화산처럼 타번지고 있었다. … 총대로 나라와 민족의 운명을 지켜내야 하는 군대에게 있어서 싸움준비보다 더 중요한 것은 없다는 것을 자각하고 싸움준비를 빈틈없이 갖추고

....

[29] 북한의 전략로켓트군이 조직된 시점은 2011년 말~2012년 초로 추정된다. 북한군이 "사거리 3천km 이상의 중장거리 무수단 미사일(IRBM)을 실전 배치하면서," 미사일을 담당하던 포병부대 부대를 모체로 전략로켓트군으로 승격됐다(연합뉴스 2014.6.30).

있다가 **적들이 움쩍하기만 하면 무자비한 화력타격으로 원쑤들의 아성을 불바다로 만들라**고 말씀하시였다(조선중앙통신 2012.3.2, 필자 강조).

2012년 3월 2일 전략로켓트군의 존재를 처음 알린 조선중앙통신의 보도는 핵무기가 단순히 방어적 핵억지력이 아니라 선제타격의 수단이 될 수 있다는 점을 암시하였다. 적들의 "움쩍임"에 대하여 "무자비한 화력타격"은 1차 공격을 받은 후 남은 2차공격능력으로 보복을 하는 억지 개념에 부합하지 않는다. 이는 북한이 핵무기를 상대방의 공격에 앞서 사용할 수도 있다고 해석된다. 북한은 핵무기를 선제공격에 사용하지 않고 2차 공격용 무기로 남겨두던 과거 핵교리에서 벗어났음을 암시하였다.

2012년 4월 15일 전략로켓트군은 김일성의 100회 생일에 맞춘 열병식에 대륙간탄도미사일로 추정되는 화성-13호(KN-08)을 앞세우며 나타났다.[30] 이틀 전 인공위성 발사체 은하-3호가 '광명성 3호-1호기'을 우주궤도에 진입시키지 못했지만,[31] 김일성 생일 100회 열병식에서 김정은은 북한의 핵전력에 대한 자신감을 아래와 같이 표현

....

[30] 북한의 전략로켓트군은 2003년 군단급 부대로 신설되었던 미사일지도국을 모체로 한다. 2012년 김일성의 100회 생일에 맞춘 열병식에서 전략로켓트군은 인민내무군(조선인민경비대가 2010년 군 편제로 통합), 노동적위군(노동적위대가 2010년 군 편제로 통합), 붉은청년근위대(1970년 창설)을 제치고 육군, 해군, 공군 다음에 언급되었다. 이날 등장한 화성-13호 미사일(KN-08)이 모조품이라는 주장이 제기되었다(The Associated Press 2012; Marcus 2012; Witcher 2012). 하지만 북한이 화성-13호의 엔진연소 시험을 수차례 진행했고(Panel of Expert 2013, 17; 연합뉴스 2013.2.17) 북한 내부에서 화성-13호가 인공위성 발사체 은하-3로 개조되었다고 소개하는 것을 고려하면(연합뉴스 2013.2.4), 북한의 화성-13호 미사일은 실물이라고 추정된다(연합뉴스 2014.3.14).

[31] 2012년 4월 13일 북한은 광명성 3호가 궤도진입에 실패하였음을 이례적으로 공개하였다(조선중앙통신 2012.4.13).

하였다.

> 군사기술적 우세는 더는 제국주의자들의 독점물이 아니며 적들이 원자탄으로 우리를 위협공갈하던 시대는 영원히 지나갔습니다. 오늘의 장엄한 무력시위가 이것을 명백히 확증해줄 것입니다(김정은 2012.4.15).

2012년 12월 12일 북한은 화성-13호를 개조한 인공위성 발사체 은하-3호를 통하여 광명성 3호-2를 위성 궤도에 올리는데 성공하였다. 인공위성 발사 소식을 전하는 첫 공식 보도 직후 북한은 이를 "과학기술중시정책의 자랑찬 결실"로 작게 해석했지만(조선중앙통신사 2012.12.12), 시간이 지나면서 "종합적 국력"의 과시로 확대 해석하였다(조선중앙통신 2012.12.13). 종합적 국력에는 처음에는 과학과 자립적 민족경제만이 포함되었지만, "최첨단돌파사상"과 선군정치가 추가되었다. 이 사건에 대한 의미는 미래로 확대되어 "강성국가건설의 최후승리를 앞당기기 위한 천만군민의 장엄한 진군을 고무추동하는 데 크게 공헌"한다고 해석하였다(조선중앙통신 2013.1.4). 인공위성 발사 이후 축하행사, 궐기대회, 훈장 수여, 축하 전문 등에 관한 소식이 2013년 1월 14일까지 이어졌다.

2013년 1월 북한은 핵무기를 군사적 도발이 아닌 "제재압박책동"으로 표현되는 외교적 압박에 대해서도 핵무기를 사용할 수 있음을 내비쳤다. 2013년 1월 22일 국제연합 안보리의 대북결의안(S/RES/2087)이 채택되자마자, 북한 외무성은 아래와 같이 위협을 하였다.

> 우리는 날로 로골화되는 미국의 제재압박책동에 대처하여 핵억제력을 포함한 자위적인 군사력을 질량적으로 확대강화하는

임의의 물리적 대응조치들을 취하게 될 것이다.

우리 혁명무력은 선군의 위력으로 조국의 안전과 나라의 자주권을 믿음직하게 지키고 지역의 평화와 안정을 수호해나갈 것이며 **적대세력들의 도발이 계속된다면 그 근원을 송두리채 없애버리는 중대조치**를 취할 확고부동한 결의에 충만되여 있다 (북한 외무성 2013.1.23, 필자 강조).[32]

이후 북한은 미국을 직접 명시하면서 유례없이 강경한 입장을 취하였다. 2013년 1월 24일 북한 국방위원회는 "나라의 자주권을 수호하기 위한 전면대결전에 나설 것"이라는 입장을 밝혔다. 더 나아가 위성 발사, 장거리로케트 발사, "높은 수준의 핵시험"이 모두 미국을 겨냥한 조치임을 공개하였다(북한 국방위 2013.1.24). 북한의 위협은 한국에게도 향했다. 북한은 조국평화통일위원회 서기국 보도를 통하여 한국의 대북 경제제재 참여가 "조국통일대전의 촉발"이라고 위협하였다(조국평화통일위원회 2013.2.2). 경제 제재를 포함한 도발에 대응타격을 명시함으로써, 북한이 무력대응을 취하는 임계점이 매우 낮다고 알렸다(노동신문 2013.2.14). 북한이 제한적 핵억

....

[32] 추가적으로 북한 외무성의 성명은 기존 핵정책과 두 가지 차이점을 보인다. 첫째, 북한이 비핵화를 취하지 않겠다는 의사표시이다. 북한은 한반도의 비핵화가 최종 목표이며 미국이 압박정책을 중지하면 핵무기를 포기하겠다는 종전 입장에서 벗어나 "세계의 비핵화가 실현되기 전에는 조선반도비핵화도 불가능하다"는 입장을 취하였다. 북한 국방위원회는 "미국을 비롯한 대국들의 비핵화"가 목표임을 명확히 밝혔다(북한 국방위 2013.1.24). 즉, 미국이 북한에게 적대정책을 중지하고 미국의 비핵화가 이루어질 때만 북한도 핵무기를 포기한다는 입장을 취하였다. 둘째, 북한이 인공위성발사의 군사적 의미를 부인하지 않았다. 북한은 인공위성 발사가 평화적, 상업적 목적만 가진다는 종래 입장을 버리고 "위성을 쏴올리자면 탄도미싸일기술을 리용하는 방법밖에 없다"고 하였다. 소련이 인공위성 발사 후 핵위협을 취했던 전례의 조짐이 북한 외무성 성명에서 암시되었다.

지력을 이미 보유했다는 자신감이 미국과 한국에 대한 직접적 위협으로 표출되었다고 해석된다. 아직 명시적이지 않지만 핵무기를 먼저 사용할 수 있다는 암시가 여러 곳에서 나타났다.

4.4. 핵전쟁에서 승리를 위한 정밀 핵선제타격(2013.3~)

2013년 3~4월 한반도 위기에서 북한은 노골적으로 "정밀핵선제타격"을 군사교리로 채택하고 있음을 드러냈다. 2013년 3월 5일 북한군 최고사령부는 정전협정의 백지화를 선언하면서 아래와 같이 명시적으로 미국의 핵위협에 맞서 핵무기를 선제 사용할 수 있다고 위협하였다. 또한, 북한이 다양한 핵탄두를 가지고 있다고 밝혔다.

> 더우기 미제가 핵무기까지 휘두르며 덤벼들고 있는 이상 우리역시 다종화된 우리 식의 정밀핵타격수단으로 맞받아 치게 될것이다. 누르면 발사하게 되여있고 퍼부으면 불바다로 타번지게되어있다. … 우리 군대와 인민은 지난날과 달리 경량화되고 소형화된 핵탄을 포함하여 모든 것을 다 가지고 있다.

> 우리도 정전협정의 구속을 받음이 없이 임의의 시기, 임의의 대상에 대하여 제한없이 마음먹을 대로 정의의 타격을 가하고 민족의 숙원인 조국통일대업을 이룩하는 것이다.[33]

> 원쑤들이 칼을 빼들면 장검으로 내리치고 총을 내대면 대포로 풍지박산내고 "핵으로서 위협하면 그보다 더 위력한 우리

....

[33] "임의의 시기, 임의의 대상"에 대한 "제한없이 마음먹은 대로" 타격하겠다는 북한군의 입장은 역설적이게도 미국 아이젠하워 행정부가 택했던 대량보복작전을 연상시킨다. 미국 아이젠하워 행정부는 미국이 보복공격을 감행하는 이유와 타격수단(핵무기 포함)을 스스로 선택하여 미국이 선택하는 타격 대상에게 대량보복을 하겠다고 천명했다 (Dulles 1954, 108).

식의 정밀핵타격수단으로 맞선다"는 것이 우리 군대와 인민의 불변의 립장이며 백두산식 대응방식이다(북한군 최고사령부 2013.3.5).

이후 북한은 더욱 더 선명하게 핵선제타격을 언급하였다. 북한에 대한 선제타격을 하려고 "움쩍하기만" 해도, 북한식 "핵선제타격"이 있으며(조선중앙통신 2013.3.6), "침략자들의 본거지들에 대한 핵선제타격권리를 행사"하겠다고 하였다(북한 외무성 2013.3.7). 핵억지력이 단순히 북한의 자주권과 생존권을 수호하는 담보인 동시에 "미국의 핵전쟁 도발책동을 짓부수고 조국통일의 력사적 위업을 앞당기는 **만능의 보검**"이라고 하였다(북한 외무성 2013.3.9). "만능의 보검"으로서 핵무기는 전쟁 억지용 수단인 동시에 선제타격용 수단임을 의미한다. 북한은 다종화된 정밀핵타격수단을 이미 보유하고 있음을 강조하며, 3월 위기국면에서 언제든지 선제핵타격을 하겠다고 위협하였다.

북한은 핵선제타격 선언이 위협이 아닌 실질적 조치임을 강조하였다. 조국평화통일위원회는 핵무기를 비롯한 모든 타격수단이 "목표들을 조준하고 명령만 기다리고 있다"고 하면서 "말 대 말"의 대결이 아니라고 하였다(조국평화통일위원회 2013.3.14). 북한군 최고사령부는 아래와 같이 명시적으로 핵위협에 대하여 핵공격을 감행하겠다고 하였다.

> 미국은 전략폭격기 《B-52》가 리륙하는 괌도의 앤더슨공군기지도, 핵동력잠수함들이 발진하는 일본본토와 오끼나와의 해군기지들도 우리 정밀타격수단들의 타격권 안에 있다는 것을 잊지 말아야 한다. 미국의 로골적인 핵공갈과 위협이 시작된 이상 우리도 그에 상응한 군사적행동으로 넘어가게 될 것이다. 원

쑤들이 **핵으로 위협하면 그보다 더 강한 핵공격으로 맞설 것**
이라는 우리의 선언은 결코 빈말이 아니다(북한군 최고사령부
2013.3.21, 필자 강조).

북한 최고 지도자도 북한의 핵교리의 변화를 공식 추인하였다.
김정은 국방위원회 제1 위원장은 아래와 같이 핵무기의 영구적 보
유와 강화를 명시적으로 천명하며, 핵무기를 선제공격용 무기로 사
용할 의사를 암시하였다. "전쟁수행전략의 모든 측면"에서 핵무기
의 역할을 높인다는 표현은 핵무기가 단순히 전쟁 억지용이 아니라
다른 용도로 사용될 수 있음을 뜻한다.

> 우리의 핵무력은 지구상에 제국주의가 남아있고 핵위협이 존
> 재하는 한 절대로 포기할수 없고 억만금과도 바꿀수 없는 민
> 족의 생명이며 통일조선의 국보이다. 우리 공화국의 핵보유를
> 법적으로 고착시키고 세계의 비핵화가 실현될 때까지 핵무력
> 을 질량적으로 확대강화할 것이다. 인민군대에서는 전쟁억제력
> 과 전쟁수행전략의 모든 측면에서 핵무력의 중추적 역할을 높
> 이는 방향에서 전법과 작전을 완성해나가며 핵무력의 경상적인
> 전투준비태세를 완비해나가야 한다(김정은 2013.3.31).

북한 최고인민회의는 '자위적핵보유국의 지위를 더욱 공고히 할
데 대한 법'을 채택하면서, 북한의 핵무기가 미국의 대북적대정책과
핵위협에 대처하기 위한 방위수단으로 개발되었다고 명시하였다.
또한, 핵무기의 사용 소건을 아래와 같이 구체적으로 규정하였다.

> 2. 조선민주주의인민공화국의 핵무력은 세계의 비핵화가 실현
> 될 때까지 우리 공화국에 대한 침략과 공격을 억제, 격퇴하고
> 침략의 본거지들에 대한 섬멸적인 보복타격을 가하는데 복무
> 한다.

3. 조선민주주의인민공화국은 가증되는 적대세력의 침략과 공격위험의 엄중성에 대비하여 핵억제력과 핵보복타격력을 질량적으로 강화하기 위한 실제적인 대책을 세운다.

4. 조선민주주의인민공화국의 핵무기는 적대적인 다른 핵보유국이 우리 공화국을 침략하거나 공격하는 경우 그를 격퇴하고 보복타격을 가하기 위하여 조선인민군 최고사령관의 최종명령에 의하여서만 사용할 수 있다(조선중앙통신 2013.4.1).

북한 최고인민회의가 채택한 법은 북한의 핵교리와 관련하여 몇 가지 의미를 가지고 있다. 첫째, 북한 핵무기는 전쟁 억지의 수단으로 상정되고 있다. 북한은 적대세력의 침략과 공격에 대하여 핵무기 사용을 포함하는 보복을 천명함으로써 북한의 적대세력의 침략과 공격을 방지하고자 한다. 둘째, 핵보복타격력이 핵억지력과 구분되어 있다. 즉, 핵억지가 실패하여 핵무기는 물론 통상무기로 북한이 공격을 받을 경우에도 핵무기를 보복수단으로 사용할 수 있다는 의미를 가진다. 셋째, 핵무기를 사용하는 대상은 핵보유국이다. 북한은 비핵국가가 통상무기로 공격할 경우 핵무기를 사용하지 않겠다는 함으로써, 핵도미노를 유발하지 않으려고 한다.

2013년 4월 25일 북한군 창건 81돌 예식에서 리병철 항공 및 반항공 사령관이 맹세한 충성 서약은 북한이 항공기를 핵무기 운송수단으로도 고려하고 있음을 추정하게 한다. 리병철 사령관은 "비행대는 출격명령을 내리면 돌아올 연유 대신 핵폭탄을 만적재하고 적들의 아성에 비호같이 날아들어 모조리 초토화"하겠다고 맹세하였다(리병철 2013.4.25). 이는 북한이 전폭기를 동원하여 핵무기를 투하하는 교리를 가지고 있음을 의미한다. 북한은 2~3톤 되는 핵무기를 투발할 수 있는 운송수단으로 IL-28 전폭기 50대와 중국에서

면허 생산된 IL-28의 개량형 H-5 전폭기 30대를 보유하고 있다. 만약 북한이 핵무기를 전폭기로 투발한다면, IL-28과 H-5 전투기가 그 역할을 담당하게 된다.[34]

같은 날 김락겸 전략로켓트군 사령관의 연설은 북한이 미사일에 핵탄두를 장착하였고 실전 배치하였다고 추정하게 한다. 김락겸 사령관의 연설 중 핵무기와 관련된 부분은 아래와 같다.

> 경애하는 최고사령관 동지께서는 위대한 대원수님들께서 한 생을 바쳐 마련해주신 강력한 핵미사일들을 부대들에 실전배치하도록 하시고 지난 3월에는 원수들의 머리 위에 핵보복의 불사마귀를 퍼부을 전략로켓트군 화력타격계획을 최종 검토 비준해 주셨습니다. … 우리 전략로켓트군은 괴뢰역적패당과 일본 반동 같은 것들은 셈에 넣지 않습니다. 우리 대륙간탄도미사일 바다에는 백악관과 펜타곤 하와이와 괌도를 비롯한 날강도 미제의 소굴들이 첫째가는 타격대상 입력되어 있으며 지금 전략로켓트군 장병들 손은 발사 단추 위에 놓여 있습니다. … 미제와 그 추종세력들이 감히 선불질을 한다면, 미제는 진짜 핵전쟁 맛 진짜 불벼락 맛이 어떤 것인지 몸소리치게 느끼게 될 것이며, 미제의 앞잡이가 되어 졸라당거리는 괴뢰 역적패당과 섬나라 쪽바리들도 무서운 핵참화의 된 맛을 톡톡히 보게 될 것입니다(김락겸 2013.4.25).

2013년 한반도 위기 이후에도 북한은 핵무기의 선제 사용을 지

....

[34] IL-28 전폭기는 최대 폭탄 10톤을 탑재할 수 있지만 1948년 개발된 전폭기로 한국 공군에서 곧 퇴역될 F-4E보다 성능이 떨어진다. IL-28 전폭기가 한국의 방공망을 뚫고 한국의 후방 지역까지 들어와 핵폭탄을 투하할 가능성은 크지 않지만, 서울이 휴전선에서 멀지 않다는 점을 고려한다면 노후한 IL-28 전폭기도 최악의 경우 핵무기 운송 수단으로 사용될 가능성을 배제할 수 없다.

속적으로 암시하였다.[35] 북한 전략군은 2014년 3월 5일 핵무기가 "미국의 가증되는 핵위협과 공갈로부터 우리 민족모두를 지키고 지역의 평화와 안전을 유지하기 위한 자위적 보검"이라고 규정하며,[36] 북한에 대한 도발이 증가하면 "공격형 로켓으로 보복"하겠다고 위협하였다(북한 전략군 2014.3.5). 명시적으로 핵무기가 언급되지 않지만, 북한 전략군의 위협은 핵선제공격을 포함한다고 해석된다. 북한 국방위원회는 북한이 보유한 여러 종류의 "핵타격수단의 주되는 과녁"으로서 미국을 명시하였다(북한 국방위원회 2014.3.14). 이는 최소한 한국, 조금 더 확장하면 일본이 북한 핵타격의 대상이라는 점을 암시한다. 북한 외무성도 "새로운 형태의 핵시험"을 언급하면서, 북한의 핵능력을 실증시킬 수 있다고 위협하였다(북한 외무성 2014.3.30).

2013년 이후 북한의 핵교리를 추정하면 다음과 같이 정리될 수 있다. 첫째, 북한은 핵무기를 북한에 대한 공격을 방지하기 위한 억지 수단으로 고려한다. 즉, 북한에 대한 공격이 발생할 경우 핵무기를 통한 보복공격을 감행하겠다고 함으로써, 상대방의 공격을 사전에 방지하는 수단이다. 둘째, 북한에 대한 공격이 실제로 발생할 경우, 이를 격퇴하기 위한 수단이다. 이는 북한이 이미 전장에 배치할 수 있는 전술핵무기를 보유하고 있다는 점을 암시한다. 셋째, 북한에 대한 공격이 실제로 발생할 경우, 상대방의 중심을 공격하는 수단이다. 핵보유국이 핵무기가 아니라 통상무기를 사용한 공격을

....

[35] 2014년 3월 북한은 핵억지력과 더불어 "원자탄보다 더 위력한 무기"로써 "일심단결"을 다시 언급하였고, 전쟁억지수단으로써 핵무기를 강조했다(노동신문 2014.3.9; 노동신문 2014.3.16; 노동신문 2014.3.17).

[36] 2014년 2월 북한 전략로켓군은 전략군으로 개편되었다(윤건일 2014.6.30).

가할 경우에도, 북한은 핵보복을 상정하고 있다. 종합하면, 북한의 핵교리는 1950년대 후반 미국의 대량보복작전과 유사하다. 즉, 핵선제공격의 가능성을 열어두어 핵무기의 억지력을 높이며 동시에 전투에서 승리하기 위하여 전술핵무기를 동원하는 방식이다. 핵무기를 "만능의 보검"으로 표현하는 북한의 속내에는 핵무기를 다양한 용도로 사용하겠다는 의지와 준비가 있다.

5. 북한의 핵무력 감소를 위한 미국과 중국의 협력

미국과 중국은 북한의 핵무력을 줄여야 한다는 점에 동의한다. 양국이 북한의 핵무력 감소에 두는 정책 우선순위가 다르지만, 북한의 핵무력 강화는 양국 모두가 원하지 않는 요인이다. 따라서 양국은 다른 정책목표와 충돌하지 않는다면, 북한의 핵무력을 줄이는데 이해를 공유한다. 이 절은 미국과 중국이 북한의 핵무력을 줄이기 위하여 협력 가능한 조치를 검토한다.

5.1. 핵무력의 감소 방안[37]

핵보유국이 핵무력을 높이지 못하게 하는 방법은 크게 세 가지로 나누어 볼 수 있다. 첫째, 핵무기 제조에 동원될 수 있는 물질과 기술의 이전을 통제하거나 민수물자의 군사적 전용을 방지하

....

[37] 이 부분은 졸고의 내용을 일부 수정·정리한다(조동준 2011, 61-66).

는 등 기술적 장벽을 높이는 방안이다. 핵물질의 이전을 규제하기 위한 비확산 레짐은 NPT 3조 2항, 1987년 핵물질 보호에 관한 협약(Convention on the Physical Protection of Nuclear Material), 구소련으로부터 핵무기와 핵물질 이전을 규제하기 위한 G-8 Global Partnership, IAEA, Zangger 위원회,[38] 핵 공급자 그룹(Nuclear Supplier Group),[39] 핵안보정상회의(Nuclear Security Summit)에서 도출된 합의 등으로 세분될 수 있다. 핵무기의 운반체계로 사용될 수 있는 미사일 장비 및 기술의 이전을 통제하는 미사일 기술 통제체제(Missile Technology Control Regime)도 핵확산의 저지에 기여한다(전봉근 2005, 6-7).[40]

둘째, 핵무기 증가를 추동하는 정치적 의지를 약화시키는 방안이다. 핵무력 증강을 추동하는 가장 강력한 원인은 안보불안인데, 동맹국으로부터 "핵우산"을 제공받거나, 적대관계를 청산하거나,

....

[38] 1971년 핵물질 공급국이 핵 거래에 대한 규제에 조력하기 위하여 만들어진 모임이다. Zangger 위원회는 1974년 군사적 용도로 사용될 수 있는 품목을 정리한 후, 해당 품목이 군사적 용도로 사용되지 않도록 IAEA 안전조치를 받도록 합의하였다. 2014년 6월 기준으로 39개 회원국이 가입되어 있다.

[39] 1974년 인도의 핵실험 이후 핵공급국은 군사적 용도로 전용될 수 있는 민수용 물품에 대한 통제를 시도하였다. 핵공급국은 2014년 6월 기준 총 48개국으로 구성되며, '핵물질과 기술의 이전에 관한 지침'[Guidelines for Nuclear Transfers(NSG Part 1), June 2013]과 '핵무기 관련 이중용도 장비, 물질, 소프트웨어, 기술의 이전에 관한 지침[Guidelines for Transfer of Nuclear-Related Dual-Use Equipment, Materials, Software, and Related Technology(NSG Part 2), June 2013]에 핵무기 제조에 직접적으로 또는 전용될 수 있는 물질, 장비, 기술, 소프트웨어에 관한 목록을 제공한다.

[40] 1차 걸프전쟁 이후 진행된 이라크에 대한 특별 사찰에서 이라크 정부가 일반 민수물자를 핵무기 개발에 전용하였다는 사실이 드러났다. 이후 미국과 독일은 전략물자 여부와 상관없이 대량살상무기의 생산에 관련되는 모든 품목의 수출을 통제하는 캐치올(catch-all) 제도를 도입하였다. 한국도 북한에 대하여 2003년부터 이 제도를 시행하고 있다(전봉근 2006, 56).

적대관계에 있는 국가들이 공동으로 비핵화지대를 만들거나, 적대적 핵보유국으로부터 핵공격을 가하지 않는다는 안전보장을 받음을 통하여 안보불안이 해소될 수 있다. 핵무력 증강을 추동하는 정치적 의지를 제어하는 방안은 핵보유국의 일방적 핵포기 선언과 핵확산금지조약 가입으로 세분될 수 있다. 일방적인 핵포기선언이나 비핵조약 가입은 핵무장을 선호하는 국내 정치세력을 제어하는 쐐기효과(lock-in effect)를 가진다.

셋째, "핵봉쇄"(nuclear containment)이다. 핵무기의 파괴력이 너무 크기 때문에 핵무기는 전쟁법의 두 원칙(목적과 수단의 비례성 원칙, 전투원과 비전투원간 차별성 원칙)에 위배된다. "핵봉쇄"는 기존 핵무기 보유국이 핵무기를 위협 수단으로 또는 전쟁 수단으로 사용하지 못하거나 폐기하도록 유도하여 핵무기를 전쟁무기로서 무력화시키는 방안으로 (1) 핵무기를 전쟁 수단으로 사용하지 못하는 규범의 창출, (2) 핵보유국이 핵무기를 전쟁 무기 또는 위협 수단으로 사용하지 못하도록 하는 국제적 합의 또는 일방적 선언으로 세분될 수 있다. 국제관계에서 핵무기 사용을 규제하는 국제관습법의 압박은 "핵 금기"(nuclear taboo)라는 표현이 가능할 만큼 핵무기 사용을 꺼리는 현상으로 이어졌다(Paul 1995, 701-705; Tannewald 1999, 435-442; Tannewald 2005, 435-442).[41] 또한, 핵무기를 선제 공격용으로 사용하지 않겠다는 일방적 선언 또는 핵교리도 제한적이지만 "핵봉쇄"에 근접한다.[42]

....

[41] 핵무기가 명시적으로 위협 수단으로 사용되지 않는다 하더라도 핵무기의 잠재적 위협으로 핵보유국은 유리한 협상 결과를 얻는다(Beardsley and Asal 2009, 288-290; Gartzke and Jo 2009, 220-225).

[42] 현재 중국과 인도는 핵선제공격을 하지 않겠다는 정책을 유지한다(Feiveson and

5.2. 북한의 핵무력 감소 방안

북한의 핵무력 감소 방안도 세 가지로 나누어 볼 수 있다. 첫째, 북한이 핵무력을 더 이상 증강할 수 없도록 장벽을 높이는 방안이다.[43] 은하-3호의 잔해물에 대한 분석과 북한이 이미 실증한 핵실험과 미사일 실험의 결과를 고려하면, 북한의 핵무력 증강 앞에 높인 기술적 장벽은 (1) 안정적인 고체연료 개발, (2) 미사일 유도 장치, (3) 핵탄두 탑재 기술, (4) 이동 발사대, (5) 전술핵무기 발사체(포) 개발로 요약될 수 있다.[44] 이 가운데 은하-3호의 잔해물에 대한 분석과 화성-11호(KN-02) 미사일에 이미 고체연료를 사용했다는 증거를 고려하면(Panel of Expert 2013, 16-17; 연합뉴스 2014.3.5), 북한은 고체연료 개발의 기술적 장벽을 넘어가는 중이라고 추정된다. 은하-3호의 유도장치에 사용된 일부 전자제품만 제외하고 모두 북한에서 자체 생산되거나 기존 제품의 부품을 활용하였다는 조사결과를 고려하면(대한민국 국방부 2013.1.21; Panel of Expert 2014, 22-23),[45] 북한은 불완전하지만 미사일 유도장치의 기술적 장벽도 극복

....

Hogendoorn 2003, 3; S/1995/265, 1995.4.6).

[43] 국제연합 안전보장이사회는 북한의 핵확산 시도와 탄도미사일의 발전을 막기 위하여 안보리 결의안 1818호(S/Res/1718, 2006.10.14)에 따라 제재위원회를 가동하고 있다. 제재위원회는 핵무기 개발과 관련된 거래금지물품목록(S/2006/853, 2006.11.7)과 탄도미사일 개발과 관련된 거래금지물품목록(S/2014/253, 2014.4.8)을 명시하여, 북한의 핵무력 증강을 막으려고 한다.

[44] 북한이 실제 핵탄두를 미사일에 탑재하여 발사하거나 전술핵무기를 발사하는 핵실험을 하지 않았기 때문에, 북한의 핵무기 기술을 정확히 평가하기 어렵다. 북한이 발전된 핵능력을 실증하려 한다면, 핵탄두가 장착된 미사일 발사를 시도할 수 있다.

[45] 은하-3호의 잔해로부터 확인된 외국산 물품의 원산지는 구소련(3점), 영국(3점), 중국(3점), 스위스(1점), 미국(3점+한국과 미국 중 원산지를 구분할 수 없는 1점), 한국(한국과 미국 중 원산지를 구분할 수 없는 1점)이다.

하고 있다. 단거리 미사일이 이미 이동발사대 위에 장착되었으며, 장거리 미사일인 화성 13호(KN-08)는 중국산 트럭을 개조한 이동 발사대 위에 장착되었다(Panel of Expert 2013, 26-27). 이는 북한이 일부 품목을 제외하고는 핵무력 증가에 필요한 물품을 자체 조달하고 있다고 보아야 한다.

북한이 핵무력 증강에 필요한 물품을 거의 자체 조달하는 상황이지만, 여전히 미국과 중국은 북한의 핵무력 증강을 막기 위한 장벽을 높일 수 있다. 특히, 중국이 장거리미사일의 이동발사대로 사용하는 트럭을 거래금지물품으로 지정하여 수출을 막으면, 북한의 장거리 미사일의 기동성을 낮출 수 있다.[46] 더 중요한 것은 북한이 해외에서 조달하는 물품이 주로 북·중 국경을 통하여 유입되며, 북한의 불법무기와 물품거래가 중국을 경유하여 이루어진다는 점이다. 적발된 북한의 불법무기와 물품거래를 보면 중국을 경유하는 경우가 대부분이며, 북한은 중국에서 밀무역에 종사하는 것으로 추정되는 선박을 보유하고 있다(Panel of Expert 2013, 24-40; Panel of Expert 2014, 407-49). 북·중 무역이 북한의 무역에서 차지하는 비중이 90%에 가까운 상태이기 때문에, 북한이 핵무력 증가에 필요한 물품을 외부에서 조달할 경우 중국이 경유지이거나 수출국이 될 개연성이 높다. 이 상황에서 양국이 거래금지물품 목록을 확대하고, 미국이 북한의 불법거래에 관한 정보를 제공하고, 중국이 거래금지물품이 북한으로 유입되지 않도록 철저하게 국경을 통제하는 데 협력할 수 있다.

....

[46] 화성-5 미사일의 이동발사대도 중국에서 유입되었을 개연성이 높다. 화성-5의 이동발사대는 중국이 면허 생산하는 러시아제 MAZ 543과 유사하다(Schiller 2012, 79).

둘째, 북한이 핵무력을 증가시키는 정치적 의지를 약화시키는 방안이다. 현실적으로 한반도비핵화 제안이 북한의 핵확산을 막는 기제로써 의미를 가지지 못하는 상황에서 북한의 핵무력 증가 의지를 약화시킬 안은 미국의 안전보장(negative security assurance)이다.[47] 미국은 2010년 이후 핵확산금지조약을 성실히 이행하는 국가에게만 핵무기로 공격하거나 위협하지 않는다는 정책을 유지한다(US Department of Defense 2010, 46). 1994년 북미기본합의서(Agreed Framework of 21 October 1994 between the United States of America and the Democratic People's Republic of Korea) 3조 1항은 미국이 북한을 핵무기로 공격하거나 위협하지 않는다고 명시하였고 대북 안전보장은 미북공동선언(U.S.-DPRK Joint Communiqué, 2000.10.12)과 9·19공동성명(2005.9.19)에서 재확인되었다. 북한이 핵확산금지조약에 복귀하고, 미국이 대북 안전보장을 제공하는 교환 과정에서 중국이 일정 역할을 수행할 수 있다. 구체적으로 북한이 무력도발을 자행하지 않는다는 전제 조건 아래서 미국의 대북 소극적 안전보장을 중국이 확인하는 조합이라면, 한국, 미국, 중국, 그리고 북한이 동의하는 합의점이 마련될 수 있다.

셋째, 북한으로 하여금 핵무기로 인한 부담을 인지하도록 만드는 방안이다. 북한이 핵무기의 억지력을 강조하고 있지만, 북한은 핵무기가 공격을 초래하는 요인이 될 가능성을 우려한다. 구체적으로 북한이 핵무기를 가졌기 때문에 이라크, 리비아와 질적으로 다

....

[47] 북한은 한반도비핵화공동선언(1991.12.31) 이후 핵확산을 시도했고, 이미 핵무기를 영구적으로 보유하겠다는 의사를 밝혔다. 따라서 한반도비핵화 제안은 북한의 비핵화 과정에서 북한의 비핵화 움직임을 이끌어 내는 추동력을 가지기 어렵다고 판단되기에, 이 안을 고려 대상에서 제외한다.

르다고 강변하지만(노동신문 2013.4.18; 노동신문 2014.6.16), 북한은 원자탄을 이겨낼 일심단결을 언급한다. 또한, 2013년 한반도 위기 국면에서 강력한 한국과 미국의 대응을 경험한 이후, 북한의 핵위협이 감소하였다. 이는 북한이 핵무기 때문에 선제공격을 받을 수 있음을 의식하고 있다는 점을 암시한다. 따라서 북한으로 하여금 도덕적 규범으로 핵무기를 사용하지 않도록 하지는 못하겠지만, 핵위협 또는 핵선제공격이 오히려 전쟁 억지가 아닌 전쟁초래 요인임을 인지하여 핵무기를 방어적으로만 활용할 수 있도록 미국과 중국이 협조할 수 있다. 구체적으로 북한의 핵위협에 대한 미국의 강성 대응을 사전에 중국과 협의하는 방안, 중국의 핵교리를 북한으로 전수하기 위한 세미나와 군사접촉 등이 고려될 수 있다.

6. 나가며

중국과 소련의 핵교리의 변화를 보면, 세 가지 잠정적 결론을 얻을
수 있다. 첫째, 독재국가에서는 최고 지도자의 견해가 군사교리에
큰 영향을 미친다. 스탈린과 흐루시쵸프의 개인적 생각은 소련의 핵
무기 군사교리에 큰 영향을 미쳤다. 중국의 지도자도 중국의 핵무
기 군사교리에 큰 영향을 미쳤다. 특히, 모택동의 영향은 그 생명력
이 매우 길었다. 둘째, 상대방의 핵전력과 통상전력에 대한 판단이
핵교리의 변화에 중요하다. 미국의 핵전력 변화는 소련의 핵교리에
큰 영향을 미쳤다. 반면, 미국과 소련이 상호확증파괴 상황을 인정
하고 본격적으로 협력을 시작한 시점에서 핵무장을 시작한 중국은
미국과 소련의 위협을 상대적으로 적게 받았다. 특히 중국의 대륙
간탄도미사일 실험 이후 미중관계가 대체로 좋았기 때문에, 중국은
핵무기를 보유했음에도 최소 억지를 추구하였다고 보인다. 셋째, 전
쟁 경험의 영향이 핵교리에도 영향을 미친다. 중국의 인민전쟁, 소련
의 지구전/소모전 경험은 이후 핵교리의 발전에 중요한 제약 요인
이었다.

소련과 중국의 사례를 비추어 보면, 북한의 핵교리에 관하여 몇 가지 추론이 가능하다. 첫째, 2012년 이후 북한의 핵교리에서 변화가 감지되는 현상이 김정은의 권력승계와 관련되어 있다고 추정할 수 있다. 김정은의 공격적 성향이 핵교리에 투영된다면, 북한이 핵무기를 위협용 또는 선제공격용으로 활용할 개연성이 높아진다. 둘째, 핵무기와 관련하여 현재 북한의 상황은 능력의 부족이라는 점에서 과거 중국과 유사하고, 핵무기를 무기로 활용하겠다는 의지에서는 1960년대 소련과 유사하다. 북한의 경제력이 약해 핵무기를 본격적으로 대량 생산하기 어렵지만, 북한은 2012년 이후 핵무기를 적극적으로 활용하는 교리를 채택하였다고 보여진다. 특히, 핵무기 관련된 군제 개편(2011년 말과 2012년 2월 사이 미사일지도국에서 전략로켓트군으로 승격; 2014년 2월 전략로켓트군에서 전략군으로 승격)이 북한의 핵교리 변화와 연결되어 있다고 추정된다. 셋째, 1950년대 후반 소련이 핵무기를 외교적 위협 수단으로 사용했듯이, 북한은 2012년 은하-3호를 통한 인공위성 발사 이후 핵무기를 적극적으로 위협 수단으로 사용하고 있다. 한국과 일본은 물론 미국을 직접 타격대상으로 명시하는 무모함을 보이고 있다.

미국과 중국은 북한의 핵무력 증강에 반대하는데 공통된 이해관계를 가진다. 양국은 대북제재품목을 확대하고, 북한이 관여하는 거래금지물품의 거래에 관한 정보를 공유하고, 북한의 불법거래를 개별적으로 또는 양자 협력을 통하여 막고, 핵무기 확산과 관련된 북한의 금융거래를 막는 등 북한의 핵무력 증강을 막기 위한 장벽을 높일 수 있다. 또한, 북한에게 핵무기를 공격용 또는 위협용으로 활용하는 교리가 정치적·군사적 부담을 유발한다는 점을 알리는 작업을 통하여 북한이 핵무기를 공격용으로 활용하지 않도록 유도

할 수 있다. 마지막으로 미국의 대북 안전보장과 북한의 핵확산금지조약 복귀 간 협상 과정에서 미국과의 협의를 거친 중국의 적극적 관여가 북한의 핵공격성을 줄이는데 기여할 수 있다.

참고문헌

노동신문

"원자무기금지에 관한 문제에 대하여"(1947.3.13).
"누구가 원자무기의 금지를 반대하느냐?"(1947.8.24).
"평화옹호세계위원회, 원자무기를 먼저 사용하는 정부는 범죄자로 인정될 것이다"
    (1950.3.24).
"원자무기 반대 서명 운동 계속 활발"(1955.3.17).
"아세아는 핵 및 로케트 무기가 없는 지대로 되어야 한다"(1958.3.11).
"쏘련에서 핵무기 시험을 재개하기로 결정한 데 대하여-따스의 성명"(1958.10.4).
"강박에는 강타로, <응징>에는 징벌로"(2003.1.12).
"일심단결의 위력으로 전진하는 우리 조국은 끝없이 부강번영할 것이다"(2005.2.16).
"일심단결은 선군혁명의 최강의 무기이다"(2005.2.12).
"당의 두리에 일심단결하여 선군조선의 존엄과 위력을 높이 떨치자"(2006.10.10).
"선제공격을 노린 위험한 <개편>놀음"(2006.10.12a).
"<선제공격전략>을 강행하려는 위험한 움직임"(2006.10.12b).
"《제재》에는 전면대결전, 핵위협에는 자위적억제력 대응"(2013.2.4).
"사상사업을 강화해나가는데 혁명의 최후승리가 있다"(2014.3.9).
"미국은 대조선적대시정책을 전면철회해야 한다"(2014.3.16).
"조선의 핵무기는 미국의 적대시정책 존재하는 한 건드릴 수 없다"(2014.3.17).
"리비아 사태가 주는 교훈"(2013.4.18).
"조선은 그 어떤 양보나 타협도 모른다"(2014.6.16).

조선중앙통신

"제2차 핵시험성공경축 평양시군중대회"(2009.5.26).
"김정은 최고사령관, 조선인민군 전략로케트사령부를 시찰"(2012.3.2).
"지구관측위성 《광명성-3》호 궤도진입 성공하지 못하였다"(2012.4.13).
"《광명성-3》호 2호기를 성과적으로 발사"(2012.12.12).
"선군조선의 종합적 국력을 과시한 력사적 사변"(2012.12.13).
"김정일훈장, 조선우주공간기술위에 수여"(2013.1.4).
"요르단신문, 조선의 위성발사성공 찬양"(2013.1.14).
"자위적핵보유국의 지위를 더욱 공고히 할 데 대한 법 채택"(2013.4.1).

북한 지도자의 연설

김일성. "우리 인민군대를 혁명군대로 만들며 국방에서 자위의 방침을 관철하자"(김일성
    군사대학 제7기 졸업식, 1963.10.5).
김정은. "김일성주석 탄생 100돐 경축 열병식에서 연설"(2012.4.15).
_____. "현정세와 혁명발전의 요구에 맞게 주체혁명위업수행에서 결정적 전환을 이룩하기
    위한 우리 당의 과업에 대하여"(조선노동당 중앙위원회 3월 전원회의, 2013.3.31).
김락겸 (전략로켓트군 사령관). "조선인민군 창건 81돐 조선인민군 례식에서 한 연설"
    (2013.4.25).
리병철 (항공 및 반항공군 사령관). "조선인민군 창건 81돐 조선인민군 례식에서 한 연설"(2013.4.25).

연합뉴스

"北, 태양절 열병식서 ICBM급 신형 미사일 등장"(2012.4.15).
"北 "위성발사 성공…김정일 유훈 관철" 발표" 연합뉴스 (2012.12.12).
"북한 내부에선 '은하 3호'를 미사일 '화성 13호'로 전시" 연합뉴스(2013.2.4).
"北, 핵실험 전날 ICBM급 'KN-08 미사일' 엔진시험"(2013.2.17).
"北, 정밀도 향상 KN-02 미사일 100여기 보유"(2014.3.5).
"美북부사령관 "北미사일, 美본토 위협 실질 고려대상"(2014.3.14).
"北 '전술 로켓' 발사 훈련한 '전략군'이란"(2014.6.30).

북한 공적 기관의 성명과 담화

정부. "핵무기전파방조약으로부터 탈퇴"(2003.1.10).
외무성. "남조선에 유도탄 기지 설치와 관련"(1958.7.12).
"부쉬 행정부의 대조선적대시정책에 대처한 립장"(2005.2.10).
"미국이 압력을 가중시킨다면 선전포고로 간주한다"(2006.10.1).
"대화에도 대결에도 다 준비되여있다"(2011.3.1).
"유엔안전보장리사회 《결의》 비난"(2013.1.23).
"핵선제타격권리 행사하게 될 것이다"(2013.3.7).
"반공화국 《제재결의》전면 배격"(2013.3.9).
"정당한 로케트훈련 걸고든 유엔안보리의 도발행위 배격"(2014.3.30).

국방위원회

"나라의 자주권을 수호하기 위한 전면대결전에 나설 것"(2013.1.24)
"미국은 대조선적대시정책을 전면 철회해야 할 것이다"(2014.3.14).

조국평화통일위원회.

"경제, 군사 《제재》에 무서운 보복 면치 못할 것이다"(2013.2.2).
"도발자들은 보복의 불벼락 면치 못할 것"(2013.3.14).

북한군 최고사령부

"조선정전협정을 완전히 백지화"(2013.3.5).
"조선식의 군사적 대응으로 짓부셔버릴 것"(2013.3.21).

북한 전략군

"도발 도수 넘게 되면 공격형로케트로 보복"(2014.3.5).

강재륜. 1976. "인민전쟁론 서설-도덕적 정당과 관련하여." 국방연구 19(1): 93-109.
대한민국 국방부. 2012. 국방백서 2012. 서울: 국방부.
_____. "북한 장거리 미사일 잔해 조사 결과"(2013.1.21).
박태균. 2003. "1950년대 미국의 정전협정 일부 조항 무효선언과 그 의미." 역사비평
    63:40-56.

송승율. 1987. "북한 군사전략의 변천과 전망." 해양전략 46:107-148.
신재인. 1998. 『북한 핵프로그램의 전망과 한반도에서의 기술·경제 협력』. 서울: 세종연구소.
이재봉. 2008. "남한의 핵무기 배치와 북한의 핵무기 개발: 한반도의 비핵화를 위하여." 평화연구 9(3):23-44.
이춘근. 2005. 『과학기술로 읽는 북한핵』. 서울: 생각의 나무.
장공자. 2007. "한국전쟁과 그 주역: 모택동." 사회과학연구 24(2): 1-26.
전봉근. 2006. "유엔안보리결의 1540과 한국의 비확산정책." 주요국제문제분석(2006.2.12).
조동준. 2011. "핵확산의 추세 vs. 비확산의 방책." 한국과 국제정치 27(1): 47-81.
조선노동당 중앙위원회 당력사연구소. 2006. 조선로동당력사. 평양: 조선로동당출판사.

Andrew, Martin Kenneth. 2008. *Tuo Mao: The Operation History of the People's Liberation Army*. Bond University Ph.D. Dissertation.
Angelo, Joseph A. 2006. *Encyclopedia of Space and Astronomy*. New York, NY: Facts on File.
Allison, Graham and Philip Zelikow. 1999. Essence of Decision: *Explaining the Cuban Missile Crisis*. Reading, MA: Longman.
Associated Press. "North Korean missiles dismissed as fakes." CBSNews(2012.4.26).
Beardsley, Kyle and Victor Asal. 2009. "Winning with the Bomb." *Journal of Conflict Resolution* 53(2):278-301.
Bailey, Jonathan B. A. 2003. *Field Artillery and Fire Power*. Oxford, UK: Routledge.
Beevor, Antony. 1998. *Stalingrad*. New York, NY: Viking.
Bundy, McGeorge. 1988. *Danger and Survival: Choices About the Bomb in the First Fifty Years*. New York, NY: Random House.
Cimbala, Stephen J. and Peter J. Rainbow. 2007. *Russia and Postmodern Deterrence: Military Power and Its Challenges for Security*. Dulles, VA: Potomac Books.
Craig, William. 1973. *Enemy at the Gates: the Battle for Stalingrad*. New York, NY: Penguin Books.
Dulles, John Foster. "Speech to the Council on Foreign Relations"(1954.1.12). *Department of State Bulletin* 30(761):107-110.
_____. "Secretary Dulles' News Conference of May 14"(1956.5.14). *Department of State. Bulletin* 36(927):894-904.
Feiveson, Harold A. and Ernnst Jan Hogendoorn. 2003. "No First Use of Nuclear Weapons." *Nonproliferation Review* 10(2):1-9.
Freeman, Lawrence. 2003. *The Evolution of Nuclear Strategy*. New York, NY: Palgrave Macmillan.
Garthoff, Raymond. 1966. "Politico-Military Issues in the Sino-Soviet Debate, 1963-1965." in Raymond Garthoff. ed., Sino-Soviet Military Relations. New York, NY: Praeger.
_____. 1975. *Soviet Strategy in the Nuclear Age*. Westpoint, CT: Greenwood Press.
Gartholf, Raymond L. 1959. "Soviet Doctrine on the Decisive Factors in Modern War." *Military Review* 39(4):2-23.

Gartzke, Erik and Dong-Joon Jo. 2009. "Bargaining, Nuclear Proliferation, and Interstate Disputes." *Journal of Conflict Resolution* 53(2): 209-233.

Gordin, Michael D. 2009. *Red Cloud at Dawn: Truman, Stalin, and the End of the Atomic Monopoly.* New York, NY: Farrar, Straus and Giroux.

Government of People's Republic of China. 1965[1964]. "Statement"(1964.10.6) in China and Ren min ri bao she, eds., *Break the Nuclear Monopoly, Eliminate Nuclear Weapons.* Peking, China: Foreign Languages Press.

Gorodetsky, Gabriel. 1998. *Grand Delusion: Stalin and the German Invasion of Russia.* New Haven, CT: Yale University Press.

Halperin, Morton H. 1965. "China and Bomb: Chinese Nuclear Strategy." *China Quarterly* 21: 74-86.

_____. 1965. "Chinese Nuclear Strategy: The Early Post-Detonation Period." *Asian Survey* 5(6):271-279.

Harvey, Brian. 2004. *China's Space Program: From Conception to Manned Spaceflight.* Durblin, Ireland: Springer-Praxis.

Hayes, Peter. 1990. *Pacific Powderkerg: American Nuclear Dilemmas in Korea.* Lexington Book.

Horelick, A. L. 1960. *"Deterrence" and Surprise Attack in Soviet Strategic Thought.* Washington, D.C.: Rand.

Hsieh, Alice Langley. 1962. "The Sino-Soviet Nuclear Dialogue 1963." in Raymond Garthoff ed., *Sino-Soviet Military Relations.* New York, NY: Praeger.

_____. 1962. *Communist China's Strategy in the Nuclear Age.* Englewood Cliffs, NJ: Prentice Hall.

Huang, Alexander chief-chung. 2001. "Transformation and Refinement of Chinese Military Doctrine: Reflection and Critique on the PLA's View." in James C. Mulvenon and Andrew N. D. Yang eds., *Seeking Truth from Facts: A Retrospective on Chinese Military Studies in the Post-Mao Era.* Santa Monica, CA: RAND.

Kipp, Jacob. W. "Operational Art and the Curious Narrative on the Russian Contribution: Presence and Absence over the Last 2 Decades." in Stephen J. Blank and Richard Weitz eds., *The Russian Military Today and Tomorrow: Essays in Memory of mary Fitzgerald.* Carlisle, PA: U.S. Army College.

Kokoshin, Andrei. 1998. *Soviet Strategic Thought, 1917-1991.* Cambridge, MA: MIT Press.

Krieger, F.J. 1958. *Behind the Sputniks.* Washington, DC: Public Affairs Press.

Kulacki, Gregory. 2011. "China's Nuclear Arsenal. Status and Evolution." Union of Concerned Scientists. http://www.ucsusa.org/assets/documents/nwgs/UCS-Chinese-nuclear-modernization.pdf(최종 검색일: 2014.6.30).

Lewis, John Wilson. 1991. "China's Ballistic Missile Programs: Technologies, Strategies, Goals." *International Security* 17(2):5-40.

Lewis, John W. and Hua Di. 1992. "China's Ballistic Missile Programs: Technologies, Strategies, Goals." *International Security* 17(2):5-40.

Marcus, Jonathan. "New ICBM missiles at North Korea parade 'fake'." BBC News(2012.4.27).

Natural Resources Defense Council. 2002a. "Table of Global Nuclear Weapons Stockpiles, 1945–2002." http://www.nrdc.org/nuclear/nudb/datab19.asp(최종 검색일: 2014.6.30).

Natural Resources Defense Council. 2002b. "Table of USSR/Russian Nuclear Warheads" http://www.nrdc.org/nuclear/nudb/datab10.asp(최종 검색일: 2014.6.30).

_____. 2002c. "Table of US Nuclear Warheads" http://www.nrdc.org/nuclear/nudb/datab9.asp(최종 검색일: 2014.6.30).

Norris, Robert S., Andrew S. Burrows, and Richard W. Fieldhouse. 1994. Nuclear *Weapons Databook: British, French, and Chinese Nuclear Weapons.* New York, NY: Natural Resources Defense Council.

Norris, Robert S., William M. Arkin, and William Burr. 1999. "Where They Were?" *Bulletin of the Atomic Scientists* 55(6):26–35.

Office of the Assistant to the Secretary of Defense. "History of the Custody and Deployment of Nuclear Weapons (U), July 1945 through September 1977"(February 1978). http://www.dod.mil/pubs/foi/operation_and_plans/NuclearChemicalBiologicalMatters/306.pdf(최종 검색일: 2014.6.30).

Office of the Historian, Department of State. 1993. *Foreign Relations of the United States, 1955–1957.* vol.23, part 2. Washington, D.C.: Government Printing Office.

Office of the Secretary of Defense. 2008. "Military Power of the People's Republic of China, 2008." http://www.defense.gov/pubs/pdfs/China_Military_Report_08.pdf.

_____. 2010. "Military Power of the People's Republic of China, 2010.http://www.defense.gov/pubs/pdfs/2010_cmpr_final.pdf.

Panel of Expert. 2013. Final report of the Panel of Experts submitted pursuant to resolution 2050 (2012). (S/2013/337, 2013.6.11) http://www.un.org/sc/committees/1718/poereports.shtml(최종 검색일: 2014.6.30).

_____. 2014. Final report of the Panel of Experts submitted pursuant to resolution 2094 (2013). (S/2014/147, 2014.3.6) http://www.un.org/sc/committees/1718/poereports.shtml(최종 검색일: 2014.6.30).

Paul, T.V. 1995. "Nuclear Taboo and War Initiation in Regional Conflicts." *Journal of Conflict Resolution* 39(4):696–717.

Pollack, Joshua. 2012. "North Korea's ICBM Unveiled." *Arms Control Wonk*(2012.5.15).

Richelson, Jeffrey. 2007. *Spying on the Bomb.* New York, NY: W.W. Norton & Company.

Schiller, Marcus. 2012. *Characterizing the North Korean Nuclear Missile Threat.* Washington, D.C.: Rand.

Selvage, Douglas. "Khrushchev's November 1958 Berlin Ultimatum: New Evidence from the Polish Archives." *Cold War International History Project Bulletin* 11:200–229.

Sokolovski, V. D. ed. 1963[1962]. *Soviet Military Strategy.* Englewood Cliffs, NJ: Prentice-Hall.

Stalin, Josef. V. 1946. On the Great Patriotic War of the Soviet Union. Moscow, USSR: Foreign Languages Publishing House.

Stoke, Mark A. China's Evolving Space Capabilities: Implicatins for U.S. Interests. Project 2049 Institute (April 26, 2012).

Symington, Stuart (Secretary of the Air Force). "General Statement of Hon. Stuart W.

Symington." Department of Defense appropriations for 1951(Hearings before a subcommittee of the Committee on Appropriations, House of Representatives, 81st Congress, 2nd session). Washington, D.C.: Government Printing Office.

Tannenwald, Nina. 2005. "Stigmatizing the Bomb: Origins of the Nuclear Taboo." *International Security* 29(4):5-49.

Tannewald, Nina. 1999. "The Nuclear Taboo: The United States and the Normative Basis of Nuclear Non-Use." *International Organization* 53(3):433-468.

Truman, Harry. "Statement by the President." *The Department of State Bulletin* 21(535):487.

United States Cryptologic History Program. 1975. "The Soviet Land-Based Ballistic Missile Program, 1945-1972" http://www.archives.gov/declassification/iscap/pdf/2010-005-doc2.pdf.

United States Joint Chief of Staff, Department of Navy, Department of Air Force, and United States Coast Guard. "Doctrine for Joint Nuclear Operations"(Joint Publication 3-12, 2005.3.15).

Warner, Edward L. 1977. The Military in Contemporary Soviet Politics. New York, NY: Praeger.

Whiting, Allen S. 1960. China Crosses the Yalu: The Decision to Enter the Korean War. New York, NY: Macmillan.

Wisconsin Project on Nuclear Arms Control. 1998. "China's Rockets and Missiles." http://www.wisconsinproject.org/countries/china/rockets.html

Witcher, Tim. "U.N. Report Suggest N. Korean Parade Missiles Possibly Fakes." DefenseNews(2012.6.30).

Ziegler, Charles A. and David Jacobson. 1995. Spying Without Spies: Origin of America's Secret Nuclear Intelligence Surveillance System. Santa Barbara, CA: Praeger.

Zubok, Vladislav and Constantine Pleshakov. 1997. Inside the Kremlin's Cold War: From Stalin to Krushchev. Boston, MA: Harvard University Press.

Zubok, Vladislav. 1993. "Khruschev and the Berlin Crisis(1958-1962)." Cold War International History Project Working Paper No.6. Woodrow Wilson International Center for Scholars.